昔話の人間学

いのちとたましいの伝え方

鵜野祐介

ナカニシヤ出版

凡　例

一、各講の冒頭に載せたテキストのうち、第八講、第十二講、第十三講を除く十二話は、稲田浩二・稲田和子編著『改訂新版　日本昔話百選』三省堂二〇〇三に拠る。第八講は、稲田和子・筒井悦子編著『かもとりごんべえ』岩波少年文庫二〇〇〇、第十二講は、渡部豊子編著『新しい日本の語り　七、渡部豊子』悠書館二〇一四、第十三講は、宇津木秀甫『高槻物語　昔ばなし』「高槻物語」発行会二〇一一、にそれぞれ拠る。

一、各講の題名は元のテキストに準拠し、『日本昔話通観　第28巻　昔話タイプインデックス』同朋舎一九八八における話型名を括弧内に付した。

一、本書全体にわたって参照した文献は、以下の通り略記する。

・稲田浩二・小澤俊夫『日本昔話通観』資料篇全29巻＋研究篇全2巻、同朋舎一九七七―一九八八……『通観』
・稲田浩二他編著『日本昔話事典』弘文堂一九七七（縮刷版一九九一）……『事典』
・稲田浩二・稲田和子編『日本昔話ハンドブック』三省堂二〇〇一……『ハンドブック日本』
・稲田浩二編者代表『世界昔話ハンドブック』三省堂　二〇〇四……『ハンドブック世界』
・日本民話の会編『ガイドブック日本の民話』講談社一九九一（『決定版　日本の民話事典』二〇〇

二）……『ガイドブック日本』
・日本民話の会編『ガイドブック世界の民話』講談社 一九八八（『決定版 世界の民話事典』二〇〇二）……『ガイドブック世界』
・稲田浩二『日本昔話通観 第28巻 昔話タイプインデックス』同朋舎 一九八八……ＩＴまたは『通観』28
・Antti Aarne & Stith Thopmson, *The Types of the Folktale*. 1964（『昔話の話型』）……ＡＴ
・Stith Thompson, *Motif-Index of Folk Literature*. 1966（『民間文学のモチーフ索引』）……ＴＭＩ
・Jacob & Wilhelm Grimm, *Kinder-und Hausmärchen*. 1812-1857（『グリム昔話集』）……ＫＨＭ

プロローグ――昔話学へのいざない――

「声の文芸」としての昔話

「皆さんが知っている日本の昔話にはどんなお話がありますか？」、そう聞かれたらどんな題名が思い浮かぶだろうか。「桃太郎」「花咲《はなさ》か爺」「浦島太郎」「舌切《したき》り雀《すずめ》」「猿蟹合戦」……。次に、「これらの昔話とどのようにして出会いましたか？」と問われると、「幼い時にお母さんやお父さんに読んでもらった絵本や読み物の本を通して」、あるいは「テレビアニメを観て」と答える人が、若い世代の読者の圧倒的多数を占めると思われる。そして、それでは話のあらすじをちゃんと思い出して書いたり、子どもたちに語ったりできるかと聞かれると、どうもあやふやで自信がないという人が多くなるに違いない。

かつて、昔話は口伝えの物語だった。文字や絵やアニメーションの助けを借りなくても、お婆さんやお爺さんの口から発せられた声を、耳で受け止め、心と体に浸み込ませることで味わう「聴覚情報の物語」、それが昔話の本来の姿である。ところが、絵本やアニメになることで、文字や絵や画像を読んだり見たりして知るという「視覚情報」が大きなウェイトを占めることになった。また、たくさんの話をコンパクトにまとめて詰め込んだ読み物の本では、あらすじを紹介するのに手いっぱいで、ことばのリズムや繰り返し、ニュアンスといったことには気を配っておらず、記憶するのが難しいストーリーや文体になった。その結果、いざ昔話を語ってやろうと子どもや孫を前にしても、ストーリーをあやふやにしか思い出せず、自信を持って語れないということになったのではないだろうか。

こうした現状に対して、もう一度「声の文芸」としての昔話を体験してもらいたい、それが本書を編纂した第一のねらいである。ここに紹介する十五の昔話テキストは、その話が語られた地域の方言が持つことばのリズムやニュアンスをできるかぎり尊重し、なおかつ他の地域や若い世代の人たちにもわかる言葉に置き換えるという方針の下に、昔話の専門家たちによって書き直された、いわばホンモノのテキストである。これを自ら声に出してよ（読／詠）んで誰かにき（聞／聴）いてもらい、また他の人によんでもらって相手の声をきくという、「よみ合い・きき合い」の実践をしていただくことが、ホンモノの昔話を体験する第一歩だと思われる。そのような観点から、類書には見られない破格のスペースを割いて各講の冒頭にテキストを載せている。ぜひ「よみ合い・きき合い」をしていただきたい。

いのちやたましいについて考える

本書を編纂した第二のねらいは、多くの人たち、特に高校生や大学生をはじめとする若い世代に、いのちやたましいについて考えてもらうことにある。二〇一一年三月十一日に起こった東日本大震災は、人間のみならず動物や植物、建物や風景に宿っていたものも含めて、いくつもの生命を奪っていった。無慈悲にも絶たれてしまったかのように見える生命を目の当たりにして、「そんなはずはない。こんなことがあってはならない。物質としてのあの人（犬／猫／牛／松の木／岩／家屋……）の〈生命〉は終わったのかもしれないけれど、私のこころのなかではまだ生きている。その〈いのち〉は今も、私の〈いのち〉とつながっているはず……」、そんな想いにかられた人はきっと少なくないだろう。私たちは、生物学的な意味でとらえられる〈生命〉とは異なるレベルの〈いのち〉があることを、ごく自然に、感覚的に受けとめている。そして特に、自然災害や交通事故、急病、自殺などによって突然身近な存在を失った時に、この感覚ははっきりと自覚される。

波平恵美子はその著『いのちの文化人類学』（新潮社 一九九六）において、近代医学に代表される、「閉じられた生命体」を強調する生命観を〈生命〉、一方、祖先崇拝に見出せるような、「有限の生命を無限のものとみなそうとする」伝統的な生命観を〈いのち〉と表記して、両者を対比させて考えることを提案している（一七頁）。本書もこの立場に立って、〈生命〉と〈いのち〉を使い分けることにするが、この時、ある〈いのち〉ともうひとつの〈いのち〉をつなぐもの、それを〈いのち〉に宿っている〈たましい〉であると捉えてみたい。

〈たましい〉について、河合隼雄は、「生命力の源泉とも言えるのだが、そのもの自体を直接に把握することができないもの、それを『たましい』と呼んでみてはどうだろう」（『河合隼雄著作集 第Ⅱ期 7．物語と人間』岩波書店、二〇〇三：vii頁）と提案している。河合はまた別の箇所で次のようにも言う。

物と心、自と他などと明確に分割することによって、近代人は多くのことを得たが、そこに失われたものの価値を見直そうとする。つまり、明確に分割した途端に失われるものが「たましい」だと考える。これは、異なる言い方をすると、心と体を「つなぐもの」がたましいである、と言うこともできる。ここに、たましいの「つなぐ」はたらきがでてくる（同前 二二七頁）。

私たちも河合にならい、「目に見えず直接把握することもできないけれども、〈いのち〉と〈いのち〉をつなぎ、心と体をつなぐ働きを持つ生命力の源泉」、それを〈たましい〉と呼ぶことにしよう。

話を元に戻せば、家族や友人など大切な存在を喪った人たちや、そうした人たちの深い悲しみ（グリーフ）に寄り添うことでその悲しみを少しでも和らげてあげたいと思っている人たちにとって、遠回りかもしれないけれど一番大切なことは、いのちやたましいについて考え、語ることだと思われる。けれども、そのための方法はというと、特定の宗教に入信すること、「門をくぐる」こと以外にないと思っておられる方も多いのではないか。もちろん、仏教やキリスト教をはじめとする信仰の「門をくぐり」、いのちやたましいに関する教えを師に乞《こ》い、また同行《どうぎょう》の徒《と》とともに語らうことは大いに有効であろう。しかしながら、「門をくぐる」以外の方法もある。その一つが、昔話をはじめとする民間説話や神話などの物語をよんだりきいたりして、そこに表現された、先人たちの抱くいのちやたましいの姿やありようについて、そしてまたそれらを通して彼らが後世に伝えたかったであろう生きることの意味について、切なる想いをめぐらせることであると筆者は考えている。本書で取り上げた、いのちやたましいについて考えるヒントとなる十五の昔話が、読者をそうした切なる想いへと導いていくことを願っている。

昔話とは何か

本論に入る前に、昔話を学んでいく上での基礎知識をいくつか確認しておきたい。まずは、「昔話」とは何か？　この言葉は、日常生活の中では「昔の話」、すなわち時間軸の過去・現在・未来の中で「過去に属する話」という意味で用いられるが、本書で扱う「昔話」は、もちろんこれとは別の意味である。稲田浩二は『日本昔話事典』において、（1）民間の伝承者がその生活のなかで伝えてきたもの、（2）文字によってではなく、口伝えによって伝承したと認められるもの、（3）伝承者が語りによって聞き手をもてなそうと試みているもの、（4）構成的にみて「話型」（タイプ）を備えるもの、の四つの条件を備えた話を「昔話」と定義づけている（稲田「昔話」、『事典』九一七頁）。これらのうち、（4）の「話型」については少し説明が必要だろう。

昔話の、形態上の構成を考える上で重要となるのが、「話型」(type)と「モチーフ」(motif)である。稲田によれば、「『話型(タイプ)』とは、語り手が語る個々の昔話のことではなくて、ある民族が伝える昔話を、その形態によって分類し、まとめた筋をいう。また『モチーフ』とは、話型(タイプ)を構成する単位で、その内容については論者によって見解が分かれるが、本書では主要登場者の一つの行為または出来事を指すものとする。一つの話型(タイプ)は、一つまたは複数のモチーフによって構成される」(『ハンドブック世界』四頁)。

例えば最初に挙げた「桃太郎」「花咲か爺」などはいずれも「話型」であり、そして「桃太郎」という「話型」は、①婆が川上から流れてきた桃を持ち帰る、②桃の中から男の子が生まれ、桃太郎と名づけられる、③桃太郎はみるみる大きくなる、④桃太郎は鬼が島へ鬼退治に行くことになり、婆にきび団子をつくってもらう、⑤鬼が島に向かう途中で犬と猿ときじに出会い、きび団子を与えてお供にする、⑥桃太郎は犬・猿・きじの援助で鬼を退治し、宝物を持ち帰る、以上のような六つの「モチーフ」によって構成されている。モチーフはまた、もっと抽象化して記述される場合もある。「桃太郎」を具体例にとると、そのモチーフ構成は①異界からの来訪、②異常な誕生、③急速な成長、④呪物の授与、⑤援助者の出現と呪物の分与、⑥厄難の克服(または異類退治)、と記述することもできる。

昔話の位置づけ

ところで柳田国男は、「冒頭に必ずムカシという一句を副えて語るハナシが昔話であり、この発端の句が昔話という名称の起こりでもある」(柳田国男『日本昔話名彙』日本放送出版協会 一九四八)と説くとともに、昔話を、同じく口承で民間に伝えられてきた物語である伝説や世間話と区別すべきであると強調した。柳田の説を踏まえ、またその後の人類学・民俗学や説話文学の研究を踏まえて、学術用語としての「昔話」の位置づけを示したのが、次頁の図1である。

口伝えの言語伝承の総体は「口承文芸、民間文学」(oral literature、folk literature) または「口頭伝承」(oral tradition) などと呼ばれ、その中の一つが「民間説話」(folk narrative) である。これはメロディや特定の韻律(リズムやパターン)を伴わない物語(story)を指し、民謡・語り物・唱えごと・ことわざ・なぞなぞなどと区別される。次に、「民間説話」は「昔話」(folktales)・「伝説」(legend)・「世間話」(gossip)の三つに大別され、このうち「昔話」というジャンルは、通常さらに「動物昔話」(animal tales)・「本格昔話」(ordinary folktales)・「笑い話」(jokes and anecdotes)・「形式話」(formula tales) の四つに細分化される。

「昔話」は、「伝説」や「世間話」とどう違うのだろうか? 「伝説」は、具体的な人物や名所旧跡(山や川や池、巨石・巨木、建造物などの遺物)と結びついて、歴史的な事実として「実際にあった話」、〈事実性〉を強調し、またその話は同じ民族や町・村民がみんな知っており共に語り継いできたという、〈共有性〉の特徴を持つ。一方、「狐に化かされた」とか「幽霊を見た」といった話に代表される「世間話」もまた、実際にあった話という〈事実性〉を特徴とするが、語り手の身辺で起こったプライベートな出来事として語られ、〈共有性〉を持たない。これに対して「昔話」は、「昔むかし」「なんと昔があったげな」などの発端句や、「どっとはらい」「昔こっぷり」などの結末句を用いて、聞き手を虚構の世界に引き込み再び現実の世界へ連れ戻すという〈様式性〉と〈虚構性〉を持つ点で、「伝説」や「世間話」と区別される。要するに、いつの時代かは特定されない「昔むかし」、どこの場所かは特定されない「あるところ」で、特

図1　「昔話」に関連する語彙の位置関係

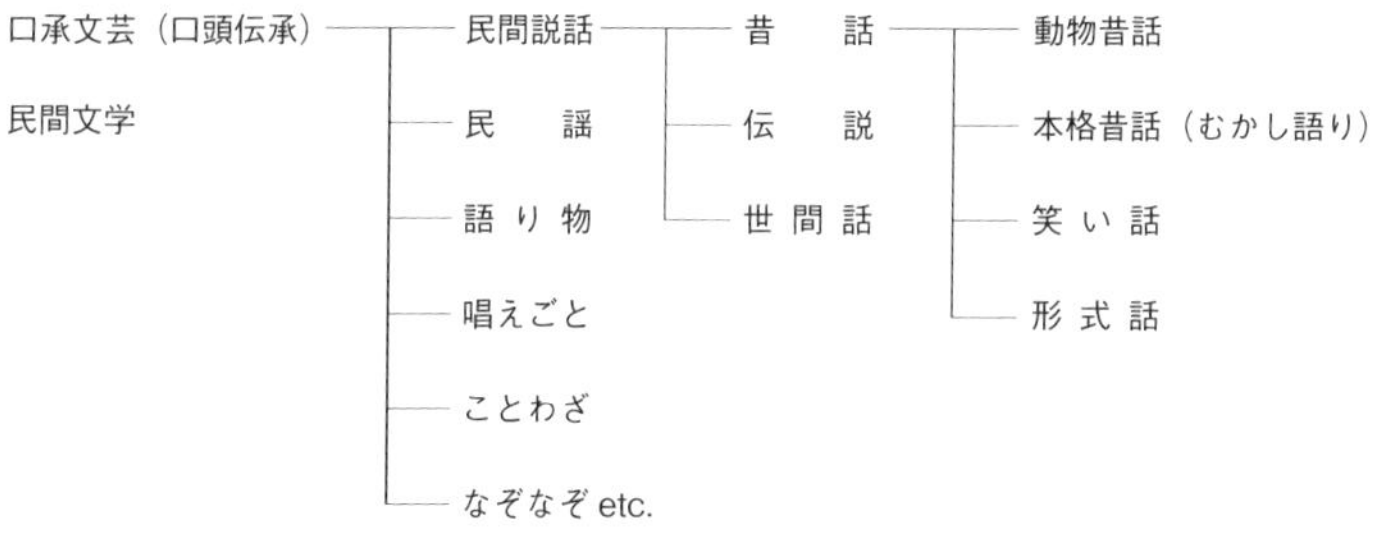

定の氏名はわからない「お爺さんとお婆さん」や「貧乏な若者」や「継子《ままこ》」たち、もの言う動物や器物たち、さらには実在しない物《もの》の怪《け》たちが繰り広げる物語、それが「昔話」なのである。

「神話」と「民話」

「それでは、神話はどこに位置するのか？」と疑問を持たれる方もいるだろう。「神話」(myth) とは、天地創造や生命の起源などを説明する話や神々の活躍する話の総称で、口伝えのもの（口承話）と文字で記録されたもの（書承話）に分かれる。『古事記』『日本書紀』は後者の代表例である。口承話の中には昔話や伝説として認められるものもあるが、書承話は、時の為政者の権威を正当化するために既存の物語が改変されたり新たに創作されたりして成立したと考えられており、先に紹介した稲田による四つの条件に照らし合わせても、昔話とは認められない。ただしその内容には民間説話との関連性や影響関係が数多く見出される。スサノオやオオクニヌシなどの神々にまつわる物語のいくつかは、本書の中でも紹介したい。

　それからもう一つ、「民話」という言葉についても説明しておこう。昔話・伝説・世間話の総称としての「民間説話」を短縮して「民話」と呼ぶことがある。その一方でこの言葉は、第二次大戦終結後の昭和二十年代以降、別の意味合いを持って用いられるようになった。この時代、貧しさの中にも平和と民主主義を求めて民衆が力を合わせて生きていこうとする生き方が推奨されるが、そのエッセンスが民間説話の中に描かれているとして、木下順二、松谷みよ子等によって、演劇や児童文学の世界の中で民間説話を素材とした「夕鶴」「龍の子太郎」などの作品が次々と発表されていった。そしてこのような動きが「民話運動」と呼ばれた。ここでは、「民衆にとって真の幸福とは何か」をテーマとする、民間説話をベースにしながら執筆者自身の思想や信条を盛り込んで再創造された「民衆のための物語」という意味で用いられている。以上、「民話」には二つの意味合いがあることを押さえておきたい。なお、後者は「創作民話」とも呼ばれる。

昔話の歴史と古典文学

昔話はいつ頃、どのようにして誕生したのだろうか。稲田浩二によれば、人類は三万年ないし四万年前に初めて音声言語を身につけたとする言語学界の学説に従うなら、この「三万年、四万年前に当時の遠祖たちが共有した原感動」、例えばマンモスのような巨大な動物を皆で力を合わせて捕獲できた時の感動を、「語り継ぎ言い継ぐ」ために昔話をはじめとする説話が成立したという(『ハンドブック世界』一二―一三頁)。そしてこの時の感動は、例えば「家のいろいろな場所に隠れた動物たちが、その家の持ち主が入ってくるとき、それぞれ特有の力をもって襲い殺す」というモチーフを核心部分に持つ話型(タイプ)として世界各地に伝わっており、本書でも取り上げる日本の昔話「猿蟹合戦」や、グリム兄弟の『子どもと家庭のためのメルヒェン集』(『グリム昔話集』)の「ブレーメンの音楽隊」はその一例とされる。要するに、三万年、四万年前以来、ある時代における、ある社会の構成メンバーが共有した「原感動」を他のメンバーや次の世代に伝えたいという願いが、昔話を誕生させてきたというわけである。

「原感動」の伝え方には、音声言語による表現の他に、歌唱や器楽演奏による音楽表現、洞窟の壁画をはじめとする絵画表現、祭具・武具・生活用品などに施された造形表現などさまざまな形があるが、やがて文字が発明され、文献として記録・保存されていくようになる。現存する世界最古の説話集の文献は、紀元前二千年紀初頭に古代メソポタミアのシュメール人が残した、英雄ギルガメシュの活躍する物語、『ギルガメシュ叙事詩』とされるが、この書の中には、「天地創造」や「洪水」をはじめ、神話や昔話の世界でもなじみ深いモチーフが数多く登場する。

同書のような、文字によって書き継がれてきた文学作品は「古典文学」と呼ばれるが、古典文学を参照することによって、昔話の話型やモチーフがいつ頃までに成立していたかを探ることができる。それだけでなく、口承の民間説話から古典文学への変化、逆に古典文学から口承説話への変化、両方の場合が考えられる。こうして、昔話の歴史をたどる上で古典文学との比較研究は重要な意味を持っている。

昔話研究の方法

古典文学との比較研究は、日本における昔話研究の方法として最もオーソドックスなもの（正統派）といえる。だがこの他にも、さまざまな視点からさまざまな方法・アプローチを用いて昔話の研究は行われてきた。主なものを挙げてみよう。

①歴史地理的アプローチ（「フィンランド学派研究」）――話型とモチーフを基準に世界各地の類似する昔話を比較・分類することによって、個々の話型の原型を復元するとともに、その発生地・発生時

期・伝播経路などを解き明かそうとするもの。

②歴史的再構成法——昔話はかつての信仰や宗教儀礼のありようが象徴的・文芸的に刻み込まれた「残存物」（survival）であると考え、その話が誕生した時代の世界観や宗教観、儀礼や習俗のありようを再構成しようとするもの。

③機能論的アプローチ——ある昔話に対して、これを伝承した社会の人びとがどのような目的で語り、またどのような意味づけをしたのかといった、昔話が社会にとって持つ機能（はたらき）を探っていくもの。

④構造論的アプローチ——昔話の形態や文体には人類の思考パターン（型）が表現されているとして、そこから一定の構造や法則性を見つけ出そうとするもの。

⑤精神分析（深層心理）的アプローチ——昔話の登場者やモチーフ、ストーリー展開には、これを伝承してきた個人や社会の無意識や深層心理が象徴的に表現されているとして、昔話の象徴的な意味の解釈を試みるもの。

⑥イデオロギー論的アプローチ（歴史的変容研究）——再話・再創造された昔話集の編纂者（再話者・再創造者）の思想や信条、出版された時代状況の検討を通して、文字化された昔話テキストに込められたメッセージやイデオロギー、およびその歴史的変遷や変容を明らかにしようとするもの。

⑦語り口（プロソディ）研究——昔話が語られる際の、テンポ・間の取り方・抑揚・アクセントなど音声学上の特徴や用語法の分析、さらに身振り手振りや歌の挿入などを含むパフォーマンス（実演方法）を考察するもの。

⑧語り手（伝承者）研究——「語り部」と呼ばれる昔話のすぐれた語り手についてその人柄や資質、成

立条件や家庭環境などを探るもの。また、昔話の伝承や伝播に貢献してきた職能集団（鍛冶屋・木地師・博労など）・芸能者（瞽女・琵琶法師など）・宗教者（山伏・六部・勧進聖など）に関する研究。

⑨昔話の今日的伝承に関する研究 ―― テリング（素ばなし）・絵本・アニメーション・紙芝居・人形劇など、今日行われているさまざまな媒体による昔話の伝達・伝承についてその特性や課題を考察するとともに、新たな可能性を探ろうとするもの。

⑩昔話の活用に関する研究――保育・教育、福祉、心理臨床などの現場において、昔話のコンテンツ（内容）やその伝達・伝承の方法を取り入れ、活用していこうとする実践的な試み。

以上の研究方法とその歴史についてもっと詳しく知りたい方は、『ハンドブック日本』の「昔話研究史」（四一-四八頁）、『ハンドブック世界』の「昔話研究の歴史」（二六六-二七三頁）、および本書末尾に載せた「さらに学びたい人のための文献リスト」をご参照いただきたい。

「昔話の人間学」とはなにか

それでは、本書における人間学的アプローチとはどのようなものかについて、説明していきたい。「人間学［anthropology］」とは、例えば「人間の存在と生成に関するトータルな自己理解」の学問（田中毎実編『教育人間学　臨床と課題』東京大学出版会 二〇一二：一頁）と定義されるが、わかりやすく言えば、「人間とは何者であり、いかにしてヒトから人間へと成るか、そしてどのように変っていくか」について、さまざまな角度からさまざまな方法を用いて考え、その結果を総合することによって人間の全体的で包括的な姿を描き出そうとする学問である。ここで言う「さまざまな角度」とはどのようなものか、具体的に挙

げてみると、

A．人の一生の歩みとその過程における変化（生成・成長・発達・変容・衰弱・死亡など）
B．人間としての属性（意識・こころ・たましいなど）
C．人間として生きることの意味（存在理由・生きがい・アイデンティティなど）
D．生きている証しとしての基本的行為（食べる・笑う・泣く・出会う・愛する・語るなど）

などがあるが、本書では、人の一生の諸段階（誕生・子ども・少年・少女・老人）や人間関係（親子・夫婦・嫁姑）、そして人間としての属性（たましい）や基本的行為（食・性愛）が、昔話の中でどのように描かれているかを見ていくことを通して、「人間とはなにか」を探ろうとする。今回選んだ日本の昔話十五話はいずれも、日本の歴史や社会を背景に語り継がれた、文化的な独自性や特殊性を持つものであることは言うまでもない。けれども同時に、時代や国境を越えて共通する、人間としての営みの普遍性も垣間見ることができる。例えば、親子・夫婦・きょうだい・老人と子どもといった人間関係や、誕生前と死後のたましいの有無や所在といったテーマは、文化的多様性と普遍的共通性を合わせ持つものに相違ない。

この時、物語の受け手（読者・聞き手）がその物語に内在する文化的多様性と普遍的共通性の両方に気づくためには、彼／彼女自身が、特定の立場や視点からだけで物事の良し悪しや優劣を測るのではなく、複数の立場や異なる視点から対象を見ることが重要となる。そうした複眼的視点や多元的価値観をもって、できるだけ多様なメッセージを一つ一つの物語テキストの中から読み取っていきたいと考えている。限られた紙幅でどこまでやれるか心許ないところだが、作業の続きは読者一人ひとりに委ねたいと思う。

昔話は子どものためだけのものか

昔話は子どもたちのためだけに語られていたのではない。今日の日本では、「昔話＝幼い子どものための話」というイメージが定着しているが、大人向けのきわどい話（「色話《いろばなし》」「艶笑譚」などと呼ばれる）もたくさんある。地方温泉の旅館やホテルの土産物売り場で、『ふるさと○○の艶《つや》ばなし』といった類のタイトルの和綴《わと》じ本はよく見かけるところだ。また本書の中でも述べるように、出産や通夜の席で語られる昔話もあった。さらに戦国時代には、出陣前の夜、武将たちに昔話や伝説を語り聞かせる「お伽衆《とぎしゅう》」と呼ばれる人びともいた。彼らが語る話は「おとぎばなし」と呼ばれ、そこから、明治時代には「昔話」全般を「おとぎばなし」と呼んでいたことも知っておきたい。

昔話の特徴の一つは、ある話が受け手の年齢によって違った意味をもって受けとめられるということである。幼い子どもに対しては、最後に「だからあんまり欲張ってはいけないよ」とか「他の人には親切にしないといけないよ」といった教訓をつけて語られるような話にも、少し大きくなると別の意味合いが込められていたことに気づく。さらに大人になって自分が語る立場になるとまた別の意味があることに気づくといった、語り手や聞き手の年齢や立場の違いによってもメッセージの多義性・重層性が生まれるところに、昔話の本質があると言えるだろう。

「深読み本」の流行と本書の立ち位置

ところで、さまざまな解釈が可能であるという昔話の特性に関連した、ミステリー仕立ての「深読み本」が、桐生操『本当は恐ろしいグリム童話』（ＫＫベストセラーズ　一九九八）をきっかけにして、十代や二十代の女性を中心にブームを呼んだことは記憶に新しい。日本の昔話や伝説、わらべうたや童謡・唱歌についても類書が相次いだが、その多くは「セックスと暴力」をキーワードとする似非《えせ》フロイト派精神分析的アプローチによるものであった。

その流行の背景には、バブル崩壊後の先行きの見えない社会への不安という世相があっただけでなく、時代を超えて若い女性が持つ潜在的な欲求に応える力を伝承文学が持っていることが再認識された、ということもあるだろう。ただし、はじめからキーワードを決め、先入観に基づいて解釈しようとするこの手の「深読み本」は、語り手の真意、本当に伝えたかったメッセージは何かということに対して、またその話の中に表現された語り手の心の奥底に拡がる風景に対して、虚心坦懐に耳を傾けようとしていない点において、やはり批判されるべきと思われる。

本書は、この愚を繰り返さないことを期して編纂された。最初にそれぞれの話の「話型」と「モチーフ」を押さえ、次に、国内の分布状況、書承の古典資料、海外、特にアジア諸国・諸地域における類話や類似モチーフなどを確認することで、その話の起源と成立の背景、「伝承（時間軸－タテの伝達）」と「伝播（空間軸－ヨコの伝達）」の様相を考察した後に、特筆すべきモチーフやトピックスについて解説を加えた。そして最後に、語り手が、聞き手、特に子どもたちに対して伝えようとした「原感動」とは何だったのかに耳を澄ませるとともに、今日の子どもたちにその昔話からどんなメッセージを受け取ってほしいかという筆者自身の考えについてもできるかぎり言及したつもりである。

今こそ昔話を！

今日改めて注目される「昔話の力」について、三つの位相に分けてまとめておきたい。第一には、昔話が持っている「語りの力」である。「語ること」によって、①いやし、はげまし、なぐさめる、②想像する、

③創造する、という力が生まれる。第二には、昔話が持っている「伝承の力」である。「伝承すること」によって、①つなぐ、②記憶する、③新たに発信する、という力が生まれる。そして第三には「声の力」である。「声」によって、①相手のこころに呼びかけ、たましいを揺さぶることができる、②いのちの鼓動を感じることができる。

これら三つの位相からなる「昔話の力」は、携帯やスマホでのやりとりで事足りると錯覚しかねない今日の人間関係を、もっと深くうるおいのあるものにするために、とても重要だと思われる。とりわけ、これから出産・子育てを迎えようとしている人たちや、保育・教育・福祉・心理臨床をはじめとする対人援助の現場に立とうと志している人たちに伝えたい。

「今こそ昔話を！」

目次

目　次

第一講「運定めの話」——誕生と運命——

むかしなあ、金持の父《と》っさんがおられてな、奥さんが身おもで大腹《おおはら》、下女も大腹やったちゅうわ。

ある日父っさんが仕事で遠くへ行っての帰り、山の峠にたどり着いてみられたところが、はやすっかり暮れてしまって歩くことができなかったちゅう。困ってしまって、

「あいや、ここに木があるで、おらは木の下へ泊まろう」

言うて、ばさばさと葉が茂った木の下へ寝とられた。夜なかごろ遠くから、

「つづら木やあい、つづら木やあい」

と呼びながら何者かが近づいて来た。すると父っさんの宿っとるつづら木が、「はい、山の神さん」と答えたちゅう。

「今日《きょう》、手打《てうち》の村にお産があるちゅうが、いが泣き《（産ぶ声）》聞きに行こうい」

「おれも行きたいが、まあ今夜不意のお客さまがおって行くことがならん。お前が行って聞いて来て、おれへもそのいが泣きば言うて聞かせんかい」

「よう《（はい）》、よう《（はい）》。言うて聞かするでえ、お前は寝とれい」

そんな話をしてから山の神は行ったちゅう。なるほど、おれがつづら木の下に眠っているからお客さまだというのだろう、と思うておった。いっ時《とき》してから、「つづら木じょう《（さん）》、つづら木じょう、おめでたくお産ができたぞ。お産は一人かと思うたら二人じゃった」と言いながら山の神が帰って来た。

「それはご苦労、いが泣きを聞いたか」

「聞いてきたど。父っさんが子は男の子で、杖一本ちゅういが泣き、下女が子は女子《おなご》で塩一升ちゅういが泣きやった」

「その女子は、ええ運をもって生まれたのう。塩一升とは大したもんだ」

「ところが人間ちゅうもんは、ものを知らんもんやあい。父っさんが子と下女が子と夫婦になせば、よか暮らしができるのに」

「人間ちゅうもんは、それがわからんのだ」

話のいちぶ始終を聞いた父っさんは、つづら木と山の神が言っておったのは、自分の子どものことに違いないと、夜明けを待って急いでもどってみた。見れば自分の家には男の子が生まれ、下女は女の子を生んでいたから、これはどげん《どんなに》してでも夫婦になそうと思っておった。

　話は早いもんで、いっしょに生まれた二人の子は年ごろになった。父っさんは下女の子を、衣装から食物から、何から何まで世話をして、ほんとの娘のようにかわいがったが、息子はひどく嫌って、「だれがお前みたいな下女の子とおるもんかあ」といじめ始めた。下女の子はとうとう家におることが出来ず、家を出て行ったちゅうわ。

　行き先もない娘はお宮のそばを通りかかりながら、ふと、「あいや、今夜は神さまのところへ泊めてもらって、世間へ出て行くのは、それからにしょう」と思って、神さまの社《やしろ》へ泊まっとったちゅう。夜なかにふと目がさめると、話し声が聞こえてくる。神さまたちは、

「あの人はこの人と結べ、この人はあの人と結べ」

とありったけの縁を結んで夫婦を作りあげる相談をしておられた。

「下女が子は、いつもこの社の前ば通って行く、あの炭焼きと結べ」

「この福々しい娘を家から追い出したりして、あの金持の息子はばかもんよのう」

と言われたちゅう。

　あくる朝、夜の明けるのといっしょに、炭俵をかついだ人が通ったと。娘は、おう、この人だな、逃がすまいぞと、

「こら、お前や、待ってくれえ」と男を呼びとめた。

「なにごとか」

「お前とおらは夫婦の縁が結ばれたで、私を連れて行ってくれえ」

「あよう、お前がごと見事《美しい》か人はいらんで。おらが家には似合わん人や。おらは見られるとおりの貧しい炭焼きや。連れちゃあ行かん」

　そう言って走り去ろうとすると、

「それでも、神さまに結び合わされた縁ではなかか」

としがみついた。その人にぶらさがって、ついて行ったちゅうわ。すっかり夜が明けてから見れば、男がかついだ炭俵の回りには、金銀の粉がまぶしたようにくっ付いとる。

「お前はどこからこの俵を持って来たとか。こら金銀やが」

「おれが炭焼くそばに、そげんなものはいくらでもあらあ。そら赤土や」

「んにゃ、赤土じゃあなか、こら金銀や。もう、炭焼くどころじゃあない。行って背負いましょう」

そんなわけで金銀を運びこみ、そいつを入れる倉を建てた。西にも倉、東にも倉、金銀のつまった倉を屋敷中に建て並べ、人も大勢使ったので、一家で一日に塩一升使うような長者になったちゅうわ。

それから何年かたっての話じゃが、むかし、つづら木に宿った父っさんの息子は、すっかり落ちぶれて、杖をつきながら長者の家にやって来た。「まあ、お前は……」と驚く奥さんに、そん男は、

「お前が家を出てからは、潮が引くように財産がへりだして、とうとう食うに食われぬ貧乏になってしもうた。おらは杖一本でこげん《（こんなに）》して物貰いして歩きまわっておる」

と話した。

「あや、もう貰って歩くことはいらんで、早よう来い。おらが家のどの棟にでも住め。嫁さんもお前のよか人ば持て」

そう言うて面倒をみてやったと。

山の神さんとつづら木の神が、いが泣きを聞いて生まれ子の運を話し合われたが、二人の一生は、そのとおりだった《（それだけですよ）》ちゅうわい。

そひこのげえな。


—鹿児島県薩摩郡甑島—

タイムマシンがあったら

「もしもタイムマシンがあったら、いつの時代へ行って何をしてみたいですか?」そんな質問をされたら、読者はどう答えるだろうか。筆者が思いつく答えのひとつは、自分がいつ、どんなふうに死ぬのか、その場面に立ち会ってみたいというものである。そしてもしもその場面が、突然の交通事故とか自然災害などの理不尽なものであるならば、それを回避するための手立てを講じたいというのが、まことにムシのいい話ではあるが、偽らざる本音である。

結婚相手、貧富、幸不幸、寿命と死の原因など、自分自身や自分にとって大切な人たちの、未来や運命を知り、よりよい未来に変えたいという願いは、古今東西を通じて人間が持っている根源的な願望の一つと言える。ここに紹介した昔話もおそらく、そんな願望が物語となって語り継がれたものであろう。

話型とモチーフ

テキストのあらすじは以下の通りである。金持ちの男が偶然、山の神と「つづら木」の神がこれから生まれる自分の息子の運命を話しているのを立ち聞きし、息子の運命をいい方向に変えてやろうと試みるが功を奏さず、神々が予言した通り落ちぶれる。一方、下女の子も神々の話を立ち聞きし、その言葉に従って炭焼きの男と結婚して金持ちになる。

稲田浩二が作成した日本昔話の話型分類の示標である「昔話タイプインデックス」(『通観』28、略号IT)では、「運命的誕生」という話型群に属する二つの話型、145B「炭焼き長者—再婚型」と147「運定め—男女の福分《ふくぶん》」が、このテキストに対応する。ちなみにITでは、子どもの寿命や幸不幸を神様が決定したり予言したりして「運命を定める」モチーフを含む「運定め」の話型群として、前述の二つの他に、145A「炭焼き長者—初婚型」、148「運定め—夫婦の因縁」、149「運定め—水の運」、150「運定め—水の神」、151「運定め—虻に手斧」、152「運定め—子供の寿命」、153「運定め—寿命の取り替え」が話型登録されている。

三原幸久によれば、運命の内容には、①子どもの福運の大小、②死の原因と死の年齢、③子どもの寿命、④配偶者の定まっていること、⑤王位につくことの決定などがある(三原「運定め」、『事典』一二四頁)。

前述した話型をこの分類に照らしてみると、①には「炭焼き長者」「男女の福分」が、②には「水の運」「水の神」「虻に手斧」が、③には「子供の寿命」「寿命の取り替え」が、④には「炭焼き長者」「男女の福分」「夫婦の因縁」が、それぞれあてはまることが分かる。⑤は日本の昔話には見られないようだ。

また、「産神問答」と呼ばれる、運定めについて話す神様たちの会話を立ち聞きした子どもの親（もしくは若者本人）が、その運命を変えようと試みた結果、ⓐ運命の改変に成功するパターン（「水の神」「子供の寿命」「寿命の取り替え」）と、ⓑ運命の改変に失敗するパターン（「炭焼き長者」「男女の福分」「夫婦の因縁」「水の運」「虻に手斧」）に二分される。

地域的な分布状況を見ると、「子供の寿命」と「寿命の取り替え」が奄美、沖縄諸島を中心に伝承されている他は、全国的に分布している（『ハンドブック日本』八三頁）。

古典資料

次に、『通観　研究篇2』で国内の古典資料を調べてみると、一七世紀中頃に琉球王朝で編纂された『中山世譜《ちゅうざんせいふ》』の三「察度《さっと》王」や、一八世紀後半に菅江真澄《すがえますみ》が東北地方を旅して記した日記（『未刊菅江真澄遊覧記』）の「天明六年三月四日」の項に、「炭焼き長者」の初婚型に似た話（類話）を確認することができる。

ある按司《あじ》（琉球の古代共同体の首長）の娘に賤《いや》しい姿をした男、察度《さっと》が求婚する。娘は「後に大福のある人だ」と言い、占うと王妃の兆しがあったので按司も結婚を認める。結婚後、妻が察度のみすぼらしい家の埃《ほこり》にまみれた器が黄金であることを見つけて問うと、察度は「私の田園に積み重なっているのは、皆このような物だ」と言うので、二人で行ってみると、すべて金銀であることが分る。按司となった察度は西威王の没後、王位に就く(『中山世譜』より、『通観　研究篇2』一四二頁)。

近衛院《このえいん》の時、都の三条道高の娘は容姿が醜く夫となる人が見つからない。清水寺《きよみずでら》に参籠《さんろう》すると、夢に「陸奥国《むつのくに》栗原郡あかつの里の炭焼の藤太《とうた》とともに住め」と告げられる。娘は藤太を訪ねてわけを話し、妻となる。ある日、妻が砂金一包を渡して米を買いに行かせると、藤太は水鳥めがけて金を投げ、水に沈めてしまう。妻が「すばらしい宝なのに」と言うと、藤太は「炭焼山にたくさんある」と妻を連れていき、多くの黄金を見せる。二人は富み栄え、藤太夫《ふじだゆう》、金田の長者と呼ばれる(『未刊菅江真澄遊覧記』より、『通観　研究篇2』一四二頁)。

また「運定め―男女の福分」の類話を、十五世紀はじめ頃の編纂とされる『神道集《しんとうしゅう》』の「釜神事《かましんじ》」に確認できる。

近江国《おうみのくに》甲賀郡由良の里の男が都からの帰途、甲賀の山で大木の下に寝る。夜半過ぎ、男の在所の方から大きな光物《ひかりもの》が飛来して大木の東の枝に止まると、枕にしている木の根の下から声がして、「何事があったか」と問う。光物が「由良の里の隣り合った家で同時に産があったので、名前をつけて七歳になる前に取ろうと思ったが、親たちが賢く、胎内にいるうちに名前をつけたので力が及ばなかった」と言う。下から「果報は何か」と問うと、光物は「男の子は『箕《み》を作り門々《かどかど》に売り廻るべし』という文字を左右の手に、女の子は『作らずして万福来る《まんぷくきた》』という文字を右の手に握って生れた」と言う。…(中略)…翌日、男が帰ると自分の家には男の子、隣家には女の子が生まれているので、二人を夫婦にする約束をする。二人は成人して夫婦となり、親の財産を継いで富裕になるが、男は遊女狂いで女房を追い出す。
（後略）（『通観　研究篇2』一四四-一四五頁）

さらに他のタイプの「運定め譚」を見渡してみると、八世紀の『日本霊異記』中巻第二四が「寿命の取り替え」、十一世紀の『今昔物語集』巻三一第三が「夫婦の因縁」、巻二六第十九が「虻に手斧」の類話にそれぞれ対応している（『ハンドブック日本』八三頁）。こうして、「炭焼き長者譚」や「運定め譚」がわが国において古代から語り継がれてきたことが分かる。

国際比較

「運定め譚」（「運命譚」）は世界中に伝承されており、世界の昔話の話型索引として知られるアアルネとトンプソンの『昔話の型』（略号ＡＴ）には、930-949「運命の話」（Tales of Fate）として登録されている話型群の他、例えば410「眠り姫」の冒頭部にも、霊的な力を持った女性たちが運命を予言するモチーフが登場する。この話型は、十七世紀イタリアのバジーレ『ペンタメローネ』「太陽と月とターリア」、十七世紀末フランスの『ペロー童話集』「眠れる森の美女」や、十九世紀ドイツの『グリム昔話集』（略号ＫＨＭ）50「いばら姫」として知られる。

一方、『通観　研究篇Ⅰ』にはモンゴロイド諸民族の類話が収められているが、朝鮮、ベトナム、ミャンマー・リス族の類話のあらすじを紹介する。

・（朝鮮）　旅の僧が子供の相を見て、「この子は成年を越せない」と言うので、親は僧に教わって南山で碁を打つ二人の僧に子供の延命を頼む。醜い僧が美しい僧に説得されて名簿を取り出し、子供の寿命を九十九に書き直した。醜い僧は北斗七星、美しい僧は南斗七星で、人の命は北斗七星が司る（一七二頁）。

・（ベトナム）　魔法使いが「王女が大きくなると虎に殺される」と予言すると、王は太い柱の上に家を建てて王女を住まわせる。猟師が死んだ虎を王宮に持ってくると、王女は虎の髭を抜いて、「恐くない」と言うが、虎の髭にある毒が血に入って死ぬ。王は「虎を殺したら髭を抜いて焼き捨てろ」とふれを出した（一七一頁）。

・（ミャンマー・リス族）　男が死人を埋葬した土饅頭のところで雨宿りをしていると、女の声が「村の東と西で生まれた赤ん坊に名を付けにいこう」と言い、男の声が「客がいるのでいけない」とことわるのを聞く。男は声が幽霊のものと知り、明け方近くに女の声が「東の男の子は虎の餌食、西の女の子は溺死と付けた」と言うのを聞くと、村へ行ってこれを伝える。数年後、男の子は父の仕止めた虎の上に乗って足をすべらせ、牙でひっかけた傷がもとで死ぬ。女の子は顔を洗おうとして足をすべらせ、土間の水瓶中で溺死する。以来人びとは幽霊に付けられるよりも先に名前を付けるようになった（一七一頁）。

「運定め譚」とは何か

ところで、福田晃は「運定め譚」（または「運命譚」）を次のように定義している。

人生には説明できないことがきわめて多い。つまらない者に思いがけぬほどの報酬が与えられたり、真面目なる人物に不当な苦労や災難が訪れたりする。この隠れた人生の法則をわれわれは心づかないでいる。そして、その思いがけぬ法則を運命と呼んでいる。この運命の不思議をいう昔話は少なくない。それは、人々がこの世に運命なるものの存在を認め、かつ大いなる幸運を期待しておればこそ、おのずからそれが昔話の世界に導入されるのである。ところが、その人生の幸運・不運を述べるものの中に、ひそかにその運命の一端が予知、予見されながら、やはりついにはそのとおりの人生が展開するという昔話がある。これらの昔話群を限って運命譚と名づけている（福田「運命譚」、『事典』一二五頁）。

一方、三原幸久は「運定め」モチーフが人類の普遍的な思考に基づくとともに、日本的な特徴も示すとして次のように述べる。

人間を含んだ全宇宙の一切が超自然者によって支配されていると考える運命論は、人類に古くから存在した思想であり、世界中の多くの民族の信仰や伝承に見られるが、特に「あきらめ」を美徳とした長い伝統を持つわが国では、昔話の中にも運命論が深く浸透している。出生時の運命を定める者は、産土《うぶすな》神、箒《ほうき》神、山の神、杓子《しゃくし》の神、かわや神として昔話の中に現われるが、これらはいずれも産神を表現するものと考えられる。時には地蔵、観音など、仏教的に語られる場合もあり、南島ではケンムンが子供の運命を定める（三原「運定め」、『事典』一二四頁）。

いのちある存在との対話

ヨーロッパの昔話では、運命を予言するのは女神もしくは霊力を持った人間の女性であることが多いのに対して、日本の場合、それは本話における山の神や樹木・穀物の神（精霊）の他、三原も述べているように、出産の神（産神《うぶがみ》）・土地の神（産土神《うぶすな》）・便所の神（厠神《かわや》）・箒神《ほうき》・杓子神《しゃくし》……というように、主人公の身の回りのものに宿る「神々」である。「神々」とは「たましい」と言い換えてもいいだろう。ある人を取り巻くすべてのものが、たましいを宿した、いのちある存在として、その人の一生に関わっている。とすれば、普段は目に留まらないぐらいささやかな、いのちある存在の声なき声に耳を貸さず、粗末に扱ったりないがしろにしたりすると、その報いが必ず跳ね返ってくる。逆に、他の人に認められようが認められまいが、自分の身近な所にある、いのちある存在を大切にしていると、きっといいことがある。

このような環境世界との向き合い方やつきあい方は日本人の伝統的な価値観に基づくものと言えるが、数年前（二〇一〇年）に植村花菜の歌う「トイレの神様」が大ヒットしたことからも分かるように、今日の若い世代にも案外支持されるのではないだろうか。

トイレにはそれはそれはキレイな／女神様がいるんやで／だから毎日キレイにしたら女神様みたいに／べっぴんさんになれるんやで（植村花菜・山田ひろし作詞「トイレの神様」より）

「自分の身の回りのものや普段使っているものを大切にしよう」、これが本話から読み取れる第一のメッセージである。

「炭焼き長者」の話を伝えた人びと

家の主人によって総領息子との結婚を約束されたにもかかわらず、この息子に冷遇されて家を出た下女の娘を、里人とのつきあいを持たず金銀の価値も知らない炭焼きの男が迎え入れ、家のそばに無尽蔵にあった金銀によって大金持ちとなる——。本話の主人公を炭焼きの男に置き換え、「運定め」モチーフを除くと、この物語のあらすじは以上のように書き換えられる。この時、本話の核心部分を占めるのは、薄汚れた貧しい炭焼きが、許婚《いいなずけ》によって心身ともに痛めつけられた娘を大金持ちにするという、ストーリー展開の意外性にある。

それでは、娘に幸福をもたらしたのはなぜ「炭焼き」なのか？　前述のように、本話はＩＴ145「炭焼き長者」として分類されるが、この話型は「Ⓐ初婚型」と「Ⓑ再婚型」に分かれ、本話のようなⒷ型は南西諸島や沖縄に限られる一方、婿の決まらない長者の娘が神様に願掛けすると「炭焼きが夫だ」とのお告げがあり、山奥の炭焼きのところへ押しかけていくというⒶ型は、東北から九州まで広く分布している。

宮崎一枝によれば、地名と結びついて伝説化したものも多く、特に大分県の「炭焼き小五郎」、後の「真野長者」の伝説は有名で、舞の本の『烏帽子《えぼし》折』や近松の『用明天皇職人鑑《かがみ》』にも文芸化されている。炭焼きの男には、「小五郎」の他「吉次」「藤太」といった名前がついている場合も多いという。そして、「昔炭焼きの技術は冶金師が持っていたとされ、『炭焼き長者』譚はタタラ師、鍛冶師らと関係があると思われる」と指摘される（宮崎「炭焼き長者」、『事典』四九一頁）。

馬場英子もまた、この話型を全国に広めたのは鍛冶屋《かじや》や鋳物師《いもじ》であろうと推測する。

炭は古くは製鉄や鍛冶などに用いられ、炭焼きは、鍛冶屋や鋳物師が副業におこないました。かれらは、材料をもとめて全国の山を移動してまわりましたが、「炭焼き長者」の伝播にはかれらがかかわっているると言われており、とくに、鍛冶屋の神とされた宇佐八幡の信仰などと結びついて広まったのではないかと考えられています（『ガイドブック日本』一二三一一二四頁）。

鍛冶屋の自負と誇り

鍛冶屋（鍛冶師）や鋳物師は、山に分け入って炭焼きを行う一方で、身銭《みぜに》を稼ぐために里に出かけては農具や調理用具など鉄製品や金物の修理・販売を行っていた。その際に、里の人びとの警戒心を解きほぐす手段のひとつが昔話を語ることだったと考えられる。その話の中に、自分と同じような薄汚い身なりの金銭感覚ゼロの男を登場させ、いわば自分自身を愚か者に仕立てて、聞き手であり顧客でもある里人を笑わせる自虐的な笑い話である。ところがこの愚か者が里の娘を大金持ちにし、最後は落ちぶれた元金持ちのわがまま息子にも情けをかけてやるというオチまでつく。

このような筋立ては、炭焼きを副業とする鍛冶師や鋳物師たちの「見果てぬ夢ものがたり」と読み解くこともできるだろうが、里人から受ける差別や排除のまなざしに対する、彼らなりの精一杯の抵抗心、自身の生業《なりわい》に対する誇りと自負が込められた物語とも言えるのではなかろうか。「たとえ逆境に置かれていても、決して生きることをあきらめるな」、そんなメッセージを読み取ることもできる。

運命を切り開く少女

さらに、もう一つの読み方がある。本話の主人公を、金持ちの男でも炭焼き長者の男でもない、下女の娘とする読み方である。この時、本話は、ヒロインの少女が身分や性による差別や迫害を乗り越えて、神の助言を得ながら自らの意志で行動し、すてきな結婚相手と財産を獲得するという「少女冒険譚」として読み解くことができる。類話には、長者の息子と結婚させられた娘が夫の素行の悪さに耐えかねて家を飛び出すが、倉の中の穀物の神々も蛾に変身して嫁と一緒に出て行く、というものもある（稲田和子再話、太田大八絵『炭焼長者』童話館　二〇〇八）。

儒教の説く、「婦人はいまだ嫁《か》せずして父に従い、すでに嫁して夫に従い、夫死して子に従うべし」という「三従《さんじゅう》の教え」は、特に武家女性の遵守すべきものとされたが、昔話の語り手たちの本音はそうではなかった。「わが身の回りにある、さまざまないのちを大切にしながら、女性もまた自らの意志で運命を切り開いていくべきだ」、そんなメッセージを聞き手の少女たちに送っていたのではないか。

そう考える時、本話に強い生命力を与えてきた語り手は、鍛冶屋や鋳物師といった職能集団と並んで、語り婆《ばば》さをはじめとする女性たちだったと見なすことができる。第五講で扱う日本版シンデレラ・ストーリー「糠《ぬか》福と米福」をはじめ、「鉢かつぎ」「蛇婿入り——姥皮《うばがわ》型」「猿婿入り」「絵姿《えすがた》女房」など、与えられた運命をひとまずは受けとめた上で、やがて美貌と才知を武器に、時には狡《ずる》さも駆使しながら自らの運命を切り開いていく女性たちの物語は、日本の昔話の中にも思いの外多く、もっと注目されていい。

理不尽な出来事への向き合い方

英国スコットランドのスカイ島出身の七十代の女性が一九九〇年代のはじめ、次のような言葉を残している。「人生には私たちが説明できないようなことがいっぱい起こるわ。信じられないようなこと、無意味だと思えるようなことがね。そんな時、私たちは、ああ、これはきっと精霊のしわざだ、と思うことにしたんじゃないかしら」（鶴野『子守唄の原像』久山社　二〇〇九：四二頁）。

予期せぬ事態や理不尽な出来事に直面した人びとがこれを受け止め、乗り越えていくための知恵や処世術として、スコットランドでは精霊（spirit）や妖精（fairy）といった存在がつくり出された。その代表的なものが、妖精が人間の子どもを連れ去り、時には妖精自身の子どもを「取り替え子（changeling）」として代わりに置いていくという俗信であろう。

「取り替え子」はその容姿において特徴がある。ここに出てきた「不格好な顔や体」、「泣きわめいて寝ない」の他に、黒ずんでいてしわくちゃの肌、さらにはダウン症や小人症、水頭症などの容貌なども「取り替え子」の指標とされたようだ。…（中略）…

それではなぜ、このような俗信が生まれ伝承されていったのだろうか。フィリップ・アリエスをはじめとする二〇世紀後半以降の社会史や民衆史の研究によれば、医学や衛生学が未発達であった近代以前のヨーロッパ社会において、乳幼児の死亡率や障がい児の出産率は今日に比べて極めて高かった。人間の力では如何ともしがたい厳しい現実を前にして人々は、死産や乳幼児の急死は邪霊としての妖精が子どもの魂を奪い去ったからであり、また障がい児の出産は妖精が自分の子どもと取り替えたからだとする観念によって、その現実を受け容れようとした。

これは一種の方便、生活の知恵ともいえるだろう。つまり、取り替え子の俗信によって、死産や障がい児出産に対する母親や周囲の者の自責の念は、多少なりとも軽減されたと思われる（鵜野前掲書二六頁）。

同様の発想から、日本では産神様が子どもの生命を奪い取ったり、河童が水の中へ引き込んだりするとされた。そしてそのような目に見えない存在に対する気配りや、彼らとの対話を絶えず行うことによって、理不尽な出来事をできるだけ回避したい、被害を最小限にとどめたいと考えた。それでも起こってしまった時は、運命として甘受する。そして再び、精霊や妖精、神仏や河童に祈りを捧げる。スコットランド人も日本人も、こんなふうに昔から生きてきたし、これからもずっと変わらないだろう。

二〇一三年八月、東日本大震災の被災地、宮城県亘理《わたり》町荒浜地区で、津波で流され行方不明になった後、最近見つかり修復されたという「浪切《なみきり》地蔵尊」の石像を、地元の方の案内で見せていただいた。真新しい防潮堤の傍《かたわ》らに佇《たたず》むお地蔵様には、亡くなられた〈みたま〉に対する鎮魂の想いだけでなく、「予期せぬ事態や理不尽な出来事への向き合い方を次の世代に伝えたい」という被災地の人びとのメッセージも込められている、そんな気がした。

宮城県亘理町荒浜「浪切地蔵尊」石像
（2013 年 8 月，筆者撮影）

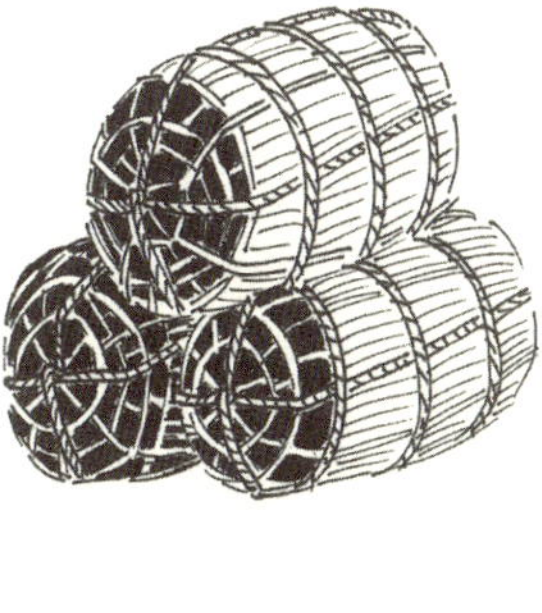

第二講「たにし長者」（たにし息子）――子ども――

むかしあったずもな。

　むかしあるところに、大層な長者どんがあって、山でも田畑でも金でも、何なりとあり余るほど持っていた。ところでその長者どんの小作人の中に、その日の煙もたてられぬほど貧乏な夫婦があった。年もはや四十を越したのに、子どもというものがない。どうにかして子どもを一人ほしいもんだと嘆いていたが、思いついて水神さまに願《がん》をかけたずもな。水の神様は、百姓にとっては一番ありがたい神様だというわけだ。がさまは、田の草取りに行っても、日がな時がな《（いっつもいっつも）》、

「尊い尊い水神さま、そこらあたりにいるつぶ《（たにし）》のような子でもいいから、どうぞおらに、わが子と名のつく者《もん》を一人授けてたもれや」

とゆっていた。するとにわかに腹が病《や》んできた。こらえてもこらえても痛みはつのるばかりなので、とうとうかがんで這《は》い這い家に帰りついたと。医者を頼もうにも金がないし、とどさまは、おろおろしてすぐに、近所の産婆を呼んで来たずもな。産婆が、

「これは、ただの腹痛ではないじえ。もうじき子どもができるところだ。ちょうど間に合ってよかった。おらが産《う》ませてやるべ。早く湯をわかしてけろ」

と言ったので、あわてて湯をわかしたりしていると、待つ間もなしに子ができた。できるにはできたが、なんとそれが小さい小さいたにしであった。

　たとえたにしとはいえ、これは水神さまの申し子だからというので、おわんの中に水を張って、その中にたにしを入れて神棚へ上げもうして、「つぶや、つぶや」と大事に育てていた。飯時《めしどき》になると人並みにぺらりと飯をたいらげるが、いっこうに大きくなんねし、ものも言えない。二十歳《はたち》がきても、やはり生まれた時のままのたにしだったずもな。ある日とどさまが、長者どんに納める年貢米を馬につけていたが、年老いたからだが思うように動いてくれね。

「さてさて、せっかく水神さまから申し子を授かって、やれうれしやと思えばつぶの息子であっ

てみれば、何の役にもたたねえ。おらは死ぬまで、こうして養ってやらねばならん」と、思わずぐちをこぼしてたと。するとどこからか、

「とどさま、とどさま、今日はおらがその米を届けてくるがら」

と、でっかい声が聞こえてくる。見ればロをきいているのはたにしだと。

「とどさま、長い間えらい恩を受けたが、そろそろおらも世の中へ出ていい時だ。長者どんへはおらをやってくれ」

とどさまは、たまげるやらおかしいやら。たにしに米が運べようか、と首をかしげていたが、これも水神さまの申し子の言うこと、聞かねばなるまいと、三匹の馬に米俵をつけると、たにしをつまんで俵の間に乗せてやった。たにしはまるで一人前の声して、

「とどさま、ががさま、行ってきます。はい、どうどう、しっしっ」

と上手に馬をひいて庭を出て行った。とどさまは、なんとも心配でならん。後から見えがくれについて行くと、ちょうど人間がするように、水たまりや橋のところでは、「はあい、はあい」と声がけして行く。そうかと思えば、ほのほのと馬方節《うまかたぶし》などうたうもんだから、馬の方も、ジャンガゴンガと首の鈴を振り鳴らして進むど。往来や田んぼにいる人々は、

「ふしぎなことがあるもんだ。あれは確かにあの貧乏百姓のやせ馬に違いないが、いったいあの声は、だれがうたっているんだべ」

とうわさし合っていた。とどさまは家にとって返すと、

「もしもし、大変ありがたい子どもをお授け下されんした。どうぞ無事に長者どんのやかたに着きますように」

水神さまにお頼みもうした。

長者どんのやかたに馬が着くと、「それ年貢米が来た」と、下男どもが出て見たが、どこにも人影の姿が見えない。

「どうして馬ばっかりよこしたべ」

と話していると、俵の間から、たにしが、

「ここだ、ここだ。米を持って来たからおろしてけれ。おらのからだがつぶれんように、縁がわの端《はし》にでもそっと置いてくなはれ(ください)」

と、小さいからだながら、はっきりと言ったずもな。

「つぶがものを言う。大したもんだ」

たにしの評判はやかた中に伝わって、旦那《だんな》さんやら男衆や女子衆《おなご》が、ぞろぞろ寄って来て見たずもな。たにしは次々と指図して、米俵をおろして倉に運ばせ、

馬には飼葉《かいば》をやってもらった。旦那さんはこれを見て、またとないふしぎなたにしよ、自分の家の宝にしたいが、と思ったずもな。「ご苦労だったな」とご飯が出されると、たにしは膳《ぜん》のふちにつかまって、ご飯やら汁やらよばれて、「どうぞお茶を」などと言うのであった。旦那さんは、さっそくきり出した。

「つぶどの、つぶどの、お前の家とわしの家とは御先祖の代からのつきあいだ。うちの娘をひとりお前の嫁ごにやってもよいと思うが、どうじゃ」

たにしは、「それはまことでございますな」と念を押して、大喜びで帰って来た。

「とどさま、がかさま、おらは長者どんの娘を嫁コにもらうぞ」

と言ったから、とどさまとがかさまは、いよいよたまげてしまった。

ところで長者どんは二人の娘を呼んで、

「これ、お前らのうちどっちか、つぶのところへ嫁コに行ってけろ」

と頼んだそうなが、姉娘は、

「だれがつぶのところなんか行く者があんべえや、おらはやんだ」

ドタバタと荒い足音をたてて出て行ったが、妹娘は、

「とどさまがせっかくあああゆって約束されたのだから、つぶのところへはおらが行く。心配してがんすな」

と親をやさしく慰めるのだった。

というわけで話がきまったと。長者どんの妹娘の嫁入道具は、たんす、長持が七さおずつ、そのほかにも荷物が七匹の馬にもつけきれないほどたくさんだったと。たにしの貧乏家にはとてもはいりきらないから、長者どんは倉を建ててやったと。

さて、めでたい婚礼がすむと、嫁コは、とどさまがかさまにやさしく仕えて、野良にも出て働いてくれた。「ああ三拍子も四拍子も揃《そろ》った嫁コよ」と、年寄りたちはすっかり気に入ってしまった。

春になれば、四月八日はお薬師さまの祭礼だ。嫁コがきれいに化粧して、長持からいい着物を出して着ると、その美しいこと、いとしげな様子、花コとも天人ともたとえようがない。「さあ、今日は天気もいいから、お前さまもいっしょに行くべ」と、胸の帯の中にたにしを入れて、むつまじく語りながらお薬師さまの一の鳥居まで来た。するとたにしは、

「おらはわけあってここより中へはいれねから、道端の田のあぜに置いてけろ。そこで待っているから」

と頼むので、嫁コが一人拝んでもどると、大事なたにしの聟《むこ》さまの姿が見えない。嫁コは驚いて田の中まではいって探したが、四月であれば、田の中にはうんとたにしがいる。一つ一つ拾い上げてみるけれども、どれもこれもわが夫とは似ても似つかぬたにしばかり。

つぶや　つぶや
わが夫《つま》や
今年の春になったれば
からすという　ばか鳥に
ちっくらもっくら　刺されたか

とうたって探し歩くうちに、顔は汚れて、美しい着物には泥がはね上がったと。祭礼帰りの人々が、

「あれあれ、あんなきれいな娘コが、気でも違ったのか」

とふり返って見て行く。嫁コはつくづく情なくなって、夫もいなくなったことだし、いっそ自分は死ぬべと思って、深い泥田にとび込むべとすると、「これ、何をする」と肩をしっかりと抱きとめられた。ふり向いてみれば水の垂れるような若い男が、深編笠《ふかあみがさ》をかぶって立っている。嫁コは、

「これこれのわけで主人のつぶが見えなくなってしまった。おらは死んでしまった方がいいのす」

と泣きくずれた。若者は、

「心配なさるな。お前の尋ねるつぶこそ、この私だ。私は水神さまの申し子で、今までつぶの姿でいたのだが、今日お前がお薬師さまに参ってくれたお蔭で、このような人間の姿になれた。さっそく水神さまにお礼参りをしてきたところだ」と言ったと。

そうであったか、えがった、えがったと、嫁コは何度もうなずいて、その人を見れば、いくら見ても見あきないいい男ぶり、これがわが夫かと思うと、うれしくて泣いてよろこんだと。

「まずまず」と家へ帰ると、たにしの親は驚いて、今まで美しい嫁コをもらったと思っていたのに、また息子がこんないい男に生まれ変わって、このくらい似合いの夫婦はあるまいと、撫でまわしてうれしがった。

何をおいても長者どんに知らせねばなんねえ、と使いを走らせた。すると長者どんは、こんな光るような聟どのを、むさくるしい家には置かれないと、町で一番よい場所に家を建てて、商いを始めさせた。たちまち店は繁盛して、「たにしの長者どん、たにしの長者どん」と呼ばれて、孫子から親類の端《はし》まで栄えたずもな。どんど払い《これでおしまい》。

――岩手県遠野市――

夢をかなえてくれるもの

こんなこといいな　できたらいいな
あんなゆめ　こんなゆめ　いっぱいあるけど
みんなみんなみんな　かなえてくれる
ふしぎなポッケで　かなえてくれる

（楠部工《たくみ》作詞、はばすすむ補作「ドラえもんのうた」一九七九より）

藤子・F・不二夫の漫画「ドラえもん」は、未来の世界からやって来たネコ型ロボットのドラえもんが、のび太くんの「できたらいいな」と思うことを、ふしぎなポッケから取り出した道具を使ってかなえてくれる。今も昔も、子どもも大人も、夢や願いをかなえてくれる「ドラえもん」や「ふしぎなポッケ」をみんな探し求めてきた。昔話の中にも、そんな物語がたくさんある。中でもよく見られるのが、子どものいない夫婦の「子どもがほしい」という願いである。そして「ドラえもん」も「カリスマ産科医」も身近な所にいない昔話の主人公たちは、神様や仏様に祈願する。すると、この話では水神さまが「ドラえもん」の役割を果たしてくれ、貧乏な夫婦の夢をかなえてくれる。

ただし、漫画「ドラえもん」がそうであるように、水神さまが「ふしぎなポッケ」から出してくれたものは、夫婦の望み通りのものではない（＝人間の子どもではなく、たにし）。けれども、のび太が特に何か効果的な行動をとったわけでもないのに思いがけない出来事が起きて、最後は「めでたしめでたし」となるのと同じように、夫婦の働きとは関係ない思わぬ出来事（＝たにしが長者の娘と結婚し人間の姿になる）

によってハッピーエンドを迎える（＝一家は栄える）。つまり、この昔話は「ドラえもん」と同じような物語の構造を持っていることが分かる。だからこそ長い間語り継がれてきたのだろう。

話型とモチーフ

子のない夫婦が神様に祈願して授かった「申し子」であるたにしが、長者の娘を嫁に迎え、最後には立派な若者の姿に変身する。この話は、ITでは「桃太郎」や「瓜姫」と同じく「異常誕生」の話型群に分類され、139「たにし息子」として登録されている。類話では、爺婆が授かる「申し子」としてたにしの他に、さざえ、かたつむり、なめくじ、にし貝、蛙など、いずれも水に縁のある小動物である（『通観』28：二九三頁参照）。

次に、長者の娘と結婚するいきさつには、たにしと結婚してくれと言う長者の頼みを姉娘はことわるが妹娘は承知する、本話のような「孝行娘」モチーフの他に、たにし息子が娘の寝ている間に彼女の口のまわりに米で作った糊を塗りつけておいて、翌朝「米が盗まれた」と騒ぎ、娘が盗み食いしたと怒った父親によって家を追い出された娘と一緒になるという「ずるがしこさ（狡知《こうち》または狡猾《こうかつ》）」モチーフもあり、後者は「一寸法師」の類話にも見られる。ちなみに、前者の「孝行娘」モチーフを持つ昔話としては他に「猿婿入り」があり、後ほどくわしく述べることにする。

また、人間の姿に変身するきっかけには、妻となった娘が神仏に参詣するという本話のような「祈願」モチーフの他に、たにしが湯や水に入って変身をとげるという「入水」モチーフや、たにしが妻に自分を石に投げつけたり足で踏みつけたり杵《きね》で打ちつぶしたりしてくれと頼み、妻がそれに従って殻を壊すという「破壊」モチーフなどがある。

「破壊」モチーフといえば、蛙がお姫様によって壁にぶつけられて人間の姿に変身する『グリム昔話集』KHM1「蛙の王様」の次の場面が思い出される。

おしまいに蛙が言った。「食った、食った、腹がくちくて、眠くなった。さてそれじゃあ、あんたの部屋へつれていきな。あんたの絹の寝床をしつらえてくれ。そしていっしょに寝るとしよう」お姫さまは泣きだした。さわるとひやっとする蛙がこわかった。さわるのだっていやなのに、蛙は、お姫さまのきれいな汚《けが》れない寝床で寝ると言ってきかないのだ。けれども王さまは、怒って言った。「困っているときに助けてくれた者を、ないがしろにするものではない」そこで、お姫さまは二本の指で蛙をつまんで、階上《うえ》のお部屋へつれていって、すみっこにおろした。お姫さまが寝床に入ると、蛙がよたよたはってきた。「おれは眠いんだ。おれだって、あんたみたいにらくちんに眠りたい。おれを持ちあげろ。さもないと、お父さまに言いつけるぞ」こうなると、お姫さまは堪忍袋の緒が切れた。蛙をつかんで、ありったけの力で壁にたたきつけた。「だったら、ほら、らくちんにしてあげる、いやったらしいこの蛙」ところが、落ちてきたのは蛙ではなくて、きれいなやさしい目をした王子だった。
（池田香代子訳『完訳グリム童話集』1、講談社文芸文庫 二〇〇八：一五－一六頁）

「蛙の王様」の場合にはお姫様が一緒にベッドに入りたいという蛙を嫌っての行為であり、「たにし息子」において夫の申し出にやむなく妻が「破壊行為」に及ぶのとは動機が正反対である点は興味深い。

国内の分布と古典資料

本話「たにし息子」は青森から九州・沖縄まで全国に分布しているが、丸山久子によると、「ととのった形は東北地方の伝承に多い」（丸山「田螺長者」、『事典』五四八頁）。また、この話に類似する日本の古典資料について、『通観 研究篇2』には何も挙げられていないが、子のない夫婦が神仏に祈願して授かった「異形の子」が、後に長者の娘と結婚し人間の姿になって夫婦を幸せにするというストーリー展開をたどる話として、先ほども挙げた「一寸法師―狡猾《こうかつ》型」があり、室町時代の御伽草子『一寸法師』が文献初出とされる（『通観 研究篇2』一三三頁）。

［要旨］摂津の国、難波の里の翁婆が住吉大明神に申し子を祈り、小さな男の子、一寸法師を授かる。一寸法師は少年になっても丈が伸びず翁婆にうとまれたので、針と椀と箸をもらって都に上る。一寸法師は三条の宰相《さいしょう》どの殿に仕え、その姫君に恋をして夜のまに米粉を姫君の口に塗り、宰相に米を姫君に取りあげられたと訴える。一寸法師は家を追われた姫君を伴って舟に乗り、強風にあって鬼が島に流れつく。鬼は一寸法師を飲みこむが、一寸法師はその目からとび出したので、鬼は恐れて、打ち出の小槌などを捨てて逃げ去る。一寸法師はその小槌を打って背丈を高くし、また食物や金銀を打ち出して都へ上り、後に中納言に出世し子孫繁盛する（同前 一三三頁）。

この話の中でも、申し子は歳月がたっても変わらぬその「異形」ゆえに両親から疎まれている。また、「小槌を打って背丈を高くした」という行為は「破壊」モチーフの一種と見なすこともでき、いろいろな点で「たにし息子」との類似性が見られる。どちらがより古いのかは一概には決められないが、両者が共通のルーツを持っていることがうかがえる。なお、ここに紹介した「一寸法師」は舞台となる場所や人物が特定されており、本書のプロローグで述べた分類に従って厳密に言えば「昔話」ではなく「伝説」である。現在、大阪市住吉区にある住吉大社は「一寸法師」ゆかりの地として知られているが、この神社の祭神、住吉大神は海から出現した「海の神様」とされ、昔話で爺婆が祈願した「水神さま」と縁が深い。

国際比較

『グリム昔話集』には「蛙の王さま」の他にも本話に類似する話が二つある。KHM108「はりねずみのハンス坊」と144「驢馬《ろば》っこ」がそれで、前者では子のない夫婦が「はりねずみでもいいから子がほしい」と願うと、はりねずみの子が生まれる。一方、後者では子のない王様夫婦に驢馬の子が生まれる。どちらも美しい姫と結婚し、脱ぎ捨てた皮を焼き捨て、美しい若者の姿となる。また、ATの対応話としては、前述のKHM1も含まれる440「蛙の王または鉄のヘンリー」や、433C「蛇婿と嫉妬深い娘」が認められる。

ところで、アジア諸国の類話に登場する「申し子」は、実に多彩な姿を取る。『通観　研究篇1』のIT139「たにし息子」の項から抜き出してみたい。

A．哺乳類……馬（インド）、牛（中国・漢族）、豚（中国・漢族）、犬（イラン）、猿（フィリピン・パンパンガ族）、山羊（中国・チベット族、ベトナム）、虎（インド）
B．鳥類……鳥（フィリピン・ティンギャン族、シベリア・カルマック族）、鶏の卵（中国・漢族）
C．爬虫類・両生類・甲殻類……青大将・蛇（韓国、イラン）、蝦蟇《がまがえる》・蟾蜍《ひきがえる》・蛙（韓国、中国・漢族、中国・

チベット族、中国・ハニ族、ミャンマー・モーケン族）、亀（スリランカ）、たにし（中国・漢族）、かたつむり（台湾・漢族）、貝（フィリピン・ビサヤ族）

D．植物……瓢箪（中国・漢族、インドネシア）、棗《なつめ》の種（中国・漢族）、草の株（インドネシア）、唐辛子の実（ミャンマー・タンクンナーガ族）

E．その他……胴体のない首だけの子（フィリピン・ビサヤ族、タイ）

これらのうち、フィリピン・ビサヤ族の「貝坊や」の話を紹介しよう。

子のない夫婦が「貝のようなものでもよい」と子授けを祈願すると、貝が授かり、「貝坊や」と名づけて育てる。貝坊やが川へ行き、魚を取る女の籠の中へ入って叫ぶと、女は驚いて逃げ、貝坊やは魚を持って帰る。貝坊やが牛の首を持つ爺のあとをつけ、牛の耳に入って叫ぶと、爺は驚いて逃げ、貝坊やは牛の首を持ち帰る。貝が母に頼んで酋長の娘に結婚を申し込んでもらうと、娘は承知して家を追い出される。二人が町を出て一週間たつと、貝坊やは、悪霊にかけられていた魔法がとけてりっぱな若者になり、酋長は二人を許した（『通観　研究篇1』一五一頁）。

話の展開は、日本の「たにし息子」とよく似ているが、「悪霊にかけられていた魔法がとけて」というくだりは、「美女と野獣」をはじめとするヨーロッパの昔話を連想させ、興味深い。

水神としてのたにし

アジア各地の「申し子」たちの中で特に注目されるのが、東アジアから東南アジアにかけての国々に見られる、水中や水辺に棲息する小さな生き物たちである。この地域における主要な産業である水田稲作農耕にとって最も大切なのは水であり、その水のたましいが宿った存在を「水神さま」と呼び、水生の小動物を「水神さまの化身」もしくは「使者」と考えて、農民たちは大切に扱ってきた。たにしが、蛙類や蛇類と並んでそうした稲作農耕民の民間信仰におけるシンボリックな存在であったことは、本話型以外にも「たにしと烏」、「たにしと狐の競争」といった話型に登場し、「小さいながらも機智で身を守る者として表現されている」（黄地百合子「田螺」、『事典』五四七頁）ことからもうかがえる。水神さまへの信心の篤《あつ》さによって、たにしという申し子を授かり、幸せを手にすることができたのだ。

以上のような民俗学的な意味を踏まえて、この話の意味を爺婆の立場から考えてみると、本話における「原感動」とは「神仏の慈悲に対する感謝」であり、「水神の申し子が人間を幸福に導く」という本話の核心モチーフの淵源は、水田稲作農耕がわが国にもたらされたとされる「弥生時代の始まりか縄文時代の晩期か」（佐藤洋一郎『DNA考古学』東洋書店一九九九：四〇頁）にまでさかのぼることができるだろう（ちなみに佐藤によれば、稲作農耕の日本への移入は、熱帯ジャポニカ米の焼畑栽培が第一期、温帯ジャポニカ米の水田栽培が第二期と、二段階にわたっていると見なされる（同前 四三頁））。そして本話に込められたメッセージは、「水神さまをはじめとする神仏への信心を怠るな」というものとして理解される。

後述するように、「蛇婿入り」や「蛇女房」（第十三講）といった蛇を異類とする婚姻譚や、「犬むかし—花咲か爺型」（第十四講）と並んで、本講の「たにし息子」もまた、東アジアに豊かな伝承を持つ話型と言える。東アジアの風土や気候、主要な産業であった稲作農耕、そして仏教・道教・儒教といった宗教文化をはじめ、さまざまな共通点を持つ地理的・産業的・文化的な特色がこれらの昔話にどのような影響を与えているのかを探っていくことは、大変興味深い研究テーマであると思われる。第十三講でも述べるように、一九九四年、稲田浩二をはじめとする日中韓三ヵ国の研究者によってアジア民間説話学会が設立され、これまで国際的な共同研究を進めてきたが、筆者もメンバーの一員として今後もこうしたテーマに取り組んでいきたいと考えている。

虫けらとしてのたにし

ただし、その一方で、「やれうれしやと思えばつぶの息子だ。つぶの息子であってみれば、何の役にもたたねえ」という、とどさんのつぶやきを聞き逃してはならない。いくら「水神さまの申し子」とは言え、たにしはたにし、類話に登場する蛙や蛇と同じく、このたにしも役立たずの「虫けら」にすぎなかった。前述の黄地が指摘するように、第五講「糠福と米福」の類話には、結末に実子が田や川に落ちた後たにしになったと語るものも多い(『事典』五四七頁)。ここでのたにしは明らかに、「虫けら」としてのマイナスの意味付けしかされていない。

民俗学的に見れば確かにたにしは神聖な存在かもしれないが、現実の生活の中ではほとんど価値なき存在であり、多くの語り手たちはおそらく、愚痴をこぼすとどさんと同じ現実的なまなざしを持って、たにしの息子を眺めていたに違いない。そうであればこそ、二十年たっても口を聞かず生まれた時のままの小ささだったと語られるのだ。

小さくて役に立たないもの、進歩や成長をしないもの、親からあいそをつかされたもの、そうしたマイナスだらけの子どもが主人公であればこそ、聞き手の子どもたちは共感を寄せ、いつかきっといいことが起きるはずだと固唾を呑んで耳をすませた。そして予想通りの展開に、オセロの石を黒から白へずらりとひっくり返す時のような爽快感を味わうことができたに違いない。

やなせたかしが「手のひらをたいように」で歌ったように、「みみずだって、おけらだって、あめんぼだって、みんなみんな生きているんだ」。どんな虫けらのような存在であれ、生きていればいつか機が熟し、すべてがガラッと好転する時がきっとやってくる。だから生きることをあきらめるな――。たにしの立場に立つ時に聞こえてくるこのメッセージこそ、今日の子どもたちに届けたい。

「待つ」ということ

たにしの立場から、この話の持つ意味をさらに考えてみよう。主人公のたにしは、生まれてから二十年間少しも変わらなかった。口もきかず動くこともせず、じっとしたまま、ただものを食べるだけだった。見方によっては「横着者」「怠け者」と呼ぶこともできる。とかく昔話の主人公と言えば、「まじめで親孝行で正直な働き者」タイプを思い浮かべがちだが、「横着でずる賢い怠け者」タイプも意外に多い。そして後者の最大の特徴が、肝心な時が来るまで動かないということであり、じっと待つということでもある。

この話の爺婆のように私たちもまた、親や保育者・教育者として、目の前の子どもたちに対して、日々少しずつ成長し発達していくことを望みながら接し、成長や発達の証しとして彼らが連続的に変化していくことを期待しがちである。けれどもその期待はしばしば裏切られる。なかなか思うように変わってくれない、成長しているように思えず落胆させられる。だが、待っていれば突然、「その時」が訪れることもある。必ずあるはずだ。「だから、私たちも待っていようよ。焦らないで子どもとじっくり付き合おうよ」、そんなメッセージもこの物語から読み取れるように思われる。

「殻を破る」ということ

たにしの立場に立ってさらにもう少しこの話をながめてみよう。たにしはどのようにして、人間の若者の姿に変身できたのか。それは先ほども述べたように「他者による祈願」「他者による破壊」「自死としての入水」といったモチーフを通してであるが、そこには、①死に至るほどの試練の必要性、②それまでの自分を守ってくれていたシェルターとしての貝殻の破壊、③シェルターの破壊を実行してくれる存在の必要性、といった意味が象徴的に表現されているように思われる。子どもにとって、自分を守ってくれる「貝殻」はとても重要なものであるが、自分が成長するためにはこの殻を破って、出て行かなければならない時が来る。けれどもそれは死ぬほどつらいことであり、本人の意志や力だけではなかなか難しい。その時、その手助けをしてやる存在が身近にいることが求められるのだ。

オランダの文化人類学者アルノルト・ファン・ヘネップは、『通過儀礼』（綾部恒雄・綾部裕子訳、弘文堂一九七七）の中で、子どもから大人社会に加入する際、一定期間特定の場所に隔離されて、肉体的・精神的苦痛を伴う試練を受けるという習俗が世界各地に伝わることを紹介し、象徴的な「死と再生」によってはじめて一人前の大人になれると考えていたことを明らかにしたが、本話のたにし息子もまた「貝殻」を破る／破られることによって「死と再生」を体験したと解釈することもできるのではないか。

「貝殻」のところには、具体的にいろいろなものをあてはめて考えることができる。「母親」「父親」「家」「学校（教師）」「故郷」等々。そうしたかけがえのない存在との別れの悲しみを乗り越えることで、子どもは、そして人は、成長していくことができる。これもまた、昔話「たにし息子」に込められた、もう一つの深いメッセージとして受け取ることができるだろう。

第三講「鼻たれ小僧さま」（竜宮童子）――子ども――

あった《あったとさ》てんがの。

あるところに、貧乏で子持たずのじいさとばあさがあったてんがの。年の暮れになれば、年とり米も年とり魚《ざかな》も買わねばならんので、じいさは毎年山へ行っては門松を取って来た。ほうして町へ行っての、

「かど松、かど松」

と言って売り歩いたが、帰りしなには《かえるときは》、川の橋の上から門松を投げて、

「竜宮浄土の乙姫《おとひめ》さまにこの門松あげよう」

と、忘れずに水の中へ門松を投げ落としておったと。その年も乙姫さまに松を投げてあげると、松はじきに水にもぐって見えなくなった。じいさが橋を渡って家の方へ帰りかけたら、

「じさ、じさ、待ちれ《まって》、待ちれ」

と呼ぶ声がするてんがの。ふり返って後ろを見ると、いとしげな娘がいて、

「おら、竜宮の乙姫さまの使いの者だが、お前、毎年門松をあげてくれるすけ《から》、竜宮ではみんな喜んでいる。『お礼をしたいすけ、じさを竜宮へ連れてこい』と言われた。どうかおれについて来てくらっしゃい」

「そうか。それはありがたい」

「じさ、じさ、お前、目をつぶっていらっせえ。目をあけてもいいと言うまで、の」

そこで言われるとおりにして、娘に連れられて行ってみれば、竜宮には、たいそうきれいな御殿があるてんがの。乙姫さまが出てこられて、

「じさ、じさ、よう来てくれた。毎年毎年門松ありがたかったで。今日はごっつお《ごちそう》しるすけ、いっぺ《たくさん》食うてくれ」

言うて、ごっつおをして食わせ、竜宮の踊りもいろいろ見せてくれた。じいさが、

「ごっつおになったから、こんだ《こんどは》家へ帰らしてもらおう」

と言うと、乙姫さまが、

「お前のみやげにこの子どもをくれてやろう」

と言うて、小さい子どもをくれたてんがの。見れば身

なりも汚《きたな》くて、鼻をたらし、よだれもたらした、きったなげな子どもだと。

「この鼻たれ小僧さまを大事にしれや。この子にほしいもんを頼めば何でも出してくれるすけ」

じいさは汚い鼻たれ小僧さまをもろうて喜んで帰って来たと。

「ばさ、ばさ、いま帰ったぞ」

「おや、お前、どこへ行って来たい」

「いや、おらが門松を竜宮の乙姫さまへあげたれば、乙姫さまによばれて、竜宮へ行ってきた。みやげにこんげな鼻たれ小僧さまをくらいた《（くださった）》。この子に何でもほしい物をねだれば出るが」

ばあさが喜んで、

「米を出してくれや」

と頼んだら、米俵がゴロリンと出て来たそうな。それから、味噌も金も出してもろうて、楽々と正月を迎えたそうな。じいさとばあさが、

「家が悪いが、今度は家を出してもらおうか」

と言うて頼んだところが、いい家が出て来たと。

じいさはだんだん、身上《しんしょう》がよくなって、暮らしは楽になり、「旦那さま、旦那さま」と人にも言われて、つきあう人も金持が多くなった。鼻たれ小僧さまは、じいさがどこへ行ってもついて歩くのだが、太りもしないで、竜宮から来たまんまで、鼻をかめと言ってもかまんし、よだれをふけと言ってもいっこう平気な顔だ。じいさはとうとう怒ってしまって、

「お前のようなもんは、へえ《（もう）》、どっか行ってしまえ」

と言ったから、鼻たれ小僧さまは、

「おれ、ほんとに、どっかへ行ってしまっていいかい」

と聞いた。じいさは「おう、どこないと行け」と言った。

鼻たれ小僧さまは「あい」と言うて、ごんごんとどっかへ行ってしまった。そのとたんに、あんないい家は無くなってしまって、いままであったたいいもんはみんな無くなって、もとの貧乏なあばら家になってしもうたてんがの。

いきがポーンとさけた。

――新潟県長岡市――

鼻たれ小僧がいた時代

『昭和の子どもたち』といった類《たぐい》の写真集を開くと必ず、粘っこい洟《はな》をつららのようにたらして、赤ん坊をおんぶしている子どもが登場する。「鼻たれ小僧」が消えたのはいつ頃のことだろう。一九六一年生まれの筆者が子どもの頃にも、冬になると「青洟《あおばな》」や「白洟」をたらしている男の子がいた。いつも汚れた服を着ていて、歯は磨いていないため黄ばんでおり、頭にはフケがたまり、饐《す》えたような臭いを発していた。今から思えば、衛生状態の悪さや栄養不足が洟のたれる原因であり、貧しい家庭環境によるものと考えられるが、洟のたれていることを気にかけないのはその子の「頭が鈍い」せいだと、周りの子どもはみんな思っていた。たとえ家は貧しくても身なりはきちんとするよう親にしつけられた子どももいたからだ。ただし、先に述べた写真集に登場している洟をたらした子どもたちが皆、「頭が鈍かった」わけではないことは言うまでもない。

ともあれ、筆者の世代は「鼻たれ小僧」と聞いて特定の子どもの顔を思い浮かべることができる、「リアル鼻たれ小僧」と同じ教室で過ごした最後の世代かもしれない。今の子どもたちには、アニメ「クレヨンしんちゃん」に登場する「ボーちゃん」のイメージぐらいしか浮かばないだろう。

話型とモチーフ

本話のあらすじは以下の通りである。年の暮れに正月用の門松を水中に投げ入れるという善行への返礼として竜宮へ連れて行かれたお爺さんが、土産にもらった鼻たれ小僧によって金持ちになるが、小僧がうす汚い身なりを改めようとしないのに腹を立てて家を追い出すと、すべてが元に戻ってしまう。ITでは、主人公がこの世とは異なる世界を訪れるという「異郷訪問」の話型群に属する75「竜宮童子」として登録されている。

間宮史子によれば、訪問する「異郷」もしくは「異界」の場所には、①地上、②地下、③水中、④天上、の四種類がある（間宮「日本昔話における異界」、白百合怪異研究会編『児童文学の異界・魔界』てらいんく二〇〇六：一七七頁）。それぞれの代表的な話型として順に、①「舌切り雀」、②「ねずみ浄土」（おむすびころりん）、③「浦島太郎」、④「天人女房」が挙げられるが、本話は「浦島太郎」と同じく③の水中異界譚のひとつである。

古典資料

『通観　研究篇2』には、十八世紀に編纂された『壱岐国続風土記《いきのくにぞくふどき》』に収められている「禿童《はぎわら》」が、本話の類話として挙げられている。あらすじはほぼ同じだが、本話との違いを具体的に挙げてみたい。

壱岐島を舞台にした話なので、主人公は海の浜辺に門松や年縄を奉納している。竜宮へは夫婦そろって出かける。竜宮へ案内してくれた使いからその途中に、竜宮の土産について聞かれたら「はぎわら」がほしいと頼むようアドバイスを受ける。「はぎわら」に充てられた漢字から、その容貌は頭の禿《は》げた童子《どうじ》であると推測される。老夫婦は「はぎわら」に対して、蔵や財宝の他に自分たちが若返るよう望み、二人とも二八歳になる。「はぎわら」は夫婦の願いをかなえてやる代わりに「夫婦愛寵の色欲をいましむ」、つまり夫婦の交わりを禁止する。ところが、若返った上にありあまるほどの財産を得た夫婦にとって唯一叶えられない「楽しみ」を我慢できない夫婦は、「はぎわら」を竜宮に返してしまう。すると、たちまち蔵も財宝も消え失せ、夫婦は白髪の老人となり、程なく死んでしまう（『研究篇2』七〇頁）。

「浦島太郎」、「桃太郎―回春型」（川上から流れてきた桃を食べた爺婆が若返って産んだ子どもが桃太郎）、「若返りの水」などに登場するモチーフが入り混じり、今日なら子どもに聞かせるのが憚られるような大人向けの話になっているが、江戸時代には案外子どもにも平気で聞かせていたのかもしれない。

国際比較

『研究篇2』によれば、中国の唐初以前の編とされる『録異伝』三「湖神の贈り物」が本話の類話と見なせる。あらすじはほぼ同じ。主人公の男は、湖の神様から「如願」という名前の下女を授かる。如願は何でもほしいものを出すが、やがておごり高ぶった男は、元旦の朝、鶏が鳴いても起きてこない如願を杖で叩いて起こそうとして逃げられる（七一頁）。

一方、『研究篇1』には、「竜宮童子」の類話は挙げられていないが、IT 76「竜宮犬」や77「竜宮壺」という、童子の代わりに犬や壺（玉・ひょうたん）をもらう話の類話として、アイヌ族、中国・浙江省・漢族、中国・広西省・トン族、韓国、中国・山東省・漢族、タイ・モン族、シベリア・バシュキール族、フィリピン・タガログ族などのものが紹介されている（『研究篇1』六九―七三頁）。

ATでは、555「漁師とその妻」、751C「豊かになるといばるようになる」、1889H「海の底の別世界」が対応する。このうちAT 555の類話は、『グリム昔話集』KHM 19「漁師とその妻」として知られる。

［要旨］昔、漁師が妻とともにあばら屋に住んでいた。ある日、漁師が海辺で大きなヒラメを釣る。ヒラメが「僕は魔法にかけられた王子だ。逃がしてくれ」と言うので、海に放してやる。家に戻ると、妻は、お礼に小さな家をもらうようにヒラメに頼めと言う。漁師は不本意ながらも妻の言うままにヒラメに会って「小びと、小びと、ティンパ・テ／海の中のヒラメ、ヒラメ／妻のイルゼビルが／おれの言

うこと聞かないのだ」と歌って呼びかけて、妻の願いを伝える。漁師が帰ってみると、願い通り小さいながらも素敵な家が建っていた。妻はしばらくはそれに満足していたが、今度は御殿が欲しいと言う。漁師がまた、ヒラメに頼むと、立派な御殿をくれる。妻の欲望は際限なく、そのあと、王様、皇帝、ては法王になりたいと言い、ヒラメはすべてをかなえてくれる。ついに妻が「お日様やお月様を昇らせることのできる神様になりたい」と言う。漁師はそれには困り果てたが、怒り狂う妻にせき立てられて、嵐の海辺に出て、ヒラメに頼むと、家はもとのあばら家に戻っていた（『ハンドブック世界』一二八–一二九頁）。

竜宮とはどんな場所か

沖縄を除く日本昔話の水中異界は一般に「竜宮」と呼ばれる（沖縄ではニライカナイ、ニルヤカナヤと呼ばれ、死後、人のたましいが行く場所とされる）。ただし、竜宮は海底だけでなく、海のかなた（海上）や、川や湖の淵（深くなったところ）にもあるとされている。馬場英子によれば、「この世とはべつの時間体系に支配される一種の仙境で、一瞬のうちに田植えから稲刈りまでを目《ま》のあたりにしたり、『浦島』の悲劇のように、その一日は、地上の十年百年にもあたります。竜宮は、ゆたかな富とふしぎな宝のある不老不死の世界です」（『ガイドブック日本』二八八頁）。

竜宮を訪問するきっかけは、本話のように橋の上から年越し用の薪や松飾りを水中に投げ入れたことや、「浦島太郎」のように亀や魚や蛇になってこの世に来ていた乙姫を助けてやったことに対する返礼である場合が多い。また、竜宮から帰ってくる際の土産には、本話における童子、「浦島太郎」における玉手箱の他に、犬（「竜宮犬」）、壺（「竜宮壺」）、玉（「竜女の援助」）、釣り針（「釣り針とニラの神」）、小槌《こづち》（「打ち出の小槌」）、娘（「竜宮女房」）などが知られる。

これらの話型の結末を見てみると、「打ち出の小槌」や「竜宮女房」のように、竜宮でもらった贈り物によって幸福な結末を迎える場合もあるが、それは例外的なケースであり、貧しかった主人公がこれらの贈り物によってたとえ一度は豊かになっても、見栄を張ったり欲張ったりタブーを破ったりしたことによって、元の貧しさに逆戻りし、不幸な結末を迎える話が、本話も含めて大多数を占めている。「欲張るな。身の程を知れ。人からの忠告には従え」、こんなメッセージがまず聞こえてくるだろう。

異類来訪譚、三つの結末

次に、本話においてじいさとばあさの願いをなんでもかなえる不思議な力を持った存在が、異界からやってきた子どもであるという点に注目してみたい。先ほど「本話は異界訪問譚である」と述べたが、これはじいさを主人公と見た場合であり、鼻たれ小僧さまを主人公と見れば、異界から「異類」（超自然的な力を持った存在）がこちらの世界にやって来る話、すなわち「異類来訪譚」と考えることもできる。

日本の異類来訪譚と言えば、川上から流れてきた果実から登場する「桃太郎」（第六講）や「瓜姫」（第七講）、それから『竹取物語』として知られる、月世界からやってきた姫君が竹の中から発見され、再び月世界に戻っていく「竹娘」などがまず思い浮かぶが、他にも、普段は人里離れた山林や水中世界（水界）や天上世界などに暮らす動物や想像上の存在が人間界に現われて人間と結婚する「異類婚姻譚」と呼ばれる話型群に属する、「天人女房」、「鶴女房」、「狐女房」、「蛇女房」（第十三講）、「蛇婿入り」、「猿婿入り」などの話型がある。

それから「桃太郎」と同じく川上から香箱に入って犬が流れてくる類話を持つ「花咲か爺」（第十四講）、

竹やぶから現われた雀が爺や婆のところで暮らした後、元の世界へ戻っていく「舌切り雀」（第八講）なども「異類来訪譚」の一種と見なすことができる。さらに、「大歳の客」と呼ばれる、大晦日やその近辺の日にみすぼらしい旅の僧や物乞いの姿で神仏が来訪する話型群や、神仏の申し子として人の世に送り込まれた異形の子どもが活躍する「たにし息子」（第二講）や「一寸法師」などの「申し子譚」もまた異類来訪譚と見なしうる。

このように、異類来訪譚の内容は多岐にわたっているが、異類の結末に注目すると、①異類が人間の世界で歓待され幸せに暮らす「歓待型」――「桃太郎」「たにし息子」「一寸法師」「竜宮女房」「絵姿女房」など、②異類が殺されたり異界に追放されたりする「殺害・排除型」――「蛇婿入り」「猿婿入り」「花咲か爺」など、③異類みずからの意志で人間界を退去するという「自主退去型」――「鼻たれ小僧さま」「舌切り雀」「竹娘」「鶴女房」「雪女房」「大歳の客」など、の三パターンがある。

そして、本話「鼻たれ小僧さま」を含めて、これらの話の大多数に、異類を歓待すると幸福がもたらされ、異類の冷遇や排除に対しては一度手にした幸福の終焉や不幸がもたらされるという法則があてはまる。たとえ金持ちになっても、鼻やよだれを垂らし、汚れた服のままというこの小僧さまは、この世における通常の価値観では受け入れがたいが、それでもその異質性を引き受けよ、と語り手は説くのである。「外からやってきたものを大切にせよ、自分と異なる価値観を排除するな」、そんなメッセージを引き出すことができる。

異類殺害の真意

ところで、「殺害・排除型」のうち、蛇や猿などの異類の男が殺されてしまう「異類婿入り譚」にはこの法則はあてはまらない。異類の殺害に関与した人間が幸福を獲得し、異類の男の求婚をいったん受けいれた後に異類を殺害した娘は、その後、人間の男と幸せな結婚をするのである。

例えば、昔話「猿婿入り」の「里帰り型」と呼ばれる話は次のようなあらすじである。

爺が畑を打っていると猿が現われ、三人娘の一人を嫁にくれるなら手伝う、と言い、爺が承知するとすぐ畑を打ちかえす。爺が娘たちに猿との約束を話し、嫁に行ってくれるように頼むと、二人の姉たちは断るが末娘が聞き入れ、猿に嫁入りしていく。やがて里帰りの時期が来て、嫁は猿に実家への土産として臼ごと餅を背負わせる。川端の桜が美しく咲いているので嫁が猿にねだると、猿は梢の花を取りに登るが、途中で枝が折れて川に落ち、嫁を思う歌を詠みながら流されていく。娘は家に帰り、幸せな結婚をする(『ハンドブック日本』一二三頁)。

ここで、猿婿はその死に値するような悪いことは何もしていない。一方、殺した娘(嫁)の方はその後、幸せな結婚をする。この理不尽な結末をどう考えればいいのか。小松和彦はかつて「異人殺しのフォークロア」において、民俗社会の持つ「外部からやってきた異質なる存在」に対する態度には、歓待と排除の二面性もしくは二重構造があると指摘した(小松『異人論―民俗社会の心性』青土社 一九八五所収)。詳しくは同書をお読みいただきたいが、要するに、「よそ者に対しては利用価値があるかぎりにおいて歓待してこれを利用し、利用価値がなくなればこれを排除してかまわない」という悪意のメッセージがこれらの昔話には込められていると解釈するのである。

人間の妻の計略にはまって川に落ち、流されながらも妻へのラブコールを送るけなげな猿の夫の溺死を見届けた後、その妻は人間の男と再婚し「めでたしめでたし」と結ばれる。猿の立場からすれば理不尽きわまりないこの話がどうして根強い生命力を持ち続けたのだろうか。筆者自身、三〇年近く前に読んだこの小松の解釈を、喉に引っかかった小骨のように飲みこむことができないまま、もっと他に納得のいく答えをずっと捜し続けてきた。

末娘に寄り添う語り手

二〇一四年九月、「みやぎ民話の会」顧問の小野和子さんのご講演を聴く機会があった。その中で小野さんは、この話が大好きだと言って「猿婿入り」を何度も語ってくれたという宮城県のあるお婆さんの話をされた。秋田県との県境近くの山村に暮らす、明治十三（一八八〇）年生まれのこのお婆さんは、十六歳の時、相手のことは何も聞かされないまま、親に行けと言われて風呂敷包み一つ持って、山一つ越えて嫁入りした。嫁ぎ先ではお姑さんにやかましく言われ、よほど実家に戻ろうと思ったが、「出戻り娘」がいると親やきょうだいに迷惑がかかるだろうからと思い留《とど》まり、姑の仕打ちを我慢し続けた。そんなお婆さんにとって、子どもの頃に聞いた「猿婿入り」の話に登場する末娘は、親の希望もかなえ、自分のわがままを通して猿の夫に指図し、なおかつ猿との婚姻関係も帳消しにして実家に戻り、再婚して幸せに暮らすという「理想の女性」に他ならなかった。

お婆さんが語った類話に出てくる、谷底の水を汲んで山の田まで運び上げていく「田の水汲み」仕事の大変さを、身に沁みて知っているお婆さんにとって、娘との結婚を条件にその仕事をしてやろうと父親に約束する猿とは、この山田に水路をつけるだけの財力と権力を持った村の有力者、「旦那殿」を意味していた。その旦那殿を自らの美貌と才知で翻弄する末娘は、このお婆さんにとって拍手喝采を送らずにはいられない存在として、生涯にわたって彼女の心の中に希望の火を灯し続けてきたのだろう。
にもかかわらず、殺される猿の方に気を取られて、この話を聞いた直後に「なんだか猿がかわいそうじゃない」と感想をもらした自分が、お婆さんの苦労話とこの話の受け止め方を聞かされた後に恥ずかしくなったという小野さんのお話に、目からうろこが落ちる思いがした。

昔話からどんな意味が読み取れるかを考える際に重要なことは、どんな語り手がどんな聞き手に向けて語ったのか、また登場者（人物／動物）の中の誰の立場に寄り添って語ったのかに想いを馳せることではないだろうか。おそらく、昔話「猿婿入り」を語り継いできた人びとの多くは、このお婆さんと同じ、貧しい百姓家に生まれ育ち、親の言いつけに従って早くに嫁に行った女性たちであり、自分の孫や孫世代の娘たちに向けて、この話の末娘に寄り添って語ったに違いない。そして聞き手だった娘たちは何十年か後には次の語り手となったであろう。このような伝承を通して女性たちが汲み取ってきた意味は、研究者が頭の中でひねりだした「客観かつ冷静」な分析結果よりも、はるかに重い。

歳神《としがみ》さまと子ども

「鼻たれ小僧さま」に話を戻そう。民俗学の立場から注目されるのは、この話の舞台が年の暮れであり、じいさが門松や正月用の薪を水界に届けたお礼として、竜宮に招待され、小僧さまを贈られたという点である。前述したように、大晦日やその周辺の日に、みすぼらしい旅の僧や物乞いの姿で神仏がやってきて、自分を歓待した人には福を、冷遇した人には禍《わざわい》をもたらすというのが「大歳の客」と呼ばれる話型群であるが、「鼻たれ小僧さま」もその系譜につながっている。

冬至から大晦日にかけての期間（旧暦では約四十日間）は、昼間は短く、草木は枯れ、人も動物も寒さにうずくまる、この世の生命力が最も衰える時期と考えられていた。そしてそんな世界に「新たないのち」の息吹を送り込むことが強く望まれた。ここにおいて、一年の変わり目である大晦日とその周辺の日に、神さまが現われて衰弱した生命力を蘇生させるという考え方が生まれた。そして、この神さまのことを「歳神《としがみ》さま」と呼んだのである。

歳神さまは、人間のみならずすべての生きとし生けるものに、生命力の象徴である「年玉《としだま》（歳魂）」を授けるという仕事を担っている他に、一年間の人びとの行いの良し悪しを査定して悪い行いをした人を叱正するとともに、一年間に心の中にたまった垢《あか》や穢《けが》れを拭い去る。それからまた、良い行いに対してはほうびを与えるという役目もあった。このような「歳神」に関する考え方は日本だけでなく、一年中気候も気温もほとんど変わらない一部の地域を除いて、世界中で共通するものと思われる。「サンタクロース」と秋田の「なまはげ」の思いがけない共通性も、両者の「歳神」的性格として理解できる。

子どもを祭礼の主役にした祭りや子どもたちが執り行う祭りに注目した藤本浩之輔は、その理由を「子どもはまだ神の領域にあると考えられ、神の依代《よりしろ》（神がのり移る対象）になる霊力をもっている存在だと信じられてきたからである。だから、家や村の災厄をはらい、幸福をもたらす行事が、子どもにまかされているという例がどの地方にも見られる」（藤本「遊びにおける超越」、蜂屋慶編『教育と超越』玉川大学出版部一九八五：一六九頁）と指摘し、東北地方の「鳥追い」や秋田県横手市の「かまくら」と並ぶ具体例として、大阪府能勢町天王地区で今も行われている「狐狩《が》り」を次のように紹介している。

狐狩りは一月十四日の午後、四年生以下の小学生によって行われる行事で、子どもたちは長い青竹の先につき刺したわら細工の狐を先頭にかかげ、手に手に小さな御幣をもって、部落内の家を一軒一軒おとずれる。家に着くと、狐を持った子（狐持ち）と祝儀をもらう子（金持ち）が中に入って行き、残りの子どもたちは、庭先で幣を振りながら、太鼓に合わせて次のような歌をうたう。「われは何をするぞいやい　狐狩りをするぞいやい　狐のすしを　幾桶つけて　七桶ながら　えい、えい、ばっさりこ　貧乏狐追い出せ　福狐追い込め」。一種独特の節回しで二回くり返すと、祝儀が出る。「金持ち」は、お返しに御幣の切れ端を、福紙だといってわたす。こうして、部落内の全部の家で狐狩りをし、最後に、部落を貫流する川の一番上にある狐橋からわら狐を流して区長さんの家にひきあげる。区長さんの家では、おしるこやお菓子をごちそうになり、祝儀を平等に分配してもらう（同前　一七〇頁）。

この行事の中で子どもたちが担っているのは、「歳神」の役割に他ならない。ここから、大晦日に竜宮の乙姫からじいさに贈られた「鼻たれ小僧さま」が子どもの姿をしている背景には、神の依代になる霊力を持つ存在としての子ども観があることが推察されるだろう。

それではどうして、「身なりの汚い」「鼻たれ」の「よだれたらし」なのか。ここに描かれているのは明らかに、かつて「知恵おくれ」と呼ばれていた、知的障がいを持つ子どもの姿である。その理由をさらにさぐってみたい。

「福子」という贈り物

『福子の伝承　民俗学と地域福祉の接点から』（大野智也・芝正夫、星雲社　一九八三）という本がある。一九八三年、全国の障害《（ママ）》児者《（ママ）》の親及び関係者（社会福祉法人　全日本精神薄弱者育成会が窓口）と民俗研究家等々の研究者を対象に行ったアンケート結果を元に綴られている。回答一一四通のうち五四通に、なんらかの障害を持った子が生まれた際、その子を「フクゴ（福子）」「フクムシ（福虫）」「タカラゴ（宝子）」「フクスケ（福助）」などと呼ぶ習わしがあったと答えている。例えば次の通り。「肢体の部分で頭部の異常に大きいものをフクスケといった。このような人はとにかく知恵おくれであったり、身体障害者であった。こういう子どもができると、裕福になる、金持ちになるといった」（長野県上田市）。
調査結果を踏まえて、大野はこの言語伝承の背景を以下のように考察する。

今でも親たちは、この子ら（＝障がい児：引用者注）のために人一倍努力をするが、昔の人も同じだったのであろう。福祉対策などなにもなかった昔のこと、両親は必死に働いて、障害を持つ子のために、せめて財産を残して、あとの面倒をきょうだいに託していった。その結果、一代にして倉が建った家もあったのだろう。それを見た近所の人が「あのうちは障害児が生まれたので、倉が建った」と思い込み、いつの間にか障害児を「福を呼ぶ子」「宝をもたらす子」と見るようになったのかも知れない。動機はともかく、福子と呼び、宝子と呼ぶことによって、結果としては、まわりの人も障害児を大事にしただろうし、親たちも暗い気持ちにならずにすんだに違いない（同前 一五七–一五八頁）。

さらに、同書において指摘されているように、「鼻たれ小僧さま」と、東北地方を中心に伝承される「ザシキワラシ」は、ともに家の裏座敷に隠し置かれていた「童子」であり、その存在が家の盛衰を左右するという意味で何らかの関連を持つものと思われる。そしてこの昔話が伝承されてきた背景には、障がいを持つ子どもを産んだ母親に対して周囲の人びとが、「あなたは福を呼ぶ子を産んだんだよ。大丈夫、皆で力を合わせて育てようね」とのメッセージを伝える「福子」の思想があったに違いない。

一方、同書には遠野在住の菊池照雄による次のような〈影〉の部分の証言も紹介されている。

> なお遠野ではザシキワラシの調査の訪問者に悲鳴をあげ、ザシキワラシとは昔血縁結婚が多かったので、不具や精神異常の子が生まれると世間態《せけんてい》を恥じ、座敷に封じて世間にださせない子のことだったと、説明したりもする。陽にあたることを知らなかったから、顔は青白い。色白の女の子にザシキワラシのようだなどという例もある。私の子どもの頃、かくれんぼをしながら家々の裏座敷をのぞいて歩くと、どの家にもきまって老人か子どもが、薄暗い部屋のなかで床に臥《ふ》していた。医者もいなかったし、かけるお金もなかった。……水害で流された仮橋の一本橋の上で、夕暮れ時のことだった。髪をふりみだした異形の子に出会い、身のすくむ思いをしたことがある。あとで聴くと、座敷牢に入れられていた少年が、水害のどさくさにまぎれて外を出歩いていたのにぶつかったのである。……このように医者にもかけられず、家人からもろくに看護をうけることなく、暗い部屋のなかでザシキワラシと呼ばれ、幸うすき一生を終えた子らの生涯は、これはこれとして民衆史の立場からぜひ書き残さねばならぬ重要な課題である（同前 一三〇頁）。

同書の「はじめに」にも以下のように記されているとおり、民俗学と地域福祉の接点には興味深いテーマがほとんど手つかずのまま埋もれている。関心を持たれた方はぜひ掘り起こしていただきたい。

民俗学の中に障害者《（ママ）》をあてはめてみることにより、もう一つの視点が浮かびあがってくる。それは、かつての日本の風土の中に、心身障害者をどう位置づけていくか、どう位置づけられるかという問題である。精神薄弱児や身体障害者が、かつての日本の風土（それは現在にも必然的につながってくる）の中で、役に立たない者、何もできない者として、ただ厄介視されるだけだったのか、あるいは、かれらの中にある意味が認められていたのか、それはわからないし、今の段階で語るべきことでもない。しかし、本書が扱っているような方向を掘り進んでいくことで、良きにつけ悪しきにつけ、日本人が心身障害児者に抱いていたある心意に達することができるのは確実である。そして、それを私たちは教訓としたり、現実に活かす工夫をしていけばいい（同前 一一二頁）。

第四講「蟹《かに》の仇討《あだうち》」（猿蟹合戦）——親と子——

　まあ、昔ある日のこと、猿の野郎《やろう》と蟹《がに》んべが二人で遊びに行ったらば、道ばたの草の中にむすびが一つ落ちていて、蟹がそいつを拾ったっちゅう。そうすると、猿の野郎はそれがうらやましくてたまらん。

「蟹さんはええ《（よい）》物を拾ったなあ。おれも何か見つけたいもんだ」

なんて言いながら、そこここを探して歩いたけれども何もなくて、やっとのことで猿は柿の種を一つ拾ったと。ところが食いしんぼうの猿のこと、何とかして蟹が持っているむすびを取って食いたいもんだと思って、蟹んべに言ったっちゅう。

「蟹さん、そのむすびとこの柿の種とをとりかえっこしざあ《（しょう）》」

「いやいや、おれはそんな物はいやだ」

と蟹が言うのに、猿は口がうまいから、

「むすびは、ここで食ってしまえばそれでおしまいだが、柿の種は地に埋めとけば、やがては芽を出し、木になって、柿の実がなって、なんぼうでも食われてええじゃあないか。そんだからとりかえっこしざあ」

って言うと、蟹もついついだまされて、それじゃあと、むすびを柿の種ととりかえた。

　猿の野郎は、早々にむすびにかぶりついて食ってしまったけんども、蟹は柿の種を持って帰って、大事に庭の隅に植えといたっちゅう。そうして毎日水をかけて、

　　生えんと　ほじくるぞ
　　生えんと　ほじくるぞ

と唱えながら、鍬《くわ》を持って行っては、ごんとそこに置いた。すると柿の種は、あの鍬でほじくられちゃあ困ると思って、まあ、芽を出したっちゅう。そうすると蟹は毎日こやしをやったり水をかけたりして、

　　大きくならんと　はさみ切る
　　大きくならんと　はさみ切る

と唱えては、柿のそばへ、はさみをちょんと置いたっちゅう。すると柿の野郎は、あのはさみではさみ切られちゃあかなわぬと思って、どんどんでっかくなった。

今度は蟹は、
　ならんと　ぶっ切るぞ
　ならんと　ぶっ切るぞ
と唱えて、柿の木のそばへ斧《よき》を持って行って、でんと置いた。柿の木は、あの斧でぶっ切られちゃあかなわぬと思って、実がなったともなったとも、鈴なりになった。

　やがて秋になって、柿の実が赤くうれると、猿の野郎が、上《うえ》ん山から見ていてなあ、

「蟹の家の柿が、ええ色にうれたようだ。どれ、行って取って食わっかなあ」

なんて言いながら、急いで山から降りて来て、柿の木へひょいひょいと登って、木の股に腰かけて、柿をむしっては食い、むしっては食ったっちゅう。

　けんども蟹は横ばいで、木には登れん。家からモザモザ這《は》い出て来て、木の上を見上げながら頼んだっちゅう。

「猿さん、猿さん。お前はそうやってたらふく食っているが、せっかくここまで大きくしたこのおれは、横這いで木に登れんからおれにも、熟柿《ずくし》のようなのを一つ取ってくりょう（くれよ）」

「おお」って猿の野郎は、青たん坊の柿を一つむしって投げてよこした。蟹がそれを拾って食ってみたところが、とても渋《しぶ》くて食えたもんではない。

「こんな渋いんじゃあ、だめだ。まっと甘いやつをくりょう」

と言うと、木の上の猿は、

「いいごと（不平）ばっかこきゃあがる（ぬかす）。ほれ今度は甘いぞ」

と言いながら、また青たん坊をむしって、蟹の背中をねらって、ビューウンとぶっつけた。グショーン、蟹は甲らが砕けて死んでしまった。

　そうすると死んだ蟹の腹の下から、ぐよぐよぐよぐよよ子が生まれてなあ、蟹の子が、「お母《かあ》が死んだあ」と泣いていたちゅう。そこへ熊ん蜂どのが飛んで来て、

「子蟹どのは、なぜ泣いているでえ」

って聞いたっちゅう。

「おれのお母《かあ》は、猿に柿をぶっつけられて、死んじまって、こまらあ（困るよ）」

とわけを話すと熊ん蜂どのは、

「それはかわいそうな。そんじゃあ、おれが仇討《あだうち》をしてくれるから、さあ、泣くな」

って言ってくれたっちゅう。さっそく熊ん蜂どのが、ブンブカブンブカ飛び回って、みんなにこれを知らせると、

「そんじゃあ、おれも手つだってくれらあ」

なんて言いながら、粒栗《つぶぐり》どのはコロコロと、縫針《ぬいばり》どのはシクモクと、牛糞《うしぐそ》どのはペッタリペッタリ、五升入り臼どのはゴテーンゴテーンとやって来て、みんなで仇討に行ってくれたっちゅう。

それから、みんなして山の猿の家へ行ったところが、猿の家では、猿のばあさんがただ一人、いろりで火を燃していたそうだ。

「もうし、猿さんは今日、どこかへ行ったかえ」

と聞くと、猿のばあさんが、

「おら家《え》の猿は、今日は山へ燃木《もしき》を取りに行った。もうじき帰って来るから、ちょっくら待っていてくりょう」

と言ったっちゅう。みんなは、

「そんじゃあ、猿さんが帰《けえ》って来るまで待っているかな」

なんて言いながら、上がりはなへ上がりこんで、そのひまに、てんで（銘々《めいめい》）の役割を決めたっちゅう。そうして粒栗どのはいろりの火の壷へ、子蟹は台所の水がめの中へ、熊ん蜂どのは味噌部屋の味噌桶の中へ、縫針どのは夜着《よぎ》の中へ、牛の糞どのは土間口先《どまくちさき》へ、五升入り臼どのは屋根棟《むね》へと、てんでに控えていたっちゅう。

そうこうしているうちに晩方寄りになると、猿が山から燃木《もしき》を背負《しょ》って帰って来た。

「ああ、寒《さぶ》い、寒い」

なんて言いながら、股ぐらも何もおっぴろげて、いろりに立って当たったたっちゅう。すると火の壷の粒栗どのが、パチンとはねて猿どのの股へはねこんだ。猿の野郎は、

「熱《あち》いちいちい、何かがおれの股ぐらへはねこんで熱くて困らあ」

なんて言いながら、前を押さえて泣いたそうだ。猿のばあさんが、

「そんじゃあ、急いで行って水がめの水で冷やせばいい」

と言ったそうだ。猿が台所へとんで行って、水がめの中に手をつっこむと、子蟹がチョキチョキはさんだと。

「あいただ。何かがおれの手に食いついたあ」

猿が泣き声を出すと、猿のばあさんが言ったそうだ。

「そんじゃあ、急いで味噌でもつけろし」

そこで猿が味噌部屋へとんで行って、味噌桶の蓋を取ると、中から熊ん蜂どのがブーンと飛んで出て、猿を刺したっちゅう。

「あいててて。何かが、食いついて痛くて困らあ」

と、猿が泣くと、また、猿のばあさんが、

「そう痛くて困らば、夜着《よぎ》の中にでも入《へえ》って寝ていろ」なんて言ったっちゅう。それもそうだと、猿の野郎が夜着の中へもぐりこむと、今度は縫針どのが、さっそく、シクモクと猿のからだを刺したっちゅう。猿はまた、「あいてて」と泣きだしたから、猿のばあさんはまたかと小腹《こばら》をたてて、

「何をそう男のくせに、たびたび痛がって泣くずらなあ。まあ、しようがねえから川へ行って水でも浴《あ》びてこう。そうしたらええ《よい》かもしれんなあ」

って言ったそうだ。そこで猿の野郎も、「とても家の中には、いる所がねえ。ひとつ川へ行って水でも浴びず《あびよう》」と思って、急いで表へとび出そうとしたら、土間口先の牛の糞でずりっとすべって、あおむけにぶったおれたっちゅう。すると、屋根棟《むね》から五升入り臼どのが、ゴロンゴロンところび落ちて来て、猿の上へドサリンコッととびおりたもんだから、猿の野郎は、ぶっつぶれて死んでしまったっちゅう。

それもそれっきりぃ。


——山梨県西八代郡——

柿の木のある風景

筆者が生まれ育った岡山県北部の山間の町には、どの家にもたいてい庭先や近くの畑に何本も柿の木があった。秋も深まり、青かった柿の実が黄色や橙色に変わると、枝を噛ませてへし折ることができるように先を二股に細工した竹の棹を使って柿の実を採り、甘柿はそのまま生で食べ、渋柿は熟柿《ずくし》になったのを食べるか、皮を剥いて湯通しをした後、細い縄に枝と柄のT字部分（「撞木《しゅもく》」と呼ぶ）をはせて吊るし柿にして食べた。どの家の軒下にも吊るし柿が列をなして、夕日を浴びて輝いていた。

今でこそ、採る人がいないため枝にびっしりと実を付けたまま冬を迎えた柿の木をよく見かけるが、かつてはお腹を空かした子どもたちにとっての貴重なおやつだったはずだ。戦前期に子ども時代を過ごした

叔母によれば、男の子も女の子も関係なく、どの子も柿の木に登っては、柿の実を採るだけでなく鬼ごっこなどもしていたという。柿の木の枝はしなりが悪くて折れやすいことを、遊びながら経験的に学んでいった子どもたちにとって、本話においてスルスルとよじのぼって簡単に柿の実をもいでみせる猿のふるまいは、憧れや羨ましさを実感として抱かせるものであっただろう。本話の他にも、「瓜姫」（第七講）、「屁ひり女房」（第八講）をはじめとしてしばしば登場する柿は、日本の農村部を舞台とする昔話に欠かせないアイテムと言える。柿の木のある風景が、この昔話を聞き手の子どもたちにとって身近なものに感じさせる要因の一つになったことは疑いない。

話型とモチーフ

本話「猿蟹合戦」は、「桃太郎」「舌切り雀」「花咲か爺」「かちかち山」と並ぶ「五大お伽噺《とぎばなし》」として有名だが、話型およびモチーフ研究の立場から見ると、この話はにぎり飯と柿の種をめぐる猿と蟹の争いを描く前半の「柿争い」の部分と、栗・蜂・牛糞・臼の助けを受けて子蟹たちが殺された母蟹の仇討《あだう》ちを果たす後半の「仇討ち」の部分からなり、稲田浩二によれば、両者が日本の本土において、「十二、三世紀を上限とし、赤本の出現にいたる十八世紀を下限とする」時期に結合して成立した、比較的新しい話型と考えられている（稲田『昔話の源流』三弥井書店 一九九七：八六-八七頁）。

古典資料として『通観 研究篇2』には、一七九二年刊『含餲紀事《がんとうきじ》』中「紀蟹猿事」や、一八一一年刊の曲亭馬琴著『燕石雑志《えんせきざっし》』四・四「猴《さる》蟹合戦」、十九世紀前半『雛廼宇計木《ひなのうけぎ》』上「猿蟹戦ノ弁」などが紹介されている（『研究篇2』四五六-四五七頁）。

ＩＴでは、動物昔話の「動物葛藤」という話型群に属する522A「柿争い―仇討ち型」と認定されており、この話型にはもうひとつのサブタイプ522B「柿争い―尻はさみ型」がある。こちらの方は、猿が木に登って柿の実を一人占めするところまでは同じだが、腹を立てた蟹が「猿をだまして身を袋に入れてぶら下げた枝を揺すらせ、落ちた袋を穴の中に引き込む。猿が、袋を返さねば糞をひりこむ、と穴に尻を向けると、蟹はその尻をはさむ。猿の尻は毛が切れて赤くなり、蟹のはさみにその毛がつく」（『通観』28：四五五頁）という、「仇討ち」モチーフを伴わない動物由来譚となっている。

前半部が類似する話「餅争い」

前半部の「柿争い」モチーフによく似た「餅争い」をモチーフに持つ別の話型、IT527A「餅争い―餅ころがし型」、527B「餅争い―餅盗み型」、527C「餅争い―尻はさみ型」もある。ここでは「餅ころがし型」のモチーフ構成を挙げておきたい。

①猿とひき蛙が山の上で餅を搗き、猿の提案で、先に追いついた者が餅を食うことにして、臼ごところがし落とす。
②猿は臼について先に谷底まで行くが、餅がないので上がってくると、ひき蛙が木に掛かっていた餅を食べていて分けてくれない。
③猿はひき蛙に餅を顔に投げつけられて顔が赤くなり、ひき蛙は食いすぎてお腹が大きくなる（同前四五七頁）。

以上のように、猿の顔が赤い理由とひき蛙の腹が大きい理由を説明する動物由来譚となっているが、「猿蟹合戦」の前半部とは異なり、猿が敗者の役回りとなっているところが興味深い。

後半部が類似する話「雀の仇討ち」

一方、「仇討ち」モチーフが共通する別の話型に、ＩＴ524「子馬の仇討ち」、525「雀の仇討ち」、528A「寄り合い田―仇討ち型」などがある。これらは、強い敵の横暴に対して弱者が仲間の援助を得て仕返しをするという共通のストーリー展開を取っており、登場する援助者も、栗・蜂・牛糞・臼など共通する場合が多い。「雀の仇討ち」のモチーフ構成を紹介しておこう。

①雀がひなをかえすたびに山姥が来て、よい子でない、とけちをつけて飲みこみ、しまいに親鳥も飲みこむ。
②残された卵からかえったひなが大きくなり、団子を持って仇討ちに出かけ、途中で蛇・蟹・針・腐れ縄・臼たちに団子を与えて供にする。
③一行は山姥のすみかにひそみ、帰ってきた山姥を、蛇・蟹・針が噛んだり刺したりし、縄が切れて臼を落としてつぶし殺す（同前　五二六頁）。

途中で出会ったさまざまなものたちに団子を与えてお供にするところは、「桃太郎」（第六講）にも似ている。なお、本話における敵対者である山姥については、次の第五講「糠福と米福」の中で詳しく論じる。また類話の中では、山姥の代わりに鬼が敵対者として登場する場合もある。それから、ひな鳥を食べられた親鳥が仇討ちを行うという類話もあることも付け加えておきたい。

「柿争い」のメッセージ

ここからは、この昔話が伝えようとしたメッセージについて考えてみたい。まず、前半部のみが独立していたとすると、そこから引き出されるメッセージとは何だろうか。古代ギリシャにおいて紀元前四世紀頃までに成立したとされる「イソップ寓話」の「アリとキリギリス」（正しくは「キリギリス」ではなく「セミ」）とは逆に、「努力した者が報われず要領のいい者が得をする、それが人生だ」という皮肉めいた、悪意に満ちた教訓であろうか。（それはあんまりだ）と思われる方も多いだろう。おそらくそうしたリクエストに応えるべく、後半部が継ぎ足されたのだろうと思われるが、第三講でも触れたように、悪意のメッセージは昔話の世界には至る所に転がっている。

稲田浩二は『伝承の旅　日本列島と東アジアの昔話を訪ねて』（京都新聞社　一九八二）の中で、「昔話は爺さん婆さんから孫への贈り物という常識がはびこって、昔話は善良で貧しい爺さんの幸せ物語というイメージが居座ってしまった。そこで副主人公のあわれな結末に出あうと、人はしばしば意外に感じて、昔話の残酷性を薄めたく思ったりする」（同前　九九頁）と述べ、「私の出会った中国筋随一の語り手」池田たきのさんが、「分別才兵衛」（ＩＴ 439「知恵あり殿」）を「うらのいちばん好いとるむかし」と前置きして楽しげに語り、「分別の分の字は百貫に替えられん」ということわざで話を結んだと紹介している。また、彼女のもう一つの十八番《おはこ》「俵薬師目の立願」（ＩＴ 438「俵薬師」）は、これが「嘘も方便」のはじまり、と結んだという。継子の話はかわいそうで聞きたくなかった、よく覚えていないと話すたきのさんが、人殺し才兵衛の昔話をとくとくと楽しく語ってのける理由を、稲田は次のように推測する。

伝承の文芸はおおらかな心の海であろう。その語りを「海底の貝のつぶやき」と評した人もあるが、それを心にたたえているのは語り手その人である。善人は善報、悪人は悪報と素直に受けいれるとともに、悪徳の栄えを喜ぶこともする。その器はおそろしい振幅をもっている。伝承の語り手は人生の教師なのである(稲田 前掲書:一〇二頁)。

東南アジアの「猿蟹合戦」

ところで、同書の中で稲田は、インドネシアのバリ島を訪れた際、いたずら者の猿を主人公としてモチーフがつながっていくマヌカロノ(動物昔話)を聞いたことを紹介している(同前二二四-二二七頁)。かたつむりとの競争(IT 547「狐と虎の競争」)、鰐《わに》に生き肝を取られそうになるが嘘をついて乗り切る話(577「猿の生き肝」)、数をかぞえるためと言って鰐を川に並ばせ、頭を順番に踏んで渡りきる話(「因幡《いなば》の素兎《しろうさぎ》」)など、日本でもよく知られたモチーフが次々に登場する。

同じインドネシアには、猿と亀の「バナナ争い」という話もある。バナナの木を拾い、猿が実のなった上の方を取り、亀は下の方を取る。亀がこれを植えると実がなる。亀が猿に実を取ってくれと頼むと、猿は木に登って自分ばかり食べる。亀が投げてくれと頼むと猿は布を広げさせ、その布を汚して逃げる(『ガイドブック日本』二一四頁)。一方、フィリピンのタガログ族では、同じ猿と亀の「バナナ争い」の話でありながら、猿が一人で食べて亀には皮を投げるばかりするので、腹を立てた亀は猿をだまして木から落として殺し、他の猿にその肉を売る。猿たちが気づいて亀を捕え、殺そうとすると、亀は「湖にだけは投げるな」と頼み、湖に投げられて助かった、と結ばれる。要するにこれは、「柿争い—尻はさみ型」と同様、

「悪知恵比べ」の話である。「昔話はすべて善人と悪人に分かれた話」という思い込みは捨てた方がいい。まさに「嘘も方便」の世界なのである。

こうした話が伝承されてきた背景には、語り手たちがそうした「悪知恵」も使わなければ生き残れないほどの厳しい生活環境の下に置かれていたという歴史的事実があることは疑いない。けれども他方で、今日のミステリー小説にも通じる「知恵比べ」を語り手と聞き手が一緒に楽しもうという文芸的な欲求が働いていたとも言えるだろう。そして、ミステリーにつきものなのが「殺人事件」であることを思えば、蟹は当然、殺されなければならない。それを「子どもには刺激が強すぎる」として大けがですませるのは、大人の余計なお世話というべきではないか。

「仇討ち」モチーフの東西比較とアニミズム

後半部の「仇討ち」モチーフは、TMIではK1161「家のいろいろな場所に隠れた動物たちが、その家の持ち主が入ってくるとき、それぞれ特有の力をもって襲い殺す」と記述されている。このモチーフからは、毛利元就の「三本の矢」の逸話にも通じる、「各々の個性を発揮しつつみんなで協力することが大きな力を生む」といったメッセージが引き出せるだろう。

AT作成者の一人、アアルネ（Antti Aarne）はこのモチーフの国際的な比較研究を行い、KHM27「ブレーメンの音楽隊」に典型的に見られるように、ロバ・犬・猫・雄鶏といった動物たちが活躍する「ヨーロッパ型」と、栗・ピン・針・縄・臼・糞など動物以外のものもいのちを与えられて活躍する「アジア型」に二分され、前者の話型がAT130「野営地の動物たち」、後者がAT210「雄鶏と雌鶏とあひるとピンと針が旅に出る」に相当するとした（『ハンドブック世界』一五頁）。

地上に存在するあらゆるものにアニマ（霊的存在）が宿り、交流し合うという「アニミズム」の考え方は、洋の東西を越えた人類共通のものとしてかつては存在していたが、キリスト教の影響の下、ヨーロッパの昔話の多くが、神、人間、動物、植物、無生物の間に、絶対乗り越えられない壁を設けたものに変わっていった。一方、アジアの諸宗教はこの絶対的な壁を設けず、むしろ日本の仏教のように「草木国土悉皆成仏」といって万物に仏心が宿ることを説いたことから、アニミズム的世界をそのまま残す昔話がアジアでは今なお数多く語り継がれていると考えられる。

本話において特に目を引くのが、蟹と柿との会話である。「成《な》り木責《ぜ》め」と呼ばれる小正月の年中行事における唱え言葉を取り込んだ、柿に対する蟹の脅し唄は、「完全なる善人も完全なる悪人も存在しない、だましだまされ、持ちつ持たれつ、あらゆるいのちがつながっている、それが昔話の世界であると同時に、この現実の世界でもある」とのメッセージを暗示しているように思われる。

リレーされるたましい

それでは、悪知恵比べの「柿争い」と、一致団結の「仇討ち」を結びつけたものは何だったのだろうか。中世後期から近世にかけてのわが国とは、一言で言えば戦乱の世であった。数多くの生命が戦火の中で失われ、大火や地震・津波といった災害もこれに追い打ちをかけた。そうした時代において人びとが一番願ったことは、一つの生命は終わりを告げても、また新たな生命が生れ出《い》でて、先の生命に宿っていたたましいを受け継いでいってほしいということではなかったか。このような「リレーされるたましい」の姿を端的に表現したのが、「死んだ蟹の腹の下から、ぐよぐよぐよぐよ子が生まれてなあ」という場面であろう。「親の無念を子どもが晴らし、親の願いを子どもが実現する」、そうあってほしいと願う語り手たちの想いが二つのモチーフを結びつけ、「猿蟹合戦」の原型が生まれたのではなかろうか。

以上は筆者のひそやかな仮説にすぎない。けれども、このような想いを明確に伝えるためにも、母蟹は死ななければならなかったのだ。中途半端なヒューマニズムでお茶を濁してはならない。

「対象喪失」

死んだ母蟹のお腹から出てきた子蟹たちの立場から、さらにこの話の意味を考えてみたい。するとこの昔話は母親というかけがえのない存在を喪った子蟹たちが、その哀しみを受けとめ乗り越えていこうとする物語であることが分かる。愛着あるいは依存する対象を喪失することや、それによって引き起こされる、病的なものも含むさまざまな心理のことを、精神分析学では「対象喪失」と呼び、フロイトの「悲哀とメランコリー」（一九一七）以来、研究が進められてきた。日本でも小此木啓吾『対象喪失』（中公新書 一九七九）、野田正彰『喪の途上にて　大事故遺族の悲哀の研究』（岩波現代文庫 二〇一四）をはじめ幾多の研究成果が発表されている。中でも、森省二『子どもの悲しみの世界　対象喪失という病理』（ちくま学芸文庫 一九九五）は、精神科医の著者が関わった子どもの「対象喪失」に関する臨床事例を紹介し、これを理解するための手段として児童文学や映画、童謡などの物語を用いている点で注目される。

森はまず、「悲哀とそれにまつわる感情を惹起させる対象は、必ずしも人物ばかりとは限らない」として、悲哀の起源となりやすい対象を五つの群に分類する（同前 二一一-二一四頁）。

第1群：親密感や一体感を抱いていた「人物」の喪失
第2群：かわいがっていた「動物」や使いなじんでいた「物」の喪失

第3群：慣れ親しんだ「環境」の喪失
第4群：自分の身体の一部分の喪失
第5群：目標や自分の描くイメージの喪失

次に、子どもの発達を「対象喪失」の観点から見る時、生まれて最初に体験される「対象喪失」は、母親の子宮という保護的な生育空間から外界へ出ることであるとする（同前 四三頁）。そして、生後数ヵ月の離乳期における母親の乳房の喪失をはじめとして、「依存対象としての母親の絶対性を順次軽減してゆくこと、あるいは絶対的とされた母親の外的なイメージを順次失っていくこと」（同前 四四頁）は、誰しも避けて通れない発達の過程であるという。

乳幼児期における「対象喪失」の心的過程

それでは、生きる上で「絶対的」と言えるほどに依存度の高い対象である母親から引き離されていく「悲哀」を子どもはどのように受け止め、乗り越えようとするのか。ボウルビーは、施設に預けられた乳幼児の観察に基づいて愛情対象の喪失過程を以下の三段階に分けて説明する（同前 四八頁）。

第一期：［抗議］……対象（母親）を失ったことが信じられず、失った対象を必死になって取り戻そうとする無意識的願望が強く、現実に激しく抗議する段階。
第二期：［絶望］……失った対象と再び結びつこうとする試みと出来ない失望の繰り返しから次第に現実を認識し始めて、心が一時的に解体し、激しい絶望感が襲う悲哀の段階。

第三期：「離脱」……対象に興味を失って忘却したかのようになり、やがてそれに代わる新しい対象を発見して、それと結合することで心を再建する段階。

ボウルビーのこの説について森は、以上のような心的過程は「少なくともその前提として母親との間に愛着あるいは依存の関係が成立していなければならない。もし成立していないとすれば、もとより対象関係がないわけで、対象喪失は起こらないだろう」(同前 四八-四九頁)と注記する。

ここに挙げたような三段階の「対象喪失」の過程は、現実の母親から引き離された乳幼児の例であるが、先にも述べたように「依存対象としての母親の絶対性を順次軽減してゆくこと、あるいは絶対的とされた母親の外的なイメージを順次失っていくこと」が子どもの発達にとって不可避のものであるとするなら、程度の軽重や期間の長短に差はあるにせよ、誰もが自らの心の中で母親を「喪失」し、母親から「離脱」する体験、すなわち「悲哀《グリーフ》の仕事《ワーク》」を、ここに示されたような三段階の過程を経ておこなっていると言えるのではないだろうか。そして、フロイトが指摘するように、「悲哀《グリーフ》の仕事《ワーク》」が首尾よく完了しない場合、「うつ病」をはじめとするさまざまな病的な症状が起こるのであるとすれば(同前 四九頁)、人生における最初で最大の「悲哀の仕事」である「母親という対象の喪失」を、首尾よく完了させるための手立てが必要となる。その一つが、「対象喪失」をモチーフとする歌や物語を聴いたり読んだりして、登場者の心に寄り添い追体験すること、すなわち「対象喪失」の物語体験であると考えられる。

「対象喪失」の物語体験の意味

昔話の中には、本講の「猿蟹合戦」や第十三講「山寺の鐘(蛇女房)」をはじめ、「母子離別」のモチーフを含む話がことの外多い。ＩＴに記述された「むかし語り」四四一話型、「動物昔話」一五六話型、合計五九七話型のうち、一〇六話型（一八％）に「母もしくは両親との離別」のモチーフが含まれている。そのうち母もしくは両親と再会して終わる話型は一六話型のみで、残りの九〇話型は再会しないままか、いったん再会するものの再び離別するという展開を取っている。ちなみに母子がずっと一緒に暮らすという展開は六話型しかない（詳しくは、鵜野「蛇女房は何故わが子を棄てたのか——「母子離別」モチーフの歴史的背景と教育人間学的意味——」、鳶野克己編『人間を生きるということ「体験」の教育人間学に向けて』文理閣二〇一六に所収、を参照）。話の種類の多さだけで判断することはもちろん早計に過ぎようが、「母子の別れ」をモチーフとするさまざまな昔話を繰り返し聴くことで、子どもたちは母親からの精神的な離脱を完了させることにつなげていたと見ることは可能であろう。「猿蟹合戦」を聴きながら、子蟹の立場に寄り添うことによって子どもたちは「抗議・絶望・離脱」という「悲哀の仕事《グリーフワーク》」を行うことができた。こうした意味においてもやはり、母蟹は死ななければならなかったのである。

第五講「糠福《ぬかふく》と米福」（米福・栗福）——親と子、きょうだい——

むかし、あるところに糠福《ぬかふく》と米福という二人の姉妹があった。姉の糠福はいまのお母《かあ》には継子で妹の米福は本当の子だったから、母親はいつも米福にばかり、ええ《（よい）》着物を着せるわ、うまいものを食わせるわして、かわいがっていた。その上、何とかして、憎い糠福を家から追い出してやろうと思っていた。

ある秋の日のこんだ《（こと）》。

「お前ら、今日は風が吹くから、山へ栗拾いに行ってこう《（こい）》。この袋がいっぱいになったらば帰ってこう」

そう言って母親は糠福には底に穴のあいた袋をやり、米福にはいい袋を持たせたと。そうして、米福にそっと、

「お前はいつも姉さんの後《あと》ばっかり歩け」と言いきかせた。

二人は山へ行って、糠福が先になり、米福は後になって栗拾いを始めた。糠福が、「おら、栗、拾った」と言いながら袋へ入れると、すぐに抜け落ちてしまう。そこを米福が、「おらも栗、拾った」と袋へしまうから、糠福は、いくら拾ってももってしまってたまらないし、米福の袋はすぐにいっぱいになった。

「糠福、糠福、もう家へ帰ろうや」

妹が言うと姉は困った顔でことわった。

「おらのは、なぜだか少しもたまらぬから、このまま帰ってはお母《かあ》に叱られる。お前は一足先に帰ってくりょ《（くれ）》う」

「ほんじゃあ《（それでは）》」と、妹は姉を待たずに山を下ってしまった。

糠福は、ひとり残って山で栗を拾っていたが、やがて日が暮れて、すっかり暗くなってしまった。ふと向こうを見やると、遠くにあかりが、ちかんちかんと見えたと。そのあかりを頼りに、歩いて行ってみると、それは山ばんばの家で、あばら屋の中に髪をぼうぼう乱した山ばんばがいて、糸車をビンビンまわしながら糸をとっていた。糠福が、

「婆《ばんば》ばんば、暗くなって困るん。ぜひ一晩泊めておくんなって」

って頼んだ。山ばんばは、

「そうか。泊めてやるにはやるが、おらの家は夜になると鬼が来るから、この中にはいっていろ」

と言うと、糠福を土間《どま》にしゃがませ、「どんなことがあっても声をたてるんじゃあねえぞ」と言い聞かせ、大きな八斗桶《おけ》をポンと伏せた。

夜なかごろにもなると、ズシン、ズシンと地響きをさせて、鬼が大勢やって来て、

「ばんばあ、しゃばの人臭《くせ》え。ばんばあ、しゃばのさかな臭え」

と、鼻でそこいらをフスフスかぎ回った。糠福は、おっかなくて桶の中でふるえていたが、いいあんばいに山ばんばが、

「このばかども、何もおりはせんぞ。さあ、帰《けえ》れ、帰《けえ》れ」

と鬼どもを追っぱらってくれた。

夜があけると、山ばんばは桶から糠福を出してくれた。糠福は、おかげで命拾いをして、「ありがとうございす」と礼を言うと、山ばんばは、

「なんのなんの。それより、おれん頭《おれの》のしらみを取ってくりょう」

と、髪の毛のもつれきった頭をさし出した。糠福が、「しらみぐらいなんぼ《いくら》でも取ってやるぞ」と山ばんばの頭をすいてやると、髪の毛の間に蛇やむかでの子がいっぱいいた。糠福は竹を削って串《くし》をこしらえ、その蛇やむかでを突き通しちゃ殺し、突き通しちゃ殺し、みな殺してやった。山ばんばは、

「お前のおかげで今夜ほどええ気持になったことはねえ。このまま死んでもええくらいだわい」

とひどく喜んで、夕飯を食わせてくれて、寝た。あくる朝になると、山ばんばは、袋の底を縫ってくれ、栗をいっぱい入れてくれた。その上、しらみを取ったほうびに、叩けば何でもほしいものが出るという福槌《ふくづち》を一つくれた。帰る時になると、「さあ、そっちの道を行けばゆんべの鬼がいるから、こっちを行け」と道までよっく教えてくれた。糠福は途中でためしに、

「栗よ一袋出ろ、栗よ一袋出よ」

と言って福槌を叩いてみた。すると栗が一袋、ごろっと出て来た。喜んだ糠福はそれも持って家に帰った。

あくる日は村のお祭で芝居が来ることになっていた。母親と米福は朝からいい着物を着るやらお化粧をするやら大さわぎして仕度《したく》をすると、

「糠福、糠福、おれと米福は、ちょっくらお祭に行ってくるから、お前は家で留守番をしていろ。おれたちが帰るまでに、かまどに火を燃しつけて、湯を沸かしておけ。飯も煮ておけ」

と言いつけて出て行った。

糠福が家で炭まみれになって、言いつかったとおりに働いていると、神さまが回って来てこう言った。

「糠福や、お前も芝居見に行きてえか。行きたきゃ行ってこう。その間におれが何でも用をたしてやるからな」。

糠福はうれしくてうれしくて、

「はい、ありがとうごいす。ほんじゃあちょっくら行ってくるから、すまんけどお頼みもうしやす」

と言って神さまにあとを頼み、自分は山ばんばからもらったお宝の福槌をとり出して、

「床屋《とこや》、出ろ。着物も出ろ。お駕籠《かご》も出ろ」

と言って叩くと、床屋も着物もお駕籠も、そっくり出てきた。糠福がその床屋に髪をゆってもらい、いい着物を着てこしらえると、見違えるように美しい娘になった。

それからお駕籠に乗って芝居見物に行くと、向こうの桟敷《さじき》にお母《かあ》と妹が座っているのが見えた。糠福はまんじゅうを買って食べ皮を妹にぶっつけると、妹ははっと糠福の方を見て、

「お母、あれあそこに姉さんが来ている」

とささやいた。けれどもお母は、

「そんなはずはねえ。あれはいまごろ家で炭っころばし《（まっ黒）》になって働いているら」と気にしなかった。

糠福がまた菓子を買って食べ、袋を妹にぶっつけると、妹ははっと糠福の方を見て、

「お母、姉さんがまた袋をぶっつけたぞ」と言ったが、母親は、「ばかを言うもんでねえ。あれはどこかのお屋敷のお嬢さんずら」ととり合わなかった。芝居見物の衆は糠福があんまりきれいだったから、糠福の方ばかり見とれて、どこのお屋敷のお嬢さまかとうわさし合った。

糠福はまだ芝居が終わりきらないうちに帰《けえ》って来て、元どおりの汚い姿になって家の中で働いていた。そこへお母が米福を連れて帰って来て、

「ほれみろ、やっぱり糠福は家にいるじゃあねえか。どうだ福、言いつけた仕事はみなできたか」

と聞いた。神さまが何もかもやっていてくれたから、糠福は、「はい、湯も沸いていやす。飯も煮えていやす」

と返事ができた。

そこへ隣村の長者の家から、一人息子が、「今日、芝居を見に行った娘を、ぜひ嫁にもらいたい」と尋ねて来た。長者の息子は見物衆の中にいて、糠福があんまりきれいなので目をつけて、「あれはどこの家の娘か」と若い衆にあとをつけさしておいたのだ。お母《かあ》は

喜んで、「これがその娘でごいす」と米福を、うんとしゃれらかして《（おしゃれさせて）》連れて来た。けれども長者の息子はかぶりを振って、

「これは違う。いま一人の娘を出してくれ」

と言った。

「いや、あれは汚い下女で、とても長者さんの嫁になれるような女じゃあねえが」

と、しぶしぶ糠福を連れて来た。息子は炭っころばしの娘を一目見るなり、

「ああ、これだ、これだ。この娘をもらって行く」

と言ったから、糠福は、あわてて「ちょっくら待っておくんなって」と言いながら、ものかげに走りこんで福槌をとり出した。

「床屋、出ろ。着物も出ろ。お駕籠も出ろ」

と言って叩いたらば、みんなぽんぽん出て来たので、床屋で髪をゆってもらい、いい着物を着ておつくりをすると、見ちげえるように美しい娘になった。母親と米福がたまげているうちに、糠福は、

「ではお母さん、お世話《つか》になりやした」

と言ったきり、お駕籠に乗って、長者の息子に連れられてさっさと行ってしまった。

さあ、これを見た母親が、くやしがったのなんの、とうとう妹娘を臼で磨《す》りつぶしてしまったそうだ。

それもそれっきりぃ。


――山梨県西八代郡《やつしろ》――

捨て子幻想とシンデレラ願望

読者の中にも、子どもの頃、（自分は、本当はこの家に生まれた子どもではないのではないか。何かの事情でよその家からもらわれてきたに違いない。だからお母さんは、他のきょうだいばかり可愛がって、自分には冷たいんだ）と考えたことのある人がいるだろう。ひと昔前の、イタズラした子どもを脅す母親の決まり文句のひとつが「あんたは、本当は橋の下に捨てられとったんや」だった。

個人差はあると思うが、子ども時代のある時期、母親からも父親からもきょうだいからも切り離されて、

自分はひとりぼっちだという感覚に襲われたことが誰しもあるはずだ。現実にはどんなに温かい家庭に恵まれていたとしてもふとしたはずみに訪れる孤独感、少年・谷川俊太郎が抱いた「二〇億光年の孤独」は、子どもが成長していく過程において必ず経験するものだと思われる（この点に関心のある方は、河合隼雄『子どもの宇宙』岩波新書　一九八七「子どもと家族」の章をお読みいただきたい）。

（自分は捨て子かもしれない、一緒に暮らすお母さんやお父さんにとって自分は「継子」かもしれない）という「捨て子幻想」と、（いつか奇跡が起きて、ひとりぼっちの自分をここから救い出してくれる人が現われるはずだ）という「シンデレラ願望」は、性や時代や社会を越えた普遍的な子ども特有の想像力なのではないか。そしてこの想像力こそ、世界中で「シンデレラ」物語が語り継がれてきた大きな要因であったと考えられる。

話型とモチーフ

本話「糠福と米福」は、継母によるいじめを耐え抜き、超自然的な力を持った存在に助けられて、継子の娘が幸せな結婚をするという「シンデレラ型継子譚」の日本版である。ATでは510「シンデレラといぐさの頭巾」、ITでは「継子話」の話型群に属する174「米福・粟福」と認定されている。

継子の援助者は、ここに載せたテキストの山ばんば（山姥）の他に、神さま、鬼、弘法大師、亡母または その化身としての鳥という場合もある。山姥という女性の異類がこの役を担うのは、『ペロー童話集』の「サンドリヨン」における妖精（仙女）と共通し、亡母や化身の鳥が助けるのは、KHM23「灰かぶり」と同じである。一方、「シンデレラ」という話型を構成する重要なモチーフで、ペロー版やグリム版にも出てくる、脱げた靴を履かせることで本物が分かるという「靴《シュー》テスト」と呼ばれるモチーフは、福島などに見られるが数は少ない。それは下駄や草履といった伝統的な日本の履物が、足のサイズとは関係なく履けることとも関係しているのかもしれない。

世界最古のシンデレラ物語「葉限《しょうげん》」

文献として残る世界最古のシンデレラ物語は、九世紀中国(唐王朝)の『酉陽雑俎《ゆうようざっそ》』に収められた「葉限《しょうげん》」とされる。『通観　研究篇2』を元に、あらすじを要約して紹介しよう。

昔、南方のある村に「葉限」という名前の娘がいて、実の母親が亡くなった後、継母にいじめられる。ある時、川で小さな一匹の魚を取り、鉢の中で飼う。大切に育てたので魚はどんどん大きくなり、葉限は魚を池に放し、その後も自分の食べ物のあまりを与えて可愛がる。これに気づいた継母は、葉限の姿に変装して魚を呼び出し、切り殺してその肉を食べ骨を捨てる。葉限は天人から、継母が魚を殺して食べたこと、捨てられたその骨を取ってきて隠しておき、欲しい物があったらその骨に祈ると願いがかなうことを教えられる。節句の祭りに、魚の骨に祈って翡翠《ひすい》の羽を紡いだ衣と小さくて美しい金の履物を出してもらい、葉限はこれを身につけて出かける。継母の実の娘に自分であることを気づかれ、あわてて家に帰る途中、履物を片方落としてしまう。この履物を拾った村人が隣の陀汗《だかん》国で売り、国王がこの珍しい履物の持ち主を求めて村じゅうを探し、最後に葉限を発見する。これを履くことができた葉限は、翡翠の羽の衣を着て王の前に進み出てこれまでの経緯を全て話すと、王は魚の骨と葉限を車に乗せて国に帰還し、継母と実の娘は石打ちの刑で打ち殺される(『研究篇2』一七九―一八〇頁)。

この話では、亡母が転生したと見られる魚が、殺されて骨になった後も、継母にいじめられる主人公を援助する。そして「靴《シュー》テスト」も行われる。中国では足の小さな女性が好まれ、纏足《てんそく》の風習があったことを考え合わせると、「靴テスト」の起源は中国なのかもしれない。また、高木立子によると中国で「シンデレラ」物語は、西洋からの翻訳で「灰娘（灰姑娘）」型といったり、「葉限」型といったりするが、日本と同様に、題名に継子と実子の名を並べる場合も多く、少数民族のキン族には「米屑姉さんと糠妹（米砕姐和糠妹）」という題の類話があり、本話「糠福と米福」に通じるものがある（『ハンドブック世界』五〇頁）。なお、韓国では「コンジ・パッジ（豆っこ・小豆っこ）」と呼ばれ、やはり継子と実子の名を並べている（金容儀氏のご教示による）。

日本的なテストとしての「歌詠み」

先ほど、日本の類話には「偽《にせ》の花嫁」から本物を見分けるために「靴《シュー》テスト」が用いられる数は少ないと述べた。ここに紹介したテキストのように、特に「テスト」を行うわけではなく、「炭っころばしの娘を一目見るなり、『ああ、これだ、これだ。この娘をもらって行く』」とする場合もあるが、その他に、「歌詠みテスト」を行うものがある。ＩＴでは175「皿々山」と分類されている。

①継子が通りがかりの殿様に、背が高ければ嫁にもらうのだが、と言われると、継子は、背は低くてもつつじは咲く、と歌で返す。
②殿様の使いが、継子を殿様の嫁に、と言ってくると、継母は実子を着飾らせて差し出す。
③使いが盆の上に皿をのせ塩を盛って松の枝をさし、実子に歌を詠ませると、実子は「盆の上に皿、皿

の上に塩、塩の上に松の木」と詠む。

④同じようにして継子に詠ませると、継子は「盆皿や盆皿ややさらが嶽《たけ》に雪降りて、雪を根として育つ松かな」と詠み、殿様の嫁に迎えられる（『通観』28：三一〇頁）。

継子が詠んだ歌は、他に「盆皿やさらちゅう山に雪降りて、それを根として育つ松かな」というものもある（『事典』三八七頁）。『事典』の「皿々山」の項目を執筆した丸山久子は、本話は青森県から鹿児島県甑島まで広く分布しているが、東日本では「継子いじめ」モチーフが歌比べの前段となっているものが多いのに対して、西日本では継子が求婚者と頓智比べをして応酬するものが多いとした上で、「昔話のきき手のあいだに、文字とか歌とかいうものが異常な興味と尊敬とを持たれた時代の伝播であったと思われる」（同前三八八頁）と述べている。歌を詠めることが貴族社会における女性のたしなみとされた平安時代のみやびな文化を背景にした日本的なモチーフと言えるだろう。

「糠」の価値

ここで、本話の題名「糠福と米福」の由来について考えてみたい。類話を見ると、「米福・栗福」や「米ぶき・栗ぶき」といったものもある。本話では、継子が「糠」、実子が「米」であるが、逆に継子が「米」になる類話もある。一般的には、雑穀のひとつである「粟」や、精米の際の滓《かす》である「糠」や、稲の籾を脱穀した滓である「スクモ（籾糠）」よりも「米」の方が、価値が高いと思われ、継子の名前をみすぼらしいものをイメージさせる「粟」や「糠」と結びつけるのか、それとも内面の美しさをイメージさせる「米」と結びつけるのか、どちらの考え方も可能である。そして実際に両方の考え方が存在していたことが題名のつけ方からうかがえ興味深い。

ところで、「米の方が粟や糠や籾糠よりも価値が高い」という一般的な通念を逆手に取った話もある。ＩＴでは195「米埋め籾埋め」として登録された、以下のような話である。継母が継子を殺そうとして籾殻の中に寝させ、実子は米の中に寝させるが、朝になると、籾糠の中は温かいので継子は生きており、米の中は冷たいので実子はこごえて死んでいる（『通観』28：三一九－三二〇頁）を一部改変）。「時と場合に応じて物事の価値は逆転するのだ」というメッセージがここから読み取れる。

「山姥」とは何者か

本話に登場する「山ばんば（山姥）」は、第七講「瓜姫」、第十一講「食わず女房」にも登場する。その他、山姥が人間に幸《さち》をもたらすモチーフを持つ話型に「山姥の糸」「山姥の錦」「山姥の仲人」「山姥の餅搗き」「山姥の家」などがあり、一方、山姥が人間を食べようと追いかけるモチーフを持つ話型には、「三枚のお札」、「天道さん金《かね》の綱」、「魔法の馬」、「馬子《まご》と山姥」などがある。そして後者のモチーフの話型の多くにおいて山姥は殺されるが、しばしば、植物の茎や根の色の由来譚（「瓜姫」「天道さん金の綱」）や、疱瘡《ほうそう》の薬の由来譚（「馬子と山姥」）と結びつく。

こうした山姥の持つ「人を食う」「殺される」「産み出す」という性格は、世界の古代神話に共通して見られる「大女神《おおめがみ》」や「地母神《ちぼしん》（大地母神《だいちぼしん》）」の系譜を引くものと考えられている。

ホモ＝サピエンス＝サピエンスの最古の文化である後期旧石器時代に、宗教と神話の中心を占めていたのは明らかに、母神としての性質が著しい大女神だった。その姿は、「先史時代のヴィーナス像」と通称されている、乳房、腹、臀部、女性器などの異常に巨大化された像や浮き彫りによって表現されている。(中略)この大女神は、ありとあらゆるものをその巨大な腹から絶えず無尽蔵に産み続ける母神である反面で、また生きとし生けるものすべてが、最後には死んでその腹に呑み込まれねばならぬ死の女神でもあったに違いない。(中略)万物の母であると同時に、死の女神でまた月でもあったこの大女神は、新石器時代になると作物の母とも見なされ、もともと持っていた大地母神の性質を、ますます顕著に表すようになる。そして死は相変わらず、再生のための母体でもあるこの地母の胎内に、呑み込まれることとして観念され続けたが、農耕を通じて、地中に埋めた種から作物が生え出て実を結ぶという事実を生々しく実感することで、人びとは地母の腹に呑み込まれる死がそこからの再生につながるという信仰を、いっそう強くもつようになったと思われる(吉田敦彦「死の起源」、大林太良他『世界神話事典』角川書店 一九九四:一一五-一一六頁、傍線筆者)。

山姥が自分に対して親切にしてくれた人間に幸をもたらす一方で、人間を食おうと追いかけ、無残な死を遂げ、作物の発生に関係するのは何故か。それは山姥というキャラクターが、人間を含む万物の〈死と再生〉をつかさどる「大女神」や「地母神」に対する畏敬の念を後世に語り継ごうとする人びとの願いによって創り出されたものだったからではないだろうか。

継子譚の人気の理由

ITには、172「継子の木の実拾い」から204「継子と亡母」まで実に三三の話型が「継子話」として登録されている。また、その豊富さはわが国だけでなく、世界中で語り継がれている。人はなぜこんなにも継子いじめの話が好きなのだろうか。本講の最初において筆者の「捨て子幻想、シンデレラ願望」説を述べてみたが、ここで黄地百合子が『御伽草子と昔話　日本の継子話の深層』（三弥井書店二〇〇五）において展開している考察を紹介しておきたい。

黄地は、継子譚の人気の理由としてまず思い浮かぶものを三つ挙げている。①自分の夢や欲望を虚構の中で満足させてくれるから、②他者によって守られていたいという心理的依存状態を満足させてくれるから、③心の奥底にある恐怖や残酷性、不合理性を求める心を満足させてくれるから。その上で、これらの見方はいずれも現代人の観念で継子譚のある一面だけをとらえたものにすぎないと批判し、関敬吾、三谷邦明、河合隼雄、村瀬学等の先行研究を踏まえて、継子譚はかつての民俗社会における成年式・成女式の通過儀礼の構造と対応していることを、次のように指摘している。

つまり継子の粟福は、継母の迫害と恐ろしい山の中の体験を経て、人間として（女性として）強くなり成長したのである。彼女はまさに通過儀礼に耐えて、大人になったのだ。こうして「米福粟福」は、通過儀礼が本来内包している本当の意味での「成長」を語る話であることが確かめられたといえる。そして、このことこそが継子譚の魅力の一つの源なのではないかと考える（一二〇頁）。

ここから、本話が発信するメッセージが聞こえてくる。「どんなに大きな困難も自分が成長するための試練だと受け止めよう。きっと乗り越えることができるはずだから」。そして、山ばんばと出会った後の糠福がそうしたように、「直面する困難をただ受け身で耐え忍ぶのではなく、主体的に行動することではじめて乗り越えることができる」と語りかけているようにも思われる。

貴種流離譚《きしゅりゅうりたん》のバリエーション

次に、継子譚が誕生した背景について考えてみたい。三浦佑之によれば、中国では紀元前九一年成立とされる『史記』に、五帝の一人である舜のエピソードとして継子譚が語られているという。そして、前述した「葉限」をはじめとする中国、さらにはインドやヨーロッパにも数多くの継子譚が記録・伝承されており、柳田国男や山室静をはじめ、海外からの伝播説を主張する研究者もいて、外国の継子譚がいろいろな段階で日本のそれに影響を与えていることは間違いないけれども、「発生に関わるほどの古さをもつものだとは認めがたい」と三浦は推断する(『昔話に見る悪と欲望』新曜社 一九九二:九一頁)。

わが国において確認される最古の継子譚作品は十世紀末に成立した『落窪物語《おちくぼ》』とされ、それ以降、継子譚は「かな散文」の主要な主題のひとつとなったが、そのルーツとして、『古事記』に登場するオオナムチ(オオクニヌシ)の遍歴に代表される、尊い生まれの人物が近親の対立者(オオナムチの場合、異母兄弟の八十神《やそかみ》)から迫害を受け、死に近い艱難辛苦の試練を克服して再生し「めでたしめでたし」となる、「貴種流離譚」と呼ばれる説話群が挙げられる。つまり、死と再生の試練に貴人が追い込まれる理由が継母の虐待となったのが継子譚であり、貴種流離譚のバリエーションのひとつとして継子話は誕生したと見るのである。ただし、貴種流離譚の主人公の多くが男の子であるにもかかわらず、昔話において継子となるのは圧倒的に娘であることをはじめ、この説だけでは説明がつかないことが多い。そこで考えられるのが、古代日本の家族制度としての「双系的な一夫多妻制」の影響であると三浦は言う。

双系的一夫多妻制と嫉妬

日本の古代社会の家族は、母の財産を女子が譲り受け、また母とその実子たちがひとつの〈屋〉を形成するといった具合に、母を中心とした母子関係が緊密なつながりを持っていた一方で、父親を中心にして複数の妻とその子どもたちによって構成される〈戸〉としての家族が存在するという、「双系的一夫多妻制」を取っていたとされる。そして、それは妻同士の対立や母親の異なるきょうだい間の対立という構造を孕みやすいものだった。双系的な一夫多妻制度によって、「複数の妻の対立」や「嫉妬」が生まれやすくなったことが、継子譚の発生の基盤となった。このように三浦は推測するのである（同前 九〇頁）。

例えば夫が三人の妻を持っていたとすると、それぞれの妻は夫と新たに住居を構えるのではなく、結婚前と同様に自分の母親の財産である屋敷〈屋〉に、自分の親や生まれた子どもと一緒に暮らしており、夫は三軒の間を行ったり来たりする。一方、戸籍〈戸〉としては三人の妻とその子どもたち全員が一つの家族として登録される、という仕組みである。財産の相続や職業の後継などの問題を背景に、自分の子どもをもっと優遇してもらいたい、もっと自分のことを愛してほしいと願う気持ちは、その願いがかなわないと感じられた時、夫の寵愛を受ける別の妻やその子どもに対する「嫉妬」の感情へと転化した。

以上のように、わが国独自の家族制度に由来する、継母の継子に対する嫉妬の感情が引き金となって、幾多の継子譚が発生し、語り継がれたと見られる。今日まで伝わる昔話では、先妻が亡くなった後に嫁いできた後妻が先妻の子どもをいじめるという形を取ることが多いが、古代に語られた物語の中では、ともに生存する複数の妻の間の葛藤と継子いじめがテーマになることが多かったと考えられる。

それではなぜ、いじめられる継子の大半は継娘《ままこ》すなわち女の子なのだろうか？

いじめられる継子が女の子である理由

先ほど「貴種流離譚」が『古事記』や『日本書紀』をはじめとする古代神話にしばしば登場することを述べたが、そこでは王権の側の主人公である男の子の、漂泊と試練、死と再生からなる成長物語が描かれている。これに対して、「神話＝王権の歴史」から離れた、ふつうの人間の成長物語をつくり出そうとした際、主人公を女の子とし、継子いじめをモチーフとすることが求められた。そして、平安宮廷の女性たちによって書き継がれ読み継がれた「かな文学」の中で、「かわいそうな継娘」はゆるぎない地位を獲得した（同前 一一六―一一九頁）。つまり、王権の歴史を描いた神話の場合には、物語の供与者（書き手・語り手）と享受者（読み手・聞き手）は主に男性であったのに対して、かな文学や民間説話の場合には、両者は主に女性だったことに由来するのではないかというのである。以上のような三浦の見解は、傾聴に値するものと思われる。ちなみに、男の子が主人公となる話もある。ＩＴ 181「灰坊」がそれで、継母に追放された主人公の少年は亡母や神仏に授けられた呪宝によって長者の娘と結婚する。この話でも、ＫＨＭ 23「灰かぶり」と同様に「灰」がキーワードになっている点も興味深い。

「きょうだい葛藤」と「きょうだい協力」

本講の最初に述べたように、時としてきょうだい（兄弟姉妹）はこの上なく疎ましい存在と感じられる。そんな時、いじわるなきょうだいの迫害を耐え忍び、最後にぎゃふんと言わせる本話のような話を聞いたり読んだりすることは、子どもたちにとって「一服の清涼剤」、カタルシスとなったに違いない。古代社会における双系的一夫多妻制度の中で実際に生じた、母親の異なるきょうだいとの葛藤がこのモチーフの成立背景のひとつと考えられるにせよ、それが千年以上もの間伝承されてきたのはやはり、物語体験の持つ「カタルシス効果」の力が大きいのではないだろうか。それからもう一つ指摘しておきたいこととして、IT 188「おぎん・こぎん」のように、継子を実子のきょうだいが援助して幸福へと導く話もある。この話において、継母による度重なる継子おぎんの殺害計画は、実子こぎんの援助によってことごとく失敗する。(きょうだいってやっぱりいいな)と思わせる話もちゃんと用意してくれている「昔話の神様」のバランス感覚には感心させられる。

〈親離れ・子離れ〉のススメ

最後に、この昔話から今日の子どもたちに読み取ってほしいメッセージについて、筆者の意見を述べて締めくくりたい。本話は「母と子」の成長物語として読み解くこともできる。実母か継母かは抜きにして、母親が子どもにとって理不尽な命令をし、自分に従わせようとする。子どもはそれに対して、最初は受け身で言われるままであったが、母親から突き放されることで別の世界を知り、今まで会ったことのない異質な存在と出会う。そしてその異質な存在の助けを借りて、母親からの束縛を乗り越えることができる。母親は子どもに別の世界と出会わせることが、子どもは母親との世界を離れて異質な存在と出会うことが、それぞれの成長につながる。そんな〈親離れ・子離れ〉のススメというメッセージもまた、この昔話には込められているように思われてならない。

第六講「桃太郎」——少年——

なんと昔があったそうな。

むかし、じいさんとばあさんとおったそうな。じいさんは山へ木をこりに行くし、ばあさんは川へ洗濯ぅしに行ったそうな。ばあさんが川で洗濯しとったところが、川の上《かみ》の方から大きな桃が、ドンブリ、カッシリ、スッコンゴー、ドンブリ、カッシリ、スッコンゴーと流れて来たんじゃそうな。ばあさんがそれを拾うて食べてみたところが、何とも言えんうまいそうな。こりゃ、じいさんにもあげようと思うて、

「もう一つ流れえ、じいさんにあげよう。もう一つ流れえ、じいさんにあげよう」

言うたところが、大きな桃がまたドンブリ、カッシリ、スッコンゴー、ドンブリ、カッシリ、スッコンゴーと流れて来たそうな。それをつかまえて、持ってもどると戸棚に入れておったと。

昼飯時になって、じいさんがもどって来た。

「じいさん、じいさん、今日は大きな桃を拾うてきた。まあ、二人で食べようや」

「ほうん、そりゃあええなあ」

桃を出してきて切ろうとしたら、ぽかっと二つに割れて、男の子が、「オヤア、オヤア」と元気に泣いて出たそうな。

「おや、こりゃあ、じいさん、なんちゅうことなら、男の子ができた」

「ほんによかった、よかった。まあかわいがって大きゅうしてやろう」

「家には子どもがなかったのに、思いもかけずに子を授かって、うれしいことじゃのう。桃からできた《（生まれ）》んだけん、桃太郎いう名にしよう」

「桃太郎や、桃太郎や、ちょっと抱かせてみい」

言うて、じいさんとばあさんの、手から手に渡ってかわいがられたと。飯も魚もたんと食べさせたところが、どんどん大きゅうなったそうな。大きゅうなったけん、桃太郎は、力仕事が何でもできるようになったと。

ある時、隣りの若い者が誘いに来た。

「桃太郎さん、いっしょに山仕事へ行きましょうえ。冬の用意に」

「いんや、今日は、背な当てをなわにゃならん」

と言うて行かん。あくる日また近所の人が来て、

「桃太郎さん、山へ行きましょうえ」

と言うと、

「いんや、今日はわらんず《わらじ》作らにゃならん」

と言うて行かん。その次の日に、

「桃太郎さん、山へ行きましょうえ」

と言うて来たら、

「今日は鎌をとがゃならん」

と言うて動こうとせん。なんたら《なんという》横着太郎かと思うておると、四日目に、ようよう《やっと》腰を上げて山へ行った。行ったところが、桃太郎は昼寝ばっかりして、弁当食べる時、起きただけじゃ。晩方になってしもうたんで、近所の人が、

「桃太郎さん、もう去《い》にましょうや」

言うたら、桃太郎は「ワー」と大あくびをして起きあがって、大きな木を、枝も落とさず、根も切らずに、ゴイッと引き抜いてかたいでもどった。

「ばあさん、もどったで」

と、声がするから出てみたら、ふりかたいでもどったのは、ぎょうさん《とっても》長い大木じゃげな。

「どこへ置こうか、かどはな《庭さき》へ置こうか」

言うけえど、かどはなへ置きゃかどが砕けるで、こらえてもろうた。

「そんなら軒下へ置こうか」

言うけえど、軒下へ置きゃあ、軒下が砕けるで、こらえてもろうた。とうとう谷川へドーンと投げたから、地響きがして山がゴオッと鳴ったちゅうわい。

「なんたら、大きな木なら」

「なんたら、強力《ごうりき》ならや。桃太郎は」

じいさんとばあさんはあきれかやったそうな。

そうしょうたら殿様の使いがやって来た。「ありゃあ、何の音か、見てこい」いうて言われたんじゃそうな。あれは桃太郎が大きな木を引き抜いて、川へ投げとる音じゃと聞いて、殿様はひざをポンと叩いたそうな。

「そりゃあ、ええことを聞いた。そがな力持ちは鬼退治に行かそう。桃太郎を呼べ」

と、さっそく命令が下って、「鬼が島へ鬼退治に行け」と言われた。

じいさんやばあさんが心配して、そんならまあ、日本一のきび団子をこしらえたろうと、ばあさんは臼を

ゴーリン、ゴーリン挽《ひ》いて、とうきび団子の大きなのを三つしてやった。桃太郎は、それを風呂敷に包んで、腰にゆわえつけて行きょうた。

　行きょうたところが犬が出てきて、

「桃太郎さん、桃太郎さん、どこへ行きなさりゃ」

「鬼が島へ鬼退治に行く」

「あんたの持っておられるのは何ですりゃあ」

「やあ、こりゃあ、とうきび団子、きび団子、日本一のうめえ団子よ」

「そんなら一つ私に下され。そうすりゃあ、私もお供します」

「一つは、どうなん《（いけない）》、半分やる」

　そこできび団子を半分もろうて犬がついて行きょうるそうな。今度は向こうから猿が出てきて、「桃太郎さん、桃太郎さん、どこへ行きなさりゃあ」

「鬼が島へ鬼退治に行く」

「あなたの腰の物は何ですりゃあ」

「やあ、こりゃあ、とうきび団子、きび団子、日本一のうめえ団子よ」

「そんなら一つ私にも下され。そうすりゃ、私もお供します」

「一つは、どうなん、半分やる」

　猿もきび団子をもろうてついて行きょうたら、今度はきじが出てきたそうな。

「桃太郎さん、桃太郎さん、あなたはどこへ行きなさりゃあ」

「鬼が島へ鬼退治に行く」

「お腰の物は、何ですりゃあ」

「やあ、こりゃあ、とうきび団子、きび団子、日本一のうめえ団子よ」

「そんなら私にも一つ下され。そうすりゃ、私もお供します」

「一つは、どうなん、半分やる」

　そこできじにもきび団子をやって、食べさせ、桃太郎は犬、猿、きじを連れ、ワンワン、キャッキャッ、ケーンケーンバタバタ行くそうな。

　鬼が島へ行ってみたら、鬼は、大きな門をぴしゃんとしめてしもうて、はいらせんそうな。きじがパアッと翔《た》って門を越え、内から開けて、「さあ、行けえ」というようなことで、どおっとはいって行った。鬼は「なに、桃太郎がなんだ」とばかにしてかかってきたが、なにしろ、こっちの四人は、日本一のきび団子を食べておるけん、千人力ほど強うなっとる。鬼を端から端からやっつけるそうな。きじは鬼の顔をつっつく、猿はひっかくし、犬は足に食いつくそうな。鬼はとうとう負けてしもうた。

鬼の大将は桃太郎の前に手をついて、大きな目から、涙をたらしたらし、

「どうぞ命ばかりはこらえてつかあさい《(ください)》。もう、里へ出て、悪いこたあしません。ここにある宝物は、全部あげますけえ」

言うて詫《わ》びを言うんだそうな。

「よし、こらえたる」

桃太郎は鬼を許してやり、宝物を車に積んで、犬や猿やきじやみんなで、エンヤエンヤ車を引っぱったり、後《あと》を押したりして、じいさんとばあさんが待っとる家へもどったそうな。

むかしこっぽり。どじょうの目玉。

――岡山県川上郡・阿哲郡――

福沢諭吉の「桃太郎」批判

現在の一万円札の肖像でも知られる明治の啓蒙思想家・福沢諭吉が、三八歳の時に息子たちのために書いたとされる「ひゞのをしえ（日々の教え）」の中に、次のような一文がある。

もゝたろふが、おにがしまにゆきしは、たからをとりにゆくといへり。けしからぬことならずや。たからは、おにのだいじにして、しまいおきしものにて、たからのぬしはおになり。ぬしあるたからを、わけもなく、とりにゆくとは、もゝたろふは、ぬすびとゝもいふべき、わるものなり（『福沢諭吉全集』第20巻、岩波書店　一九六三：七〇頁）。

鬼の持ち物であった宝物を分捕りに行った桃太郎は〈盗人＝悪者〉である、との見解である。これに続

く文の中でも、「たからをとりてうちにかへり、おぢいさんとおばゝさんにあげたとは、たゞよくのためのしごとにして、ひれつせんばんなり」と手厳しい。本書に紹介したテキストでは、この鬼たちは里へ出て、悪いことをしたために退治されたことになっており、類話にも鬼たちが家々を襲って家財を収奪したり娘をさらったりと、桃太郎の行為を正当化するために取ってつけたような鬼の悪行ぶりを描いてはいるが具体性に乏しく、例えばこれを、第四講で紹介した「蟹の仇討ち」や「雀の仇討ち」のような、強い敵をやっつけようとする動機や目的が明確な話と比較するとき、いかんせん物語としての成熟度が低く、文芸としての意趣にも乏しい。

バルタン星人がバルタン星人であるが故にウルトラマンに倒されなければならなかったように（＊彼らが地球を訪れた目的は侵略ではない。彼らの故郷バルタン星は核実験により壊滅し、たまたま宇宙旅行中であったバルタンたちは故郷を失って難民になったとされる）、鬼は鬼であるが故に、桃太郎に倒されなければならないのだ。男の子たちのごっこ遊びと同じ理屈である。

中国・洛陽の桃太郎像

野村純一『新・桃太郎の誕生』（吉川弘文館 二〇〇〇）に、中国の洛陽博物館の前庭に立つ、腰に大小二本の刀を差し、右肩にはきじが、膝下には犬と猿が配された、桃太郎の銅像のことが紹介されている。一九九六年、岡山市と洛陽市の友好都市締結十五周年を記念して、岡山県出身の彫塑家によるＪＲ岡山駅前の銅像と同じ作品が岡山市から寄贈されたものだという。野村によれば、一九九七年、同じ銅像がアメリカ合衆国のサン・ノゼ市、中米コスタリカのサン・ホゼ市、ブルガリヤのプロブディフ市にも、岡山市から「友好親善」の名の下に贈られたという。「両市間の友誼を促すべき象徴が、どうして腰に大小二本の刀を差した桃太郎であるのか、その辺りはいっそう判りづらい」（一一頁）。

昨今の「ご当地ゆるキャラ」ブームを先取りしたのが、一九六〇年代以降の岡山の桃太郎だった。だが、くまモンやふなっしーを海外での観光イベントに登場させるのと同じようなノリでこの桃太郎を使ったのだとすれば、それはこのキャラクターにまつわる「負の歴史」を知らない地方政治家たちによる、あまりにお粗末な文化交流事業と言わざるを得ない。それとも、真珠湾攻撃をテーマにした一九四三年公開の日本初の長編アニメ「桃太郎の海鷲」に代表されるように、かつてこのキャラクターが、「鬼畜米英」を打倒し、「西洋列強によって荒廃した支那」を支配する使命を帯びた「皇国男子」の象徴として用いられた歴史に対する深い反省の上に立って、その当事国である米国や中国の都市に贈られたのであろうか。詳しい事情は分からないが、本書の読者には、桃太郎が背負っている「負の歴史」のことを是非心に留めておいていただきたい。

話型とモチーフ

川上から流れてきた桃から生まれた男の子が、犬・猿・きじの助けを得て鬼退治をする「桃太郎」は、ITでは、「異常誕生」の話型群に属する127「桃太郎」として認定されている。この話型は、①異常な誕生、②援助者の出現、③異類（鬼）退治、の三つのモチーフで構成される形が、明治以来の教科書や絵本、唱歌などによって広く流布しているが、ここに紹介した岡山県に伝わる話は、①と②の間に、「横着者の馬鹿力発揮」とでも言うべきモチーフが加わることによって、主人公桃太郎のイメージが教科書や絵本に見られる「正義漢の孝行息子」とはかなり異なる点が特徴的である。

本話のような、ぐうたらで力持ちの桃太郎は「寝太郎型」もしくは「山行き型」と呼ばれ、中国・四国地方に広く見られるが、この他にもさまざまな「ローカル版桃太郎」が口承話として伝わっている。主に東北地方に分布する、お爺さんが便所の屋根を葺《ふ》いていたら便所に落ちてしまい、汚れた着物を洗うためにお婆さんが川へ洗濯に行くという発端部を持つ「便所の屋根葺き型」、北陸地方に分布する、援助者（同行者）が動物ではなく桃太郎と同じ「大力者《おおぢからもの》」たちという「力太郎型」、同じく北陸地方に見られる、桃太郎とお爺さんが京参りに出かけ、都に着いて橋の欄干にもたれて一服していたところ、誤って落ちてしまい、鬼退治もせずそのまま川を流れていっておしまいという「京参り型」など、ユニークな桃太郎が全国各地で語り継がれてきた。

・（便所の屋根葺き型）爺さんと婆さんとよう、便所の屋根が、はや、漏って仕様がねえんで屋根葺きしてたんだった、婆さんが茅《かや》出してたんだって。下から藁で上、葺いてた訳《わけ》。そしたら、足、外しちゃって、落っこっちゃったんだって。そして、うんこだらけになっちゃった訳だ。で、困ったことで、脱がせてさ、それを洗いに行ったんだって。背負って、お婆さんが。そしたら、桃が流れてきて……（後略）

（福島県、野村前掲書 一一八-一一九頁）

・（力太郎型）……親父は上手に出来たとほめた。こんたは鬼ヶ島へ行つて鬼の牙を取つこいといふつた。桃太郎はかしこまつたりと言ふて、内へ帰つた。そして鬼ヶ島の牙を取りにいくといふて、暇乞をした。そしてしばらく行つたら、山からいかい（大きい）岩がまくれて来た。桃太郎は一つ蹴つたら、中から柿太郎が出て友になつた。又しばらくいくと、山からいかい岩がまくれて来た。柿太郎がけつても割れなんだ。桃太郎が一つ蹴つたら、二つに割れて、からすけ太郎といふものが出た。又友になって、いつ

た。とうとう鬼が島《ママ》についた。（後略）（石川県、同前　一四五頁）

・（京参り型）川へ洗濯に行った婆が、流れてきた桃を食べ、もう一つを家へ持ち帰り、櫃《ひつ》の中に入れておく。爺と婆が桃の取りあいをしていると、桃から男の子が生まれ、隣の婆の言葉に従って「桃太郎」と名づけて育てる。成長した桃太郎と爺は京参りに出かける。橋のらんかんで一服していると、桃太郎は川に落ちて、桃になって流れていった。（富山県、稲田浩二監修『現地録音　日本の昔話　1東日本編解説書』バンダイ・ミュージックエンタテインメント　二〇〇〇：三三頁）

「回春型」と「果生型」

ところで、江戸時代に描かれた「桃太郎」の多くは、桃を食べたお爺さんとお婆さんが若返って生んだ子どもを「桃太郎」と名づける「回春型」を取っており、桃の実の中から出てくる「果生型」ではない。ただし、どちらの型がより古いかについては、「さきがけて口承の世界に伝えられる『果生型』が存し、後、これを受けて『回春型』が成立した」（野村二〇〇〇：二一九頁）と考えられている。江戸時代の赤本に「回春型」が多く見られるようになった理由について瀬田貞二は、「桃から桃太郎が生まれずに、爺婆が桃を食べて若がえり、桃太郎が生まれたという合理的な解釈に立っています。このあたりまでくると、瓜姫のように瓜から姫が生まれるという口誦の大らかなふしぎは、小粒な社会の現実相にもみ消されてしまったと、考えられます」（瀬田『落穂ひろい』福音館書店　一九八二：一五六頁）と述べ、江戸時代になって「大らかなふしぎ」を求める心が現実社会における合理的思考に取って代わったためと見ている。これに対して野村は、老夫婦が若返って待望の子どもを授かるというのもこの上ない「めでたい事態」、「大らかなふしぎ」であり、「回春型」にも「桃太郎の祝儀性」という心意が深く潜在していると反論する（野村前掲書二二三–二二四頁）。

一方、明治以降になると教科書や絵本をはじめ「回春型」はほとんど見られなくなる。その理由について内ヶ崎有里子は、江戸時代まで桃は観賞用や薬用とされ、また邪気を払う呪力を持つ「呪具」として用いられていたが、明治に入って品種改良が進み、果物として一般家庭で食べられるようになって、「桃を食べると若返る」というモチーフがリアリティを持たなくなったためではないかとしている（内ヶ崎「なぜおばあさんは桃を食べたのか」、小長谷有紀編『「おおきなかぶ」は何故抜けた？』講談社二〇〇六所収）。それからまた、若返った男女が欲情して子を成すという展開は子ども向きではないとする「教育的配慮」が明治期の教師や親たちによってなされ、それよりも桃の中から赤ん坊が飛び出してくる方が子ども受けするだろうとの思惑もあいまって再び「果生型」が優勢となった、とも考えられる。

いずれにしても、桃太郎の誕生のいきさつは、時代状況を背景にして、その主要なパターンが「果生型」→「回春型」→「果生型」と推移してきたと見なされるのである。

「桃太郎」の起源と国際比較

昔話「桃太郎」を記した現存する最古の文献は享保八年（一七二三）刊行の赤本『もも太郎』であり、起源や成立の時期についてはよく分かっていない。また、この話型の核心となるモチーフを「異常誕生」に見るか、それとも援助者を従えての「異類退治」に見るかも、研究者によって見解が分かれている。

日本における昔話研究の祖、柳田国男は前者を取る。第二講「たにし息子」や第三講「鼻たれ小僧さま」と同じく、この話は異界から水辺を漂流してこの世界に来訪した体形の小さな神、「小さ子」の物語であり、後半部のモチーフは本来「異類退治」ではなく、花嫁を探し出す「妻覓《ま》ぎ」だったとする。そして、「小さ子信仰」はわが国の固有信仰であるため、国際比較には意味がないと柳田は主張する（柳田『桃太郎の誕生』三省堂　一九三三）。

　これに対して、柳田の弟子であった関敬吾は柳田の死後、師に反旗を翻して後者の立場を表明し、前述した「大力者型」の口承話が見られることも踏まえて、この話型は古代メソポタミアに見られる英雄神の冒険と怪物退治の物語が伝播したものと主張するとともに、前講「糠福と米福」でも紹介した、成年式の通過儀礼の慣習の反映と見た（「桃太郎の郷土」、『澤田四郎作博士記念文集』一九七二）。

　一方、主人公が桃から生まれた点を重視した伊藤清司は、「桃」の霊力に対する崇拝やこれに基づく「桃源郷」伝承、果実から生まれた英雄譚、桃を食べて子どもを持つ話などがいずれも中国に見られることに基づいて、この話型の起源が中国にあると説いた（伊藤『昔話伝説の系譜―東アジアの比較説話学』第一書房　一九九一）。援助者として犬・猿・きじが選ばれた理由についても、鬼門の方位を示す東北―艮《うしとら》（丑寅）のほぼ反対方向に戌《いぬ》・申《さる》・酉《とり》が位置するという中国の陰陽五行説（易経）によって説明づけた曲亭馬琴『燕石雑志《えんせきざっし》』をはじめ（滑川道夫『桃太郎像の変容』東京書籍　一九八一：四一頁参照）、中国の影響を見る立場は根強いが、「中国からの伝播説」を決定づけるには至っていない。

呪文としての異類退治モチーフ

話型の起源や「桃」の由来とは別に、もう一つ注目されるのは、個性派ぞろいの援助者と協力しての「異類退治」のモチーフである。これは第四講で見た「猿蟹合戦」の後半部にも共通するもので、実際に口承話の「桃太郎」の中には、犬・猿・きじではなく蜂や蟹や臼や栗などが鬼退治に加勢するというものもある。ここで、TMIではK1161「家のいろいろな場所に隠れた動物たちが、その家の持ち主が入ってくるとき、それぞれ特有の力をもって襲い殺す」として認定されるモチーフを含む説話の機能に関する斎藤君子の学説を紹介しておこう（斎藤「『雀の仇討ち』の呪力―北東アジアの類話からの考察」、日本口承文芸学会『口承文芸研究』第三十五号、二〇一二所収）。

ロシア北方少数民族の説話・伝承の研究で知られる斎藤は、このモチーフがアジア大陸からアメリカ大陸まで広範囲に分布していることを紹介した上で、日本を取り巻く多くの地域で、このモチーフを含む昔話がかつて悪天候を回復させるために語られ、大自然の霊威を鎮めるための呪術的な機能を持っていたのではないかと推論する。「桃太郎」の鬼は、風雨・雷・地震といった大自然の霊威であり、「猿蟹合戦」の臼や腐れ縄や糞は、「魂鎮《たましず》め」のための呪具だった。そう考えると、かつて日本においても、「桃太郎」の祖形となる物語が、単なる娯楽のためではなく、「悪天候を回復させてください、自然災害から私たちを守ってください」という大自然の霊威（カミ）に向けての祈りのメッセージを込めて、呪文のように語られていたのかもしれない。

団子を半分しかやらなかった理由

これに関連して、「桃太郎」の必須アイテム「黍団子」に注目した斧原孝守の研究も紹介しておこう（斧原「『猿蟹合戦』と『桃太郎』のあいだ―『AT U210』としての『桃太郎』」、外国民話研究会編『聴く 語る 創る』第二〇号、二〇一二所収）。「主人公が食べ物を与えて他の生物や無生物の助力を乞う」というモチーフは、チベット周辺の諸民族と日本の昔話に多く見られる他、フランス東南部にも存在するという。そして斧原は、このモチーフは精霊の助力を乞うための「お供え」に由来するのではと推測する。

この説を踏まえてさらに想像力をたくましくするならば、桃太郎は犬・猿・きじに黍団子を一個ではなく半分だけ与え、語られてはいないがおそらくその都度一緒に半分の団子を食べていたと思われる、その理由は、正月・月見会や法事などの祭祀において丸い餅や団子を供え、神仏や祖霊に祈りを捧げるとともに、神仏・祖霊と一緒に餅や団子を食べることで神仏・祖霊の〈たま（魂）〉を体内に取り入れようとした、「共食《きょうしょく》」の儀礼習俗に求められる。団子を半分しかやらなかったのは桃太郎がケチだったからではなく、このような宗教民俗学的な背景を持っていたと考えられる。

桃太郎像の変遷

江戸・享保年間に赤本として登場以来三百年、「桃太郎」の物語や主人公の桃太郎はさまざまなジャンルにおいて表現されてきた。文学作品に留まらず、唱歌や童謡、演劇、映画、漫画、そしてコンピューターゲームの中でも活躍している。パロディ作品も含めて、それら一つ一つに執筆者や制作者によって新たないのちの息吹が与えられて、「桃太郎」は再創造を繰り返してきた。

その時どきに与えられた「新たないのちの息吹」すなわちこの物語が発信するメッセージとは、作者個人の思想や信条でもあれば、作者が生きた時代や社会全体において支配的だったイデオロギー、ヘーゲルのいう「時代精神」でもあったに違いない。前出の滑川『桃太郎像の変容』や鳥越信『桃太郎の運命』（日本放送出版協会 一九八三）は、「桃太郎」イメージの変遷を通して、わが国の時代精神の変遷をたどっているが、そのイメージは次のようにまとめられる。

①江戸中・後期……怪力無双の子
②江戸末期～明治初期……儒教道徳の教えを守る、品行方正の子

③明治中・後期……皇国の子
④大正期……童心の子
⑤昭和初年……階級の子
⑥戦前・戦中期……侵略の子
⑦戦後期……平和・民衆の子
⑧経済成長期以降……スポーツ・SFヒーロー。

以上のうち、本講冒頭の考察でも触れた③や⑥のイメージは、特に記憶しておく必要があるだろう。そしてまた、これから先どんなイメージが「桃太郎」に与えられていくのかにも注目したいものである。

少年の成長物語

前講「糠福と米福」において、この昔話の魅力の秘密を、通過儀礼に耐えて成人の女性になる「少女の成長物語」である点に見た、黄地の学説を紹介したが、「桃太郎」の場合、「少年の成長物語」と見なせる。本講の考察冒頭には、①異常な誕生、②援助者の出現、③異類（鬼）退治、の三つのモチーフで構成されると記したが、「成長物語」という観点から見ると、Ⓐ小《ちい》さ子としての誕生、Ⓑ旅立ち―親との別れ、Ⓒ仲間との出会い、Ⓓ強敵（ライバル）との対決・勝利、Ⓔ帰還―親との再会、といったふうにモチーフ構成を記述し直すことができる。先に、「物語としての成熟度が低く、文芸としての意趣にも乏しい」と記したが、見方を変えれば、今日のベストセラー少年漫画作品にも共通する、「少年の成長物語」の王道を行く単純明快なストーリー展開と言える。「日本の昔話で知っているものは？」と聞かれて、多くの方が真っ先に「桃太郎」を思い浮かべる、大きな要因はこの単純明快さにあることは間違いない。幼稚園に通う頃の男の子たちがウルトラマンごっこを繰り返し行うのと、ある意味で似ていよう。（だからバルタン星人は強くなければならないし、それでも最後は敗れなければならないのだ。）

ところで、ジェンダー論から見ると、これがなぜ「少年の…」なのか、「少女の成長物語」であってはならないのか、という疑問が出てくる。両者の違いはどこにあるのかは、「少年とは何か」「少女とは何か」という議論にも関わってくる重要な論点であるが、「糠福」と並ぶもう一つの「少女の成長物語」である「瓜姫」を論じる次講において改めて考えてみたい。

自分にとってのオリジナルな「桃太郎」

筆者が子どもの頃、畳の上に寝ころんだまま特に何をするわけでもなくゴロゴロと過ごしていた時、祖母が「眠てえ時にゃあ、寝りゃあええ。寝る子は育つ、言うけえ」と笑顔で言ってくれたことを思い出す。本講で取り上げたテキストも、筆者の故郷にほど近い岡山県西部に伝わる昔話だが、昼寝ばかりしている横着者の桃太郎に、当地の人びとは拍手喝采したのだろう。桃太郎が大木を寄りかからせたために家が倒れ、中にいたお爺さんお婆さんがぺしゃんこになって、鬼退治もせずじまいでおしまい、という類話もある。「世のため人のため」よりも「寝る子は育つ」のお国柄なのだ。筆者にとっての「桃太郎」のイメージは、「横着者だけれど気はやさしくて力持ち」なのである。

先年（二〇一二）亡くなられた京都の名物紙芝居師、安野侑志さんの十八番《おはこ》の演目が「パロディ桃太郎」だった。例えば次のようなストーリー。「むかしむかしあるところに、川上から大きな桃が流れてきました。ドンブラコッコ、ドンブラコ、桃は川を流れていきました。ところが、流れても流れても、だれも拾ってくれません。とうとう桃は、海まで流れていってしまいましたとさ、おしまい」。観客の子どもたちの喜ぶ姿を思い浮かべるとこんなストーリーが次々と浮かんできた、そう筆者に話してくださったことがある。

安野さんの実践をヒントに、筆者も「パロディ昔話絵本」を作る授業を大学や女子高校で行ってきた。現代の女子生徒・学生ならではの発想で、主人公は「桃姫」になり、犬・猿・きじがジャニーズ系になったりもする。キャラクターだけでなくストーリーにも創意工夫が見られる。それは、元となる物語の構成やキャラクターの土台がしっかりしており、作りながら見せ合う友だちとこの土台を共有しているからこそ可能となり、生き生きと楽しい作業になるのだろう。

一つの時代に一つのイメージの「桃太郎」しか共有できないような時代はもう来てほしくない。自分にとってのヒーロー・ヒロインは、「みんなちがって、みんないい」(金子みすゞ)。これからどんどん、自分にとってのオリジナルな「桃太郎」が、子どもたちの心に育っていくことを夢見ている。

第七講「瓜姫コ」（瓜姫）——少女——

昔《むがし》コあったとさ。

昔。あるところに子持たずのじさ《おじいさん》とばんば《おばあさん》とあったけど。ばんばがある日、川さ洗濯に行ったらば、川上から大きな瓜がツンブカンブと流れて来たけど。ばんばはその大きな瓜を拾ってもどって、仏様へ上げておいたけど。

そのうちじさが山から帰ったもんで、さあ二人で食べましょうと、瓜をかかえおろして来てさっと切り目を入れたれば、中からめんこい《かわいい》わらしコがぺろりと生まれたけど。

「ああ、良かった。ところで何て名前コつけたらええべか」

「瓜から生まれたで瓜姫コとつけたらええべ」

「瓜姫コや、瓜姫コや」とめんこがって大きくしているうちに美しい娘になったけど。ばんばが機織《はたお》りを教えたらば、瓜姫コはたちまち上手になって、

　トッキンカタリ　キンカタリ
　管《くだ》コないても　七ひろ
　トッキンカタリ　キンカタリ

と、まいにち機を織っていたと。すると瓜から生まれた瓜姫コはなんとええ娘だと評判がたって、隣村の長者どのの家から、ぜひとも嫁コに下されと頼んできたと。さあて、嫁入りじたくに赤い着物も買わねばなんねえ。じさとばんばは町さ買物しに行くことになった。二人は瓜姫コのことを案じて、かたく言いおいたと。

「おらたちが家さ帰ってくるまで、だれが来たって、どんなことがあったって戸をあけられねえど」

「ひょっとしたら、あまんじゃくという悪い女が来るかもしれねえ。あまんじゃくは爪が長くて、とてもお前はかなわねえからな」

そんで戸にも窓にも懸金《かけがね》をおろしてくれた。瓜姫コが戸のかげで、トッキンカタリ、キンカタリ、と機織りをはじめたら、案のじょうあまんじゃくが来て、「瓜姫コ、瓜姫コ、いたか」と、作り声して戸をたたいた。瓜姫コが知らぬふりをしていると、あまんじゃくは、

ますます猫なで声を出して、

「瓜姫コ、瓜姫コ、ほんのちょっとでええから、開《あ》けてけれ」

「だれが来たって開けられねえんだ」

「そんだらば、爪の先ほどここを開けてけれ」と、あんまりやかましく頼むもんで、瓜姫コが、爪の先ぐらい開けてやったらば、あまんじゃくはそのすきまに、長い爪をはさんで、ガエリッと戸をあけてはいって来たと。そしていやがる瓜姫コに、

「瓜姫コや、長者どのの裏さ、桃もぎに行くべ。おらが取ってやるからいっしょに行くべ」

とせがんできかないと。

「じさとばんばにかたく言われているから行かねや」

とことわっても聞いてくれねえで、はや、ぞうりなどそろえて出すんだと。

「ぞうりの音がポンポン鳴るからいやだ」

とことわっても、

「そんだらば、下駄《げた》コはいて行こう」

と誘う。

「下駄コは、カランコと鳴るから行かねえや」

とことわれば、

「おれが負ぶって行く」と言う。

「お前の背中なんぞ、棘《とげ》があるから、負ぶわれることできねえ」

とことわれば、そんじゃあとあまんじゃくは裏にまわって小桶を取ってきて背中に当てがい、瓜姫コはその上に乗って村の長者どのの屋敷の裏さ着いた。

まずあまんじゃくが桃の木さ登って、自分はうまげに熟《う》れたやつヘシュルシュルとかぶりついて食い、瓜姫コには青いのやらかじりかすやら、ペッペッと吹いてよこすので、こんどは瓜姫コが木に登った。あまんじゃくは下から見上げて、

「もっと上だ、もっと先の方にあるやつよ、その枝には毛虫がついているよ」

とだんだん高く登らせてから、瓜姫コが桃を食うか食わねえうちに、

「そら、長者どんのばんばが来たっ」

とおどかしたもんで、瓜姫コはどでん《（びっくり）》して、その高い木から落ちて死んでしまった。

そうしたらあまんじゃくは、たちまち瓜姫コの着物をはいで、それを着て瓜姫コに化けると、家にもどって機織りをしていた。

トッキンカタリ　キンカタリ
管コなくて　織るよない

トッキンカタリ　キンカタリ
と鳴らしたと。そのうち、じさとばんばは、ええ物をたくさん買って帰って来た。
「瓜姫コや、いま帰った」
「はえい、はえい」
返事の声がどうもいつもより太いので、風邪でもひいたかと心配してうまいもんを出してやれば、ぺらりぺらりとなんぼも食うじゃあねえか。そりゃ、あまんじゃくだもんな。
やがてめでたい婚礼の日が来た。瓜姫コはかごさ乗って長者さまの家に輿《こし》入れすることになった。するとその朝、家のそばの木にからすが飛んで来て鳴くことには、
瓜姫コのかごさ　あまんじゃくが乗ってゆく
ああら　おかし
ガア　ガア　ガア
じさとばんばは、はてさてこれは怪しいこと聞くもんだと、化けの瓜姫コを裏の泉さ連れて行って顔を洗わせると、どうもひたいのあたりばかり気にして、てらてらと撫でつけている。ますますおかしいと、つかまえて顔をブリブリと洗ってやったら、化けの皮がはげて、あまんじゃくが現れたと。
じさとばんばは、なんてかんて怒って、あまんじゃくを萱原《かやはら》の間を引っぱり回していじめつけてやったから、さんざんと血が流れた。
それでいまだに萱原の萱の根は赤く染まっているけど。
とっぴんぱらりのぷう。
——秋田県平鹿《ひらか》郡・仙北郡——

日本一有名な昔話女主人公《ヒロイン》の残酷な最期

昔話の東西比較でレポートを書きたいという女子学生から、「日本の昔話の中で一番有名な女主人公《ヒロイン》は誰ですか?」と質問されたことがある。ヨーロッパの昔話では、赤ずきん・シンデレラ・白雪姫・ラプンツェル・いばら姫……と、何人ものヒロインたちが活躍するが、彼女たちに匹敵するような存在が果たして日本の昔話にも登場するかと考えた時、まず思い浮かぶのは『竹取物語』のかぐや姫だろうか。ただし

彼女の場合、平安時代に書かれた古典文学のヒロインであり、口承の昔話「竹娘」（IT 130）としてITにも登録されてはいるものの、一般庶民の間ではあまり語られてはこなかったようである。

となると、次は瓜姫だろう。しかしこのヒロインは、誕生の場面こそ日本一有名な昔話主人公《ヒーロー》の桃太郎と同じだが、結婚を目前にして敵対者のあまんじゃくに着物を剥《は》ぎ取られ、地方によってはさらに皮膚まで剥《む》かれて殺され、そのまま生き返ることはないという、あまりにも残酷な最期をとげる。こんなヒロインでは、シンデレラや白雪姫と比較してみようという気も失せてしまうのかもしれない。結局、質問に来た学生も別のテーマに代えてしまったと記憶している。この手ごわいヒロイン瓜姫の物語から、今回どのようなメッセージを引き出すことができるだろうか。

話型とモチーフ

本話のあらすじは以下の通り。瓜から生まれた女の子が、成長して機織り上手が評判となり長者の家への嫁入りが決まる。両親の留守中、あまんじゃくに連れ出されて殺されるが、にせの花嫁となったあまんじゃくも、からすの訴えで正体が暴露し、制裁を受ける。ITでは「桃太郎」と同じく「異常な誕生」の話型群に属し、128「瓜姫」と登録されている。モチーフ構成を見ると、①異常な誕生、②敵対者による奸計（だまし）と殺害、③にせの花嫁となった敵対者の正体暴露と制裁、となるが、このテキストのように瓜姫が殺される「殺害」型はほぼ東北地方に限られており、その他の地方では、着物を交換させられ木の枝にくくりつけられるが、敵対者の正体が暴露した後、助け出されて結婚する、という「救出」型を取る場合が圧倒的に多い。また、いずれの場合にも最後に、土に染み込んだあまんじゃくの血のせいで特定の植物の根や茎が赤いという「植物起源」モチーフがつく。

「桃太郎」のパロディ？

本話は、一見すると「桃太郎」の女の子版もしくはパロディのようにも思われる。主な点をプロット（ストーリー展開）にそって比較してみよう。

［主人公の性］（桃太郎）男　vs．（瓜姫）女
［誕生の経緯］（桃）川上から漂流してきた果実から誕生　vs．（瓜）同上
［成長した姿］（桃）力持ちの正義漢　vs．（瓜）機織り上手の美人
［試練］（桃）鬼退治　vs．（瓜）あまんじゃくの厄難克服
［結果］（桃）動物たちの援助により成功　vs．（瓜）失敗、または一度失敗するも鳥の援助により救出されて成功。

こうしてみると確かに、両者の共通点と、ジェンダーの違いに関係する相違点が明瞭に表れており、パロディ説もありうるのではという印象を受ける。ただし、文献に残っている古い資料としては、「桃太郎」が十八世紀初頭以降であるのに対して、本話は室町期に記された『瓜姫物語』にさかのぼることができ、こちらの方が一世紀以上古い。それでは、逆に「桃太郎」が「瓜姫」のパロディという説も成り立つが、［試練］から［結果］に至る道筋が、「桃太郎」の方が圧倒的に単純であり、その可能性は低いであろう。ちなみに、『瓜姫物語』では「救出」型を取る。

起源をめぐって～「三つのオレンジ」

昔話「瓜姫」の核心となるモチーフを、柳田国男は「桃太郎」と同じく冒頭部の「異常な誕生」に見た。そして、水神と深いつながりを持つ「瓜」から誕生した神に仕える織姫が神の衣を織り、敵対する女性が

それを妨害しようとする話であるとした。これに対して関敬吾は、やはり「桃太郎」の場合と同じく後半部が核心部分であり、「成女式」を反映するものと見た。つまり、機織りは成女となり結婚するために必要な技能資格であり、それを妨害するあまのじゃくは結婚の競争相手であるとした。そして、AT 408「三つのオレンジ」をはじめとする「にせの花嫁」（TMIではK1911「にせの花嫁」）を核心のモチーフとする昔話が外国から伝播した「帰化昔話」であると結論づけている（『事典』一二三頁参照）。

「三つのオレンジ」は以下のようなあらすじの話である（『ハンドブック世界』一四六頁）。

白いチーズに落ちた赤い血を美しいと感じた王子が「白くて赤い娘」を妻にしたいと捜しにいく。手に入れたオレンジを割ると中から美しい娘が出てきて水を乞う。王子は水を調達できず、娘は消える。二つ目を割ったときも同様のことが起こるが、泉のそばで三つ目のオレンジを割り水を飲ませると、娘は王子のもとにとどまる。王子は娘を木の上で待たせ、いったん帰宅する。その留守に泉に水を汲みに来た魔女が、水に映った娘を見て自分の姿だと勘違いするが、そのことに気がつくと、言葉巧みに髪を梳かせ、娘の頭にピンを刺す。娘は鳩になって飛び去る。王子が娘を迎えに戻ってきて、娘になりすました魔女を連れ帰る。祝宴の準備をする台所に鳩が来て歌を歌い、コックを眠らせ料理をだいなしにする。鳩をつかまえ王子がピンを抜くと、鳩は美しい娘に戻り、二人は結婚する。

三原幸久によれば、分布はイタリア、スペイン、ポルトガル、ギリシアなど南欧系民族に濃厚で、果物はオレンジが最も多いが、リンゴ、クルミ、ザボン、ザクロ、レモンなどの類話もある。十七世紀にイタリアのバジーレによってナポリ方言で書かれた『ペンタメローネ』の「三つのシトロン」が欧州最古の書承類話と見られる。三原は、「この物語は東方起源と考えられ、現代インド、中近東の類話も報告されているが、東洋にはオレンジを含んだ完全な形では伝わっていない」（三原「三つのオレンジ」、『事典』八九四頁）と解説している。

「姉と妹」

一方、稲田浩二は、ヒロインが敵対者（姉）によって殺害され、敵対者が「にせの花嫁」となる沖縄の昔話「姉と妹」（ＩＴ165）に注目する。ＩＴ165のモチーフ構成を挙げておこう。

①母親が川を渡れないでいると按司《あじ》が現われ、娘を嫁にもらう約束をして渡してくれる。
②母親が娘たちに按司の嫁になるよう頼むと、姉はことわるが妹が承知し、迎えにきた按司について道々種子をこぼしながら行く。
③姉が芽ぶいた草をたどっていくと、妹が幸せに暮らしているので、だまして水死させ、その着物を着て妻になりすます。
④妹の生まれ変わりの小鳥が姉の仕事の邪魔をするので、姉は小鳥を殺して煮る。
⑤按司が小鳥を食うと骨が肉になり、姉が食うと肉が骨になる。
⑥姉が骨を捨てると、そこに木が生えて大木に育つ。
⑦姉が按司に木を切らせて台を作ると、按司のは上手に仕上がるが姉のは曲がる。
⑧姉が木を焼くが、木は燃えきらない。
⑨隣の婆が木をもらい受けて帰ると、木は妹になり機を織る。

⑩妹がまずい料理をして按司を招いて食べさせると、按司が、まずい、と言うので、嫁の見分けがつかない者に料理の味などわからない、と言い返す。
⑪姉は恥じて虫となり、妹は按司のもとにもどり幸せに暮らす。
＊按司＝地方領主（殿様）

（『通観』28：三〇四―三〇五頁）

ヒロインである妹は、敵対者である姉に殺された後、小鳥に転生し、また殺されると今度は木に転生し、さらに元の妹の姿に戻って幸福な結末を迎える。日本の「花咲か爺」（第十四講）や、第五講で紹介した中国の「葉限」、さらにはグリムの「ねずの木」にも同様のモチーフが含まれる、奇想天外だが国際的な広がりを予感させる話である。「瓜姫」の類話が日本の本州・四国・九州にしか見られないのに対して、「姉と妹」の伝承は、日本では北海道・アイヌ族と奄美・沖縄に限られるが、海外ではアジアをはじめ世界のモンゴロイド諸民族に行きわたっていることから、稲田は、「遅くとも中世のころにはこの昔話が『姉と妹』から分かれて生まれてきたものと思われる」（『ハンドブック日本』六一頁）としている。

モンゴロイド諸民族の類話

『通観・研究篇1』128「瓜姫」の項には、A「にせの花嫁」パターンとB「異常誕生」パターンに分けて、モンゴロイド諸民族の類話を紹介している。そのうち、A「にせの花嫁」パターンの十三の類話に登場する「にせの花嫁」となった敵対者の正体は次の通りである。1．サハリン‐アイヌ族：化け物婆、2．北海道‐アイヌ族：狐の女神、3．北海道‐アイヌ族：狼神の子孫の婆、4．ミャンマー、シーザン‐チン族：雌鬼、5．インド、ベンガル地方：マンゴーの木に住みついた幽霊、6．シベリア‐ヤクート族：

悪魔の娘、7．シベリア・ヤクート族：一本足で一本の手、一つ目で鉄の着物を着た悪魔の娘、8．アラスカ・イヌイット：老婆、9．イヌイット：老女、10．ミクロネシア、マーシャル諸島：精霊、11．ミクロネシア、サテワヌ島：八目鰻《やつめうなぎ》、12．ミクロネシア、サテワヌ島：ぼうふら、13．ミクロネシア、サテワヌ島：ぼうふら。また、B「異常誕生」パターンには、瓢箪の実や瓜から女の子が現われる中国・漢族の類話が二つ紹介されている（『研究篇1』一二六-一二九頁）。

一方、165「姉と妹」の項には、A「蛇婿」パターンとして十八の類話、B「たにし息子」パターンとして四つの類話、C「愚か婿」パターンとして十七の類話、D「理想の夫」パターンとして三つの類話、その他「複合」として十の類話、合計五二の類話が紹介されており、先に述べた稲田の仮説を裏付ける資料を確認することができる。

昔話「瓜姫」の起源を、日本における「小さ子」および「水神」信仰に求めた柳田、南欧を中心に世界的に分布する「三つのオレンジ」に求めた関、モンゴロイド諸民族に広く分布する「姉と妹」に求めた稲田、三者のうちどの仮説が正しいかどうかはさておき、モンゴロイド諸民族やヨーロッパ諸地域・諸民族をはじめとする海外の類話との比較を抜きにしては、起源をめぐる謎は解明できないことは確かである。

機織りをする少女

親の留守中、言葉巧みに扉の隙間から少しずつ指を差し込んでいき、最後にはまんまと部屋の中に入り込むことに成功するあまんじゃくの姿は、『グリム昔話集』KHM5「狼と七匹の仔山羊《こやぎ》」を、あまんじゃくが瓜姫と入れ替わっていることに気づかない両親の姿はKHM26「赤ずきん」を、「にせの花嫁」の正体が鳥によって暴露される場面はKHM21「灰かぶり」を想起させ、モチーフの随所に国際的な類似性が見られる。中でも、ヨーロッパの昔話と類似するモチーフとして注目されるのが、瓜姫の機織りである。『事典』の「機織り」の項目には、このモチーフを含む日本昔話として「瓜子姫(瓜姫)」の他にも、「蛇婿入り」「蛇女房」「竜宮女房」「鶴女房」「狐女房」「天人女房」「絵姿女房」「姉と弟」「三人兄弟」「弘法機」「黄金の斧」「天道さん金の綱」「鬼の子小綱」が挙げられている(七四〇頁)。さらに、次講で検討する「舌切り雀」でも、お婆さんに舌を切られて竹やぶに戻った雀が機織りをしている。

一方、ヨーロッパの昔話には、布地を織り上げる前段階の作業工程である糸紡ぎや糸を巻く紡錘《つむ》がしばしば重要なモチーフとして用いられる。KHM24「ホレおばさん」では、継子の娘が紡錘を井戸の中に落としてしまう。KHM50「いばら姫(眠り姫)」では、十五歳の姫が紡錘の先で指に怪我し、そのまま百年の眠りにつく。イングランドの昔話「トム・ティット・トット」において食いしん坊の娘は糸紡ぎが満足にできず、小鬼トム・ティット・トットの援助を受ける。

洋の東西を問わず、糸を紡いで布地を織り上げ衣服を作る仕事は、一人前の女性の証しとされていた。ここに紹介したヨーロッパの三つの話において、ヒロインの少女たちは糸紡ぎをちゃんとこなせないためにさまざまな試練に出会う。一方、「瓜姫」の場合、ヒロインは機織り上手と評判が立って長者の嫁にと見込まれるが、あまんじゃくと遭遇し過酷な体験をする。これは、少女がさらに卓越した技能を獲得し一人前の女性となるための試練、「少女の成長物語」として読み解くこともできるように思われる。

少女の成長物語

前講の「桃太郎」において、「少年の成長物語」という観点から、「Ⓐ小《ち》さ子《い》としての誕生、Ⓑ旅立ち - 親との別れ、Ⓒ仲間との出会い、Ⓓ強敵(ライバル)との対決・勝利、Ⓔ帰還 - 親との再会」とモチーフ構成を記述した。一方、本書に紹介した「瓜姫」のテキスト、「殺害」型のモチーフ構成は、「少女の成長物語」という観点から、［Ⓐ小《ちい》さ子としての誕生、Ⓑ親の外出・留守番、Ⓒ強敵（ライバル）との対決・敗北、Ⓓ親の帰還・強敵の懲罰］と記述することができるだろう。「救出」型ではこれに、［Ⓔ救出・結婚］が付け加わる。

両者を比較するとき対照的なのは、まず親との別れの仕方が、少年の場合には自分の方から家を出ているのに対して、少女の場合には親の方が家を空け、自分は留守番をしていることである。次に、少年の場合には仲間との出会いがあり、ライバルが出現した時に援助してくれるのに対して、少女の場合には仲間は登場せず、ライバルに対して孤独な戦いを挑まなければならない。そして、少年の場合にはライバルとの戦いに勝利するのに対して、少女は敗北する。

以上より、「少年の成長物語」は、親許を離れることを自ら決意し、仲間と出会い、その援助も受けながらライバルと闘い、これに勝利することによって典型化されるのに対し、「少女の成長物語」は、親から家に取り残され、仲間との出会いはなく、それ故ひとりでライバルと闘い、これに敗北することによって典型化される。敗北することは象徴的・精神的な死を意味しており、親の力に頼って生きてきた自己と決別し、自立した人間として生まれ変わることと言い換えることもできるだろう。

言うまでもなく、ここでの「少年」「少女」は象徴的に用いられているのであり、現実には男であれ女であれ、「少年の成長物語」と「少女の成長物語」の両方を体験すると考えられる。つまり、自ら親許を離れることもあれば、親に先立たれたり、見棄てられたと感じたりすることもあるだろうし、仲間や友人に助けられて困難を乗り越えることもあれば、孤軍奮闘することもある。そしてその戦いに勝利することもあれば敗北することもある。ある時は「少年」として、またある時は「少女」として、誰もが子どもから大人になる途中の一時期（思春期）を生きるのである。

ただし、少女の方がここに描いた「少女の成長物語」をより切実に体験するということもまた事実かもしれない。「娘＝少女」から「一人前の女性」へと成長するためには、死ぬほどの困難や葛藤を伴う、そしてその苦しみに一人で耐えなければならないのだ、という「聞き手の少女たち」に向けてのメッセージも、この「瓜姫」の話から読み取ることができるように思われる。

瓜姫はなぜ殺されたのか？

本話の中で瓜姫は、両親から「ひょっとしたら、あまんじゃくという悪い女が来るかもしれねえ。あまんじゃくは爪が長くて、とてもお前はかなわねえからな」と言われながら、あまんじゃくを家の中に入れてしまう。そればかりか、あまんじゃくに誘われて長者の家へ桃の実を採りに行くことまでしている瓜姫は、親の気持ちやあまんじゃくの下心を察知できない、最近はやりの言葉で言えば「ＫＹ（空気が読めない）少女」の典型であり、その当然の報いとして生命の危機にさらされたと解釈することもできるかもしれない。そこには、「軽率に他人を信用してはいけない」や「親の教えは聞くものだ」といった幼い子ども向きのメッセージが込められていることは明らかである。

ただしよく読んでみると、瓜姫は一応、あまんじゃくの申し出を断り、嫌がってもいる。親の言いつけを忘れていたわけでもない。にもかかわらず、最終的にあまんじゃくの言いなりになって、本話の場合には殺されてしまった瓜姫をそうさせたものは何だったのだろうか？

昔話によく登場するモチーフのひとつに「見るなのタブー」がある。第十五講で取り上げる「うぐいすの里」の十二の座敷（または蔵）の他、「浦島太郎」の玉手箱、「鶴女房」の機織り部屋など、「決して見てはいけませんよ」と念を押された場所や中身を、主人公が見てしまうというモチーフである。本話では、「あまんじゃくが来ても家の中へ入れてはいけないよ」という親の言葉がこれに相当する。これは昔話の様式論における「先取りの技法」と呼ばれるもので、聞き手に次に起こることを予想させるためのレトリックのひとつとされる。すなわち、このタブーが必ず破られることを先取りしているのである（シャルロッテ・ビューラー「昔話と子どもの空想」、『こどもとしょかん』第八十二号 一九九九：一五頁）。

本話においても、案の定タブーは破られる。そして長者の家へ桃の実を採りに出かける。しかも、嫁入り前の娘であるにもかかわらず木に登り、あまんじゃくの指示に従ってどんどん枝の先へ進んでいく。そこまで瓜姫を駆り立てたもの、それは「恐ろしいと言われるものを見てみたい、長者様の屋敷を見てみたい、おいしい桃の実を採って食べてみたい」という、未知の世界に対する少女ならではの好奇心ではなかったか。そして、瓜姫が殺され、あるいは別の姿に替えさせられたのは、大人の女性になるためには「好奇心」という「少女の証し」は脱ぎ捨てなければならない、というもう一つのメッセージを象徴的に示しているように思われるのである。

あまんじゃくの正体

ところで、「あまんじゃく」とは何者だろうか。人の反対ばかりするひねくれ者や、おうむ返しに口答えする者につけるあだ名として用いられ、「あまのじゃく」とも言う。この呼称は記紀神話に登場する「アマノサグメ（天探女）」に由来すると言われるが、「天の邪鬼」とも書かれるように、よこしまで、人の邪魔ばかりする妖怪のイメージも持っている。「にせの花嫁」の正体を見破られたあまんじゃくは、萱原《かやはら》の間を引っぱり回されてさんざんと血が流れる。「それでいまだに萱原の萱の根は赤く染まっているけど」。

昔話には、あまんじゃくやその同類と見られる山姥が死ぬと、その死体から作物が生まれたり、その血から作物の根や茎が赤くなったりするものが、「牛方山姥」「天道さん金の鎖」をはじめいくつもある。吉田敦彦『昔話の考古学』（中公新書 一九九二）によると、このモチーフは国際的にはインドネシアの女神の名に由来する「ハイヌウェレ型神話」と呼ばれ、日本の『古事記』にも、食物の女神オホゲツヒメが、自分の身体から出したもので御馳走を作ってスサノオをもてなそうとしたが、それを見て取ったスサノオが怒って彼女を殺すと、その死体から蚕・稲・粟・小豆・麦・大豆が発生する、という作物の起源神話が記されている（「ハイヌウェレ型神話」については第十一講「食わず女房」の中で説明する）。

人や動物そして山姥をはじめとする異類の死体が、別のものに変化して生まれ出るモチーフは「死体化生」と呼ばれるが、ひとつの生命が絶たれた後、そのたましいが別の生命に宿るという考え方（死生観）が表現されている。「個別の生命には必ず始まりと終わりがあるけれども、たましいによってつながるいのちは永遠のものである」、そんなメッセージをわかりやすく示したのが、死体化生モチーフを持つ昔話だと言える。

「センス・オブ・ワンダー」

昔話の中に、身の回りの動植物の起源を語るものが多いのは、聞き手の子どもが抱く、世界に対する「不思議！」「なぜ？」という好奇心、「センス・オブ・ワンダー」に寄り添い、その感動や問いかけを壊すことなくさらにふくらませてやりたいという、語り手の願いを表わしたもののような気がする。

子どもたちの世界は、いつも生き生きとして新鮮で美しく、驚きと感激にみちあふれています。残念なことに、わたしたちの多くは大人になるまえに澄みきった洞察力や、美しいもの、畏敬すべきものへの直観力をにぶらせ、あるときはまったく失ってしまいます。もしもわたしが、すべての子どもの成長を見守る善良な妖精に話しかける力をもっているとしたら、世界中の子どもに、生涯消えることのない「センス・オブ・ワンダー＝神秘さや不思議さに目を見はる感性」を授けてほしいとたのむでしょう。（中略）妖精の力にたよらないで、生まれつきそなわっている子どもの「センス・オブ・ワンダー」をいつも新鮮にたもちつづけるためには、わたしたちが住んでいる世界のよろこび、感激、神秘などを子どもといっしょに再発見し、感動を分かちあってくれる大人が、すくなくともひとり、そばにいる必要があります（レイチェル・カーソン『センス・オブ・ワンダー』上遠恵子訳、新潮社 一九九六：二三‐二四頁）。

私たちもまた、「世界のよろこび、感激、神秘などを子どもといっしょに再発見し、感動を分かちあって」あげられる大人のひとりでありたいものである。

第八講「へやの起こり」（屁ひり嫁）――嫁と姑《しゅうとめ》――

昔《むかし》あったずもな。

あるとこに、じさまとばさまと一人むすことがあったと。むすこが年ごろになったとき、仲人《なこうど》が、

「気立てのいい、やさしいむすめこがいるから、嫁《よめ》こにどうだべ」

といってきたんで、そのむすめこを嫁にもらったんだと。

そして、一日たち、二日たち、日がたつにつれて、嫁の顔色が悪くなり、飯も食わなくなってしまったんだと。

ばさまは「病気にでもなったんでねえか」と心配して、

「姉《あね》こ、姉こ、どこかあんべ（ぐあい）えでも悪いのか。悪いんだったら、しゃべってみろ」

とたずねたら、嫁のいうことには、

「ばさま、ばさま、はずかしい話だけど、おら、とっても大きいへ（おなら）をふるくせがあるんだ。この家さ来て、七日ばかり、へをこらえたところが、体の調子が悪くなってしまったんだ」

ばさまは、それを聞いて、笑いだし、

「なあに、へなんか、なんぼふったってかまわね。えんりょしないでたれろ」

といったから、嫁こはよろこんで、いろりの前で、雪ぐつ作ってたじさまに、

「じさま、じさま、いろりのふちさ、しっかとつかまっていてけれ」と、たのんだと。

ばさまは、ひきうすのそばにいたんで、

「ばさま、ばさま、そのひきうすさ、しっかとつかまっていてけれ」と、たのんだと。

そのとき、馬屋《うまや》の馬このそばにいた若だんなには、

「若だんな、若だんな、馬のたずな、しっかとつかんで、立ってろや」と、たのんだんだと。

三人とも、いわれるとおりにしたら、嫁こは、

「いいか」としゃべるなり、けっつ（おしり）を出して、大きいおならを落としたんだと。

「ボガーン」

そのへの勢いはたいしたもんで、つむじ風みてえに、じさまを天井まで吹きあげてから、下に落としたと。

ばさまは、ひきうすかかえたまま、庭に放りだされたと。

馬屋の馬こは、たまげてしまって柵を け破り、若だんなもろともむこうの山まで飛んでしまったと。

じさまとばさまは、腰をさすりながらやっとこさ起きてきて、

「こんな嫁こは、いっときも家さおかれねえ。おん出してやる」と、おこったんだと。

そこで嫁こは、すぐ荷物をまとめ、泣き泣き、馬こをみつけてきて、背中さ荷物を乗せたと。若だんなも来て、馬こ引っぱり、先になって歩いたと。嫁こは後から、ショボショボとついていったと。

二人が村ざかいの峠まで来たとき、やはり峠を越すらしい十人ばかりのさむらいさ出会ったと。道べりには大きい山なしの木があって、見あげると、なしがすずなりなんだと。さむらいが「あれ、取るべ」と、てんでに石を拾ってはぶつけるけど、なかなか当たらねえ。嫁こは、おかしくて「あははは」と、笑ってしまったと。さむらいはおこって、

「無礼者《ぶれいもの》」

と、刀に手をかけたと。そしたら、殿さまが、

「待て、なして《なぜ》わらうか。わけを話してみろ」と、ひざをのりだしてきた。

「これぐれえのなし落とすのは、おれのへ一発でできる」

「そんだら、落としてみろ」

「おさむらいさん、ちょっと山のかげさ行ってけろ」

嫁こは、男たちを追っぱらうと、なしの木の下さ行って、大砲みてえに大きいおならを、ぶっとばしたと。太い大きななしの木は、ゆさゆさ、ゆっさ、ゆっさ、ゆれて、実も葉もみんな落ちてしまったと。

さむらいがもどってみたら、木の下は地面も見えねえほどの、なしの山だったと。殿さまは、手をたたいて、よろこんで、

「みごと、みごと、ほうびに、ほしいものをやるべ」

といわれたから、嫁こは思いきって、こういったと。

「おれ、家こ追い出されて行くところがねえから、家がほしい。ほかにほしいものはねえ」

「そのくれえは、造作《ぞうさ》もねえ」と、殿さまはいって、嫁こが、さっき出てきた家の隣さ、りっぱな家を建ててやったと。おまけに、家のそばに、「へや」というて、へをふってもええ、小さい離れまで、こしれえてやったと。それがへやのはじまりだと。

どんとはれ。

――岩手県――

みんなが「元気」を取り戻す昔話

二〇一四年八月下旬、宮城県丸森町で行われた「第九回みやぎ民話の学校」二日目の朝、福島県飯舘村出身で東日本大震災による原発事故の後、福島市の仮設住宅に暮らすテツ子さんが、「屁ったり嫁コ（屁ひり嫁）」を語ってくださった。著名な語り部だった実母のキクさんも得意としていたこの話を、「母の真似事です、母を思い出しながら語らせてもらいます」と前置きして、「昔むかしな、ずうっと昔のことなんだと」に始まり、「はい、ありがとうございました」で締めくくるまで、約二十二分間（録音記録より確認）たっぷりと語られた。会場の和室には百名ほどがいてそのほとんどが中高年の女性であったが、みんな何度も大笑いをしながら聴いていた。その笑い声に後押しされてテツ子さんの語り口もどんどんなめらかで力強くなり、次の爆笑へと誘った。筆者も涙を流して笑った。こんな体験ははじめてだった。

大自然に抱かれた八十坪を超える広い農家の住まいを離れ、異郷での避難生活を強いられ、八十歳を過ぎて足も不自由になり、家の中に閉じこもりがちのテツ子さんは、今回の「民話の学校」に参加して昔語りをすることを当初ためらっておられたという。それでもここに来て皆さんの前で民話を語れてよかった、「元気」をもらえたと、後で話されたと聞く。語り手も聴き手も、その場にいる人みんなが「元気」（「天地間に広がり、万物生成の根本となる精気。活動のみなもととなる気力」――『広辞苑』第三版）を取り戻す昔話、その秘密を探ってみたい。

話型とモチーフ

ＩＴでは笑い話の「誇張」という話型群（「大話《おおばなし》」と呼ばれる）に属する1118「屁ひり嫁」として登録されている。そのモチーフ構成は次の通りである。

①花嫁の顔色が日々に青ざめ、わけを知った姑《しゅうとめ》が遠慮なく屁をひれ、とすすめる。
②嫁が屁をひると、姑は吹き飛ばされ、姑は嫁を離縁することにする。
③嫁は里へ帰る途中で反物商《たんもの》と賭け、梨の実を屁でみな落として反物を手に入れる。
④それを見た婿が、宝嫁御《たからよめご》だ、と連れもどし、へやを建てて住まわせる。
⑤これが部屋の起こりとなる。

（『通観』28：六三三頁）

東北から九州・沖縄まで全国的に分布している。本講のテキストのように、嫁ぎ先に復縁しないパターンと、ＩＴモチーフ構成のように復縁するパターーンの両方がある。

各モチーフのバリエーション（多様性）を見ておこう。田中文雅によれば、屁の威力を示す場面は、「姑（舅《しゅうと》）を厩《うまや》の桁《けた》（柱の上に横に渡して垂木《たるき》を受ける材…筆者注）、破窓《はそう》（破れこわれた窓）、煙出しから外へ、裏山へ、大根畑まで飛ばしたり、大黒柱に聟《むこ》をくくりつけたまま吹き上げたりする」。また、離縁されて実家へ戻る途中、賭けで落とすものは梨・柿・梅・果物・木に成った小判などで、相手は木綿屋・呉服屋・行商人などであり、木綿・米・金・魚などをせしめる。荷を積んで動かない馬、宝物や米を積んで出られない船を屁の力で動かす話もある（田中「へやのおこり」、『事典』八三三頁）。

『日本霊異記《りょういき》』の「力女」

平安初期に薬師寺の僧景戒《きょうかい》が著したとされる日本最古の仏教説話集『日本霊異記《りょういき》』（正式名称『日本国現報善悪霊異記』）に、中二七「力ある女の強力《ごうりき》を示しし縁」という話がある。あらすじは次の通り。

大領の妻が、夫に着せた手作りの衣を国司に取られたと聞き、取り返しにいく。女は、国司の家来たちが引いても動かず、二本の指で国司の座っている床座を持って外に連れ出し、衣を返させる。大領の父母は後難を恐れ、女を実家へ返す。女が川で衣を洗っている時に、商人の船が通りかかり、女をからかうと、女は船を川から引き上げ、商人にあやまらせる（『通観　研究篇2』七〇七―七〇八頁）。

妻が異能性を発揮したために離縁され、再び異能性を発揮して溜飲《りゅういん》を下げるという、「屁ひり嫁」と類似する話の展開を持つ。稲田浩二は、その類似性を分析して次の四つにまとめている（稲田『昔話の時代』筑摩書房　一九八五：二一〇〇頁）。

(1)話の主人公は嫁女で、並はずれた異能を持つ、いわば奇女である。
(2)その奇女が異能を発揮し、夫の親はそれに当惑し、一家にわざわいが及ぶことを恐れる。
(3)奇女は離縁される。
(4)離縁の後、奇女は嘲る商人を相手に再び異能の威力を見せ、真価が認められる。

『日本霊異記』の「力女」は、八世紀聖武天皇の時代、尾張国（現在の愛知県）中嶋郡の話とした「伝説」であり、大領の妻は、同書上巻に登場し雷神が生ませて大力を発揮した道場法師《みちば》の孫とされる。稲田によれば、尾張地方に伝承されていた「雷→道場法師→力女」という超人的な力の持ち主の系譜を語る民間説話を素材（原話）として、「大力という善果は、すべて先世に修めた仏教上の善行による」（同前　二一〇六頁）

という仏教の功徳を説く話へと景戒が改変したものである。その結果、「大力についての二元的説明となった」とし、「説話文学成立の二段階的事情がもたらした宿命的な破綻といえるかもしれない」とする。つまり、大力という異能の起源として、雷神の霊力と仏教の法力という本来別種の宗教的な力を、景戒は強引に結びつけたと考えられる。なぜなら「説話文学に在っては、作者個人の説話制作の目的が一話の性格を最終的に決定する」(同前二〇九頁)からである。

これに対して、「へやの起こり(屁ひり嫁)」の方は、「集団多数の伝承保存の力」を備え、「完結した話を構成し、主人公に幸福な結末を約束し、めでたく一話を終わらせたいという、昔話伝承者の楽天性」を保持しており、民間説話の本質的な性格を有すると稲田は説く(同前二〇八-二〇九頁)。

以上のようにして、『日本霊異記』の「力女譚」は、その原話となる民間伝承において「屁ひり嫁」と共通する物語構造を持っていたと想定されるものの、この説話文学そのものを「屁ひり嫁」の直接的なルーツ(源流)と見なすことは難しい。

「竹伐爺《たけきり》」と「金《きん》の茄子《なす》」

その他の古典文学として、十二世紀末から十三世紀前半にかけて成立した説話集『宇治拾遺物語』の中に、三・二「藤大納言忠家《とうのだいなごんただいえ》物言ふ女の放屁《ほうひ》の事」という話がある。「大納言が女房と夜を過ごしていると、女房が屁を放つ。大納言は世をはかなんで出家を決意するが、女のあやまちで私が出家する必要はないと思い直す」(『通観 研究篇2』七〇八頁)。ここには「放屁」モチーフが見られるが、話の展開は全く異なり、こちらも「屁ひり嫁」の直接的なルーツとは見なし難い。

柳田国男は「竹伐爺」という話型に注目し、「屁話の一群が『竹伐爺』から成長した。その笑話化の道筋の一つがこれ（＝「屁ひり嫁」筆者注）である」（『日本昔話名彙』日本放送出版協会 一九四八：二〇四頁）と指摘する。つまり『竹取物語』→「竹伐爺」→「屁ひり嫁」との系譜が考えられるという。

「竹伐爺」（ITでは90「竹切り爺」）のあらすじをITのモチーフ構成によって紹介しておこう。

①爺が竹藪で竹を切っていて、通りかかった殿様にとがめられ、日本一の屁ひり爺、と名乗っておもしろい屁をひりほうびをもらう。

②隣の爺がまねをして殿様の前で糞をひり、尻を切られる。（『通観』28：二七〇頁）

一方、稲田は「金の茄子」（ITでは429「金の瓜種」）という話型も、嫁の「屁ひり」から始まる話であり、本話との関連が考えられるのではないかとしている（稲田前掲書 一九七頁）。

①身重な王妃が王の前で屁をひり、王にうつろ舟で流される。

②漂着した島で生まれた子が、母親に流されたいきさつを聞き、王の城へ瓜種を売りに出かける。

③子供《ママ》が王に、屁をひらない女がまくと金がなる、と言うと、王は、世の中に屁をひらない女などいない、と言う。

④子供が、ではなぜ母を流したか、と咎めると、王は反省して妻子を呼びもどす。

以上二つの話型以外にも、後ほど見るようにいくつもの「放屁譚」はあり、本話との関連性がどのようなものであったかについては、現時点では何とも言えない。次に述べるように、韓国・朝鮮や中国にも

「屁ひり嫁」の類話があり、日本への伝説も考えられることから、ルーツの検討は、さまざまな放屁譚の国内における分布状況や地域的特徴、主要モチーフの歴史的背景、物語構造の成熟度なども考慮に入れながら慎重に行う必要があろう。

海外の類話

ITには、本話型に対応するATの国際的な話型番号は挙げられていない。モチーフの対応としてはTMI「D2063.5 魔法的不快―屁がつづいて出ること」、「X900 嘘とほらについてのこっけいさ」などが挙げられている。

一方、『通観・研究篇1』には、モンゴロイド諸民族の類話として、1．朝鮮、2．中国、江蘇省―漢族、二つの話が紹介されている（『研究篇1』六四三頁）。

1．朝鮮…嫁が屁を我慢して顔色が悪くなり、舅のすすめで屁をひると家中の者が吹き飛ばされる。嫁は実家へ帰されるが、途中で男たちが「王の病気は梨を食べれば治るが高くて取れない」と話しているのを聞き、屁で梨を落とす。舅は王に梨を捧げ、嫁も梨で屁を治して家にもどった。

2．中国、江蘇省―漢族（灌雲）…嫁が屁をひって叔父の片眼をつぶし、家を追い出される。嫁は通りがかりの人とつぎつぎに賭けをし、馬や豚を屁で空に飛ばしてそれらを手に入れる。つぎに鋳掛屋の荷を飛ばそうとしてできず、尻に釘を打たれた。

朝鮮の類話は特によく似ている。そして、屁の威力で落とした梨の実が、王の病気や自分自身の病的な放屁までも治すというモチーフは、病気の母のために霊妙な果実「なら梨」を求めて兄弟が旅する日本の昔話「なら梨とり」を彷彿とさせる。「屁・屋」が「へや（部屋）」の由来であるとする、言葉遊びによる締めくくり（落語でいう「下げ《さ》」）よりも、物語としての完成度が高いと感じる。この話型そのものが韓国・朝鮮から伝播したものであるかどうかは別として、「梨落とし」モチーフのルーツは韓国・朝鮮にあるのではなかろうか。

ちなみに、黄仁徳によれば、韓国には嫁の放屁譚が質・量ともに充実しているという。そしてその背景には、「消化によくない麦食を主食とした」食生活習慣と、「新婦の端正な操行」「女性の忍耐と自己抑制」を要求する文化的伝統があると黄は見ている（アジア民間説話学会第三回大会 一九九六の発表要録より）。

「放屁譚」のいろいろ

ここで、ＩＴに登録された一一二一話型のうち、放屁モチーフを含む話型群（「放屁譚」）をいくつかのグループに分類しながら概観しておきたい。まず、屁が普通のものであるか、特異なものであるかによって二分され、後者はさらに特異性の性質によって、威力・音色・連続性（止まらない）・形あり、に分類される。それぞれに該当する話型を番号順に列挙してみる。そして、ＩＴのモチーフ構成において放屁者が女性と特定されている話は太字で示す。

Ａ．普通の屁型…**429「金の瓜種」**、620「和尚と小僧―屁臭穂《くさほ》」、853「にぎり屁」、854「屁をにぎる」、900「豆こ話」、**1119「屁の悲劇」**、1171「仁王か」

B－ア．特異な屁―威力型…852「屁ひり比べ」、**1118「屁ひり嫁」**、1120「麦粉屁」、1121「雁取り屁」
イ．特異な屁―音色型…90「竹切り爺」、91「鳥飲み爺」、**851「屁の問答」**、1117「泥棒と屁」
ウ．特異な屁―連続型…**112「尻鳴りべら」**
エ．特異な屁―有形型…688「屁の手形」

以上のように、女性が放屁者と特定される話型が五話あるが、これらの中からすでに紹介した「金の瓜種」と「屁ひり嫁」以外の三話のＩＴモチーフ構成を紹介しよう。

・112「尻鳴りべら」
①怠け者が観音に願をかけると、観音は満願の日に赤と白のへらを授け、赤のほうで撫でると鳴り白のほうで撫でると鳴りやむ、と告げる。
②怠け者が赤いへらで長者の娘の尻を撫でると、尻が奇妙な音で鳴りつづけ、どの医者も治せない。
③長者が、娘の病気を治した者を婿にする、と立札をすると、怠け者は白いへらで治し婿に迎えられる。
（『通観』28：二七九―二八〇頁）

・851「屁の問答」
①呉服屋と薬種屋《やくしゅ》と酒屋の、三人の女房がまず細かい屁くらべをし、呉服屋の女房が、チリメン（縮緬）、薬種屋の女房が、チンピー（陳皮）、酒屋の女房が、シンシュ（新酒）、とひり、勝負がつかない。
②つぎに太い屁をひることにし、呉服屋の女房が、シュスドンスー（繻子緞子）、薬種屋の女房が、ブ

クリョウ(茯苓)、とひると、酒屋の女房はりきみすぎて、もろみがとれた、と言う。(同前 五五六頁)

・1119「屁の悲劇」
①嫁が屁をひって人のせいにすると、その人は嫁のしわざと暴露する。
②嫁は恥じて自殺する。
③悲しんだ婿と両親が死ぬと、村人も悲観して死に、村は全滅する。
(同前 六三四頁)

「屁の問答」が店の商品名を屁の音色で鳴らすという言葉遊びを眼目としており、放屁者はおそらく口八丁手八丁の「女房」であって、放屁を笑い飛ばすことのできる年齢の女性たちであるが、その他の四話の放屁者はいずれも、年頃の未婚女性または結婚後間もない女性であると考えられ、彼女たちにとって人前での放屁はこの上なく恥ずべき行為であると認識されていたことがうかがえる。

根岸真理子によれば、江戸時代の川柳に「嫁の屁は五臓六腑《ごぞうろっぷ》をかけめぐり」という句があるという(『ガイドブック日本』一九六頁)。「したいこともできずにいるつらさは、多くの嫁に共通するものであったようです。嫁ぎ先の都合で簡単に離縁されたり、子供《(ママ)》ができて初めて籍を入れたりすることのあったむかしには、この話はさまざまな思いをこめて語られたことでしょう」(同前 一九六頁)。

根岸の言う「さまざまな思い」とは具体的にどのようなものであろうか。それを解くカギはやはり、本話「屁ひり嫁」を含む放屁譚が語られた場、そこでの語り手と聴き手は誰かということにあると思われる。次節以下で検討していきたい。

聞き手としての子ども、替え唄の中の「屁」

放屁譚の「語りの場」としてまず考えられるのは、日暮れが早く、雪のため外で農作業もできない冬の夕べ、家の囲炉裏端で縄や草履、スゴ（炭を入れる袋）などを藁で編みながら祖父さんやお祖母さんが孫の子どもに語って聞かせるというもので、本講考察の冒頭に紹介したテツ子さんもやはり、明治二〇年生まれのお祖父さんからこのようにして昔話を聴いたとおっしゃっていた。

幼い子どもたちは今も昔もおならが大好きだ。その証拠に、子どもたちが口ずさんできた替え唄の中には、おならがひんぱんに登場する（鵜野『伝承児童文学と子どものコスモロジー』昭和堂 二〇〇九：四三頁）。

・「朕《ちん》おもわず屁をこいて汝臣民《なんじしんみん》臭かろう　鼻をつまんで我慢せよ　御名御璽《ぎょめいぎょじ》」……元の文章「教育勅語」（一八九〇年発表）、本文は次の通り。「朕惟フニ我カ皇祖皇宗國ヲ肇ムルコト宏遠ニ徳ヲ樹ツルコト深厚ナリ（以下省略）　御名御璽」

・「海にカバ　ミミズク馬鹿ね　山行かば　草むすかばね　おお君の　屁にこそ死なめ　かえり見はせじ」……元歌「海ゆかば」（一九三七年発表）、元の歌詞は次の通り。「海行かば　水漬《みづ》く屍《かばね》　山行かば　草む生《む》す屍　大君《おおきみ》の辺《へ》にこそ死なめ　かへりみはせじ」

・「田舎のじっちゃんばっちゃん　芋くって　屁こいて　パンツに穴あいて　大さわぎ」……元歌「アルプス一万尺」（一九六二年、NHK「みんなのうた」で放送）、元の歌詞は次の通り。「アルプス一万尺　小槍の上で　アルペン踊りを　さあ踊りましょ」

・「どっこい屁がでる　五秒前」……元歌アニメ「ど根性ガエル」（一九七二年放映）主題歌、元の歌詞は次の通り。「どっこい生きてる　シャツの中」

排泄という行為は気持ちいい。だが、その臭いや音のせいであろうか、人前でおならをすることは行儀が悪いと教えられる。やりたいことができないストレスを解消するために、子どもたちはうたや物語の世界でおならと戯れようとするのかもしれない。そしてそんな子どもの本能的欲求をよく分かっているお祖父さんやお祖母さんが、冬の夜長に退屈した子どもを喜ばせようと語り、笑い転げるそのさまにますます興に乗って面白おかしく語ったのが、「屁ひり嫁」をはじめとする放屁譚だったと考えられる。

伝播者としての座頭・世間師

だが同時に、こうした笑いの花を咲かせる話の種を、村里に撒《ま》いた人びとが存在したことも忘れてはならない。昔話研究の世界では「伝播者《でんぱ》」と呼ばれる、共同体の外部からやってきて新奇な文化芸能をその社会に持ち込む役割を担った人たちの存在である。伝播者をその属性によって大別すると、①宗教者、②行商人・職人、③奉公人、④芸能者、⑤浮浪者(乞食)、などとなる。ただし、例えば「瞽女《ごぜ》」(盲目の女性三味線語り集団)が、芸能者であると同時に訪問先で新年の豊作を予祝する宗教者の役割も担っていたように、ある伝播者(個人/集団)が複数の属性を兼ね備えている場合もあった。

唄や物語は、①においては布教の手段として用いられる。②においては、そのムラやマチの人びとを安心させて(買ってやろうかな)という気を起こさせるために用いられる。③においては、互いに異なる出身地の奉公人同士が心を通わせる道具となるとともに、奉公先の子どもたちを楽しませる。そして④や⑤においては、そのムラやマチの人びとに披露して身銭を稼ぐために演じられる。

それでは本話「屁ひり嫁」の伝播者はどのような人びとだったのだろうか。前述の田中は、「こうした聞き手に迎合した極端な誇張と展開は、地方の語り手によるものではなく、座頭や屁ひり芸能をもって巡国する輩によってもたらされたものと考えられよう」(『事典』八三一頁)と見ている。「座頭」とは、盲目の放浪者で琵琶や三味線を奏でながら説経を語り、唄を歌う人を指す。東北地方では「ボサマ」とも呼ばれる。中世には寺社縁起を語る宗教者としての一面も持っていたが、やがて寺社から離れ、「くずれ説経」「くずれ祭文」などと呼ばれる娯楽色の強い演目が多くなったとされる。座頭は昔話の中にもしばしば登場し、特に「座頭と博労」「座頭と船大工」「座頭と餅」「座頭の喧嘩」「座頭の卵」「座頭淵」「座頭振舞い」など、「座頭話」と呼ばれる一連の笑い話で主役の愚か者を演じる。座頭たちは盲目である自身を話に登場させて笑いを取るという「自虐ネタ」を得意としたが、放屁譚も彼らの主要なレパートリーだった可能性は高い(『事典』「座頭」の項目を参照)。

一方、稲田浩二は「世間師」を放屁譚の有力な伝播者と見ている。稲田自身に「屁ひり嫁」の類話を語って聞かせた京都府与謝郡伊根町の老翁は、丹後地方随一の語り手として知られ、「五十余年にわたり鎌やなたなどの金物を行商して、丹後、丹波、若狭かいわいを渡り歩いた、いわゆる世間師」(稲田『昔話の時代』一九八五:一九六―一九七頁)だった。「ういういしい嫁女の放屁という話柄が、世間師の語り爺にとっていかに胸のすく話であることか」(同前二一三―二一四頁)として、「力女」から「屁女」への転化は、聞き手としての子どもと、語り手としての世間師をはじめとする男性、双方の趣向が一致したところに成立したと稲田は推測する。

嫁と姑へのメッセージ

以上のように、放屁譚を共同体の外部から持ち込んだ伝播者としては、座頭や芸能者、そして「世間師」と呼ばれる行商人など、主に男性だったと考えられるが、これを共同体の中で伝え広めていくにあたっては女性の役割も大きかったに違いない。母キクさんの真似事で語っていると前置きされたテツ子さんの語りには、前段として大きな屁をひる娘の行く末を案じる母親の心情が細やかに描かれており、女性の語り手が同じく女性の聞き手に向けて演じる語りに仕立てられていると感じられた。

昭和のはじめ頃までは全国各地に、結婚前の女性が集まって泊りがけで年配の女性から色々なことを教わる「娘宿」、出産祈願や安産祈願を主な目的として女性たちが集まって祝詞や念仏を唱えた後会食する「子安講」など、さまざまな世代の女性が寄り集まる機会があった。そのような場において、語り上手な年配の女性が好んで語ったのが、本話をはじめとする嫁と姑の葛藤譚ではなかったろうか。

そこで語り手が伝えようとしたのは、「放屁すら自由にできない辛い思いを嫁はみんな経験してきたんだ。あなただけではないよ、頑張りなさい」という現在および未来の「嫁」に対する励ましと、「あなたのお嫁さんには、こういう辛い思いをさせてはいけないよ」という現在および未来の「姑」に対する戒めのメッセージではないだろうか。

考察の最初に述べたように、嫁ぎ先に復縁しないパターンと、復縁して自分たち若夫婦用の部屋を作ってもらうパターンの両方があるが、いずれの場合も嫁は「屁の特技」で財産を手にしている。女性たちの集いに参加した「現役嫁ゴ」にとって、憎らしい姑を屁で吹き飛ばし、商人や殿様までもやりこめて嫁が財産を手にするという夢のような昔話を聞くことは、何よりのストレス解消法となったに相違ない。語りの場に集った人たちと一緒に大笑いすることが、明日への活力を与えてくれたと思われる。

「笑う門には福来たる」ということわざの含意を、もう一つのメッセージとして受け止めてみたい。

第九講「舌切り雀」――夫と妻――

むかし、むかし、大むかしな、おじいさんとおばあさんと雀との、三人暮らしがあったって。おじいさんは山へ柴《しば》刈りに行くし、おばあさんは雀に、

「雀や、のり煮といてや《（煮ておいておくれ）》」

言ってから、川へ洗濯しに行っただだって。洗濯からもどったおばあさんは、雀に言ったって。

「雀や、のり煮たかあや」。

そしたら、雀は、

「はいはい、煮たやあの《（にたよ）》」

って言う。

「どこにあるだえ」

「納戸《なんど》の隅にあらあがの」

「あれへんがの」

って言ったなら、

「おもて《（客間）》の隅にあらあがの」

「あれへんがの」

「座敷の隅にあらあがの」

「まあ、なんぼ《（いくら）》探したってあれへんがの」

って言ったなら、雀はとうとうこう言ったって。

「おばあさん、一口ねぶったってみたら、あまりにうもうて、みんなねぶっちまっただがの」

「そがな事したらまあ、どうにもならんがな。のりを付けようと思ったに」

おばあさんは、えらい怒ってしまって、

「ほな、障子の穴から舌あ出せ」

って言って、それからはさみを持って来て、舌をチョキンとつみ切った。そしたら雀は鳴きながら、

「あっ、舌が痛いわいや、痛いわいや」

って、翔《た》って逃げたって。

そがしょうたらおじいさんが山から帰って来てこう言ったって。

「おばあさんや、もどったじょ。雀が見えんがどこへ行ったえ」

「あの雀はのう、『のり煮とけ』って言ったら、みんなねぶっちまったから、障子の穴から舌出さして、つみ切っただがの」

この雀は、かわゆうてならん雀だから、おじいさんは泣き出して、

「どうしてそがなむごいことをした。ほな、わしはこれから雀を尋ねて行ってくるぜ」

って言うと、弁当持って、ずっとずっと行ったたって。

「舌切雀、来いこいこい。舌切雀はどこへ行《い》た」

そんなに言って行きよったら、そこへ牛追い殿がおって、おじいさんはすぐに聞いてみただって。

「牛追い殿、牛追い殿、うちの舌切雀を知らんか」

「知っとることは知っとるし、知らんことは知らんし。けどな、この桶《おけ》に、牛の小水《小便》三ばい飲んだら教えてやる」

おじいさんが三ばい飲んだら、こんなに言うた。

「この向こうに行ったら馬追い殿がおるけ、今度は馬追い殿に問え」

それからずっと行きよったら、馬追い殿がおって、

「あの、馬追い殿、馬追い殿、うちの舌切雀を知らんか」

って聞くと、

「あの、この馬の小水を三ばい飲んだら教えてやる」

そこでおじいさんは三ばい飲んだ。

「向こうに竹藪があっての、そこで機織りよるさかい《おっているから》、行ってみい」

これはありがたいと行きょうたら、ほんに竹藪があったって。

「機織りゃ、キコタン、機織りゃ、キコタン」

と歌うのが聞こえてくる。

「うちの舌切雀は、おらんかの」

って言ったら、「ああ、おるやの」って、舌切雀が出てきたから、

「こりゃ、まあ、かわいやかわいや舌切られて」

っておじいさんが言うし、

「よう来ておくれた《くださった》」

と雀は言うし、大ごちそうをしてもろうて、雀の踊りやら珍しいもんを見せてもろうたって。

「まあ、雀や、晩になったさかい、いぬる《帰るよ》ぜ。おばあさんが案じとる《しんぱいしている》でな」

別れをすると雀は、つづらの箱を二つ、持って来て、

「おじいさん、これみやげにあげるさかい、負うていね《帰れ》や。大きいのがええか、小さいのがええか、どっちでもええすけ《から》、あげる」

そんなに言うので、

「ほな、うら《わたしは》年寄りだすけ《ですから》、小さいのをもらっていぬるぜ」

と、小さいつづらを負うて帰ったたって。

「ばあさんや、もどったじょ。雀がおったわいや。み

やげもろうて来ただぜ。『大きいのがええか、小さいのがええか』言うから、小さいのをもろうて来たわいや」って言って二人して開けてみたら、一分《いちぶ》小判やら何やら、金銀、宝物がぎょうさん《（たくさん）》はいっとった。

「じいさん、お前は小さいつづらをもろうて来て、なして《（どうして）》だいや。こんだ《（こんどは）》、わしが大きいのをもろうてくるに《（くるから）》」

おばあさんは欲をおこして、おじいさんから聞いたとおりに、「舌切雀、来いこい、舌切雀はどこへ行た」と尋ねて行きよった。そしたらやっぱり牛追い殿も、馬追い殿もおったって。そこで、牛のお小水も馬のお小水も飲んだって。それからまた行きよると、竹藪から機織る音が聞こえてくる。

「舌切雀や、ばあさんが来たじょ」

「さあ、よう来ておくれた。早《は》よはいっておくれえや」

言うし、ごちそうも、精出してよばれて、帰る時がきただって。

「あの、おばあさん、みやげあげようと思うが、どっちがええや」

「ほな大きいのをもろうていぬるわ」

「おばあさん、ほな、道の狭え所で開けて見いや」

「へえ、そがするわいや」

おばあさんは大きな重たいつづらを負わせてもろうて去《い》によったけど、道が狭うなった所で開けて見ただって。そしたらまあ、中から、蛇やらとかげみたいなもんやら化け物が出て来てとびついたさかい、おばあさんは何も覚えんようになってしまった。

そがいだったとやあ。それで、嘘と欲とは為《せ》られんぜって、話してくれよりました。

――兵庫県美方郡――

夫婦喧嘩がテーマの昔話

「舌切り雀」は、江戸時代中期に赤本（大衆向けの絵入り本である草双紙《くさぞうし》の一種、表紙が赤いことにちなむ）として登場し、江戸後期には、『燕石雑志《えんせきざっし》』（曲亭馬琴著一八一一年刊）や『雛廼宇計木《ひなのうけぎ》』（加茂規清著、十九世紀前半刊行？）に収載されて、「五大お伽噺《とぎばなし》」のひとつと見なされるようになる。明治期には国語教科書にも採用される一方、唱歌や絵本にも描かれて人気を博し続けてきた。

だが、人気の秘密はどこにあるのかを考えてみると意外に難しい。雀が人間の言葉を話し、人間のようにふるまうところか。のりを舐めた罰として舌を切られる残酷な場面か。飛んで行った雀を捜していく途中で出会う人間から奇妙な難題を出されるところか。大きな土産と小さな土産のどちらを取るか、選択を迫られる場面か。それともつづらの中から化け物が出てくる恐ろしい結末だろうか。どれも確かにおもしろい素材ではあるが、決定力に欠ける。他の話には滅多に見られないこの話ならではの特徴、それは夫婦喧嘩がテーマになっている点だろう。

夫婦が登場する話は数多くあるけれども、第十一講の「食わず女房」や第十三講の「蛇女房」のような、人間が人間以外の動物や植物の精霊などと結婚する「異類婚姻譚」を除けば、その大半は夫婦そろって善良だったり欲張りだったりする話である。隣の家の夫婦と喧嘩はしてもわが夫婦の間では仲たがいしない。夫婦のうちのどちらかが愚かなふるまいをしても、もう一方はそれに対して呆《あき》れ返りこそすれ腹を立てることはない。そうした中で本話は、一緒に暮らす雀のことが原因で夫婦喧嘩が起こり、夫は家を出て行くという結構シビアな話なのである（ちなみに第一講「運定めの話」もまた、夫のＤＶが原因で妻が家を出て行くという、夫婦間のシビアな物語である）。

もちろん、絵本を読んでもらっている子どもたちは、これが夫婦喧嘩の話だとは思ってもみないだろうし、読んであげている母親や父親も同じであろう。ちょっと残酷で恐ろしい、スパイスの効いた不思議な物語というのが素朴な第一印象ではないか。けれどもこの後の考察が明らかにするように、「舌切り雀」は夫婦間の葛藤をテーマとする大人の物語として読み解くことができるのである。

話型とモチーフ

ＩＴでは「異郷訪問」の話型群に分類され、85「舌切雀」として登録されている。①婆による雀の舌切り、②爺の追跡と試練克服、③異郷における雀との再会、④手土産による幸福の獲得、⑤婆の異郷訪問と不幸な結末、といったモチーフ構成を取るが、川上から香箱に入った雀が流れてくるモチーフを発端に持つ類話もあり、柳田はこの点を重視して、本話も「桃太郎」や「瓜姫」と同じ神霊的な「小さ子」来訪の物語が起源と見た。

ＡＴによって世界の昔話と比較対照してみると、ＡＴ480「泉のそばの糸紡ぎ女たち、親切な娘と不親切な娘」が部分的に対応する。ただし、「旅の出発」「報酬」「親切と不親切」などの、試練や選択のモチーフに限られており、話型全体としての類似性は高くない。

ところで、朝鮮半島や中国をはじめ近隣のアジア諸国・諸地域の昔話は通常、兄弟同士が争う「兄弟葛藤型」を取る。これに対して、日本の場合、大陸と同じ「兄弟葛藤型」を取る奄美・沖縄を除いて、正直者の爺と隣の家の欲張り爺が争う「隣人葛藤型」（「隣の爺型」とも呼ばれる）を取る。そうした中にあって、「舌切り雀」は爺と婆が争う珍しい形であるが、「隣人葛藤型」の変形と見なされ、「隣の家の欲張り爺」の役割を婆が担っているという解釈も成り立つ。日本において「隣人葛藤型」が、韓国・朝鮮や中国において「兄弟葛藤型」が、それぞれよく見られる背景については、後ほど改めて考えることにする。

「腰折れ雀」との関係性

雀が人間に恩返しをする話として他に、ＩＴ365「腰折れ雀」がある。そのあらすじは以下の通り。「心優しい婆が傷ついた雀を見つけて介抱してやると、元気になった雀はお礼にひょうたんの種を運んでくる。

婆がその種をまいて育て、実ったひょうたんを開けてみると、中から尽きることなく米が湧き出て、豊かに暮らすことができるようになる。隣の欲深い婆がまねてわざと雀を傷つけ、介抱して放すと、雀は同じように種を運んでくるが、実ったひょうたんの中からはさまざまな毒虫があふれだす」(『ハンドブック日本』一一二頁)。

「腰折れ雀」は、鎌倉期の説話集『宇治拾遺物語』に見られ、文献への登場は「舌切り雀」よりも数百年古い。この話の核心は、「鶴の恩返し(鶴女房)」や「狐女房」と同じく、怪我の治療・介抱に対する動物の報恩(恩返し)のモチーフにあると考えられ、「舌切り雀」における異郷(異界)訪問やその途上における試練克服のモチーフは含まない。このことから、「腰折れ雀」は雀が主人公の「異類来訪譚」ないしは「動物報恩譚」であり、一方「舌切り雀」は爺が主人公の「異界訪問譚」であると見なせるだろう。

海外に目を転じると、「腰折れ雀」の類話は、雀の代わりに燕が登場する兄弟葛藤譚「ホンブとノルブ」として有名な韓国の類話を始め、アジア諸国・諸地域に分布しているが、「舌切り雀」の方はほとんど見られない。ただし数少ない例外として、ミャンマーに類話がある。『通観　研究篇1』より、韓国の「腰折れ雀」類話と、ミャンマーの「舌切り雀」類話のあらすじを挙げておく。

(韓国、慶尚北道金泉市)貧しい弟が蛇に襲われて傷ついた燕を助けてやると、翌春燕は瓢箪の種を落としていく。種をまくと、五つの大きな実がなり、実を割ると、米、金、仙女、材木、大工が現われて大工が家を建てる。欲深の兄が話を聞き、わざと燕を傷つけて世話をすると、燕は同じように種を落としていき、三つの実がなる。実を割ると、鬼が出て兄を打ち、借金取りが出て家財をさらい、汚水が出て家を沈める。兄は弟に助けをもとめ、弟は兄に財産を半分与えて仲よく暮らした(四二三頁)。

（ミャンマー、ヨー地方）爺が雀をかわいがっていると、隣の婆が雀に毒を食わせ、雀は森へ帰る。爺が雀を尋ねていくと、雀はごちそうしてもてなし、みやげの包みを選ばせる。爺は小さいほうを選び、家に帰って開けると金銀が出る。隣の婆はガウンバウンを被って爺に化けていくと、大きな包みをもらって帰り、注意を守らず途中で開けると、三匹の鬼が出て婆を食い殺した（八六頁）。

以上より、アジア各地で伝承されていた「腰折れ雀」系の話が中世までに日本に入り、近世になって本土において、動物の「来訪」から人間の「異界訪問」へと核心モチーフをシフトさせた「舌切り雀」が誕生したという仮説が一応は成り立つ。ただし、前述したように柳田は、「腰折れ雀」との共通点は「雀」の一点にすぎず、「舌切り雀」の原型はむしろ「桃太郎」や「瓜姫」と同系の小さ子譚に求められるとしており、決着はつけ難い。現時点では、「腰折れ雀」系異類来訪譚と「桃太郎」系小さ子譚、二つの話型群を源流として成立したと解釈しておきたい。

兄弟葛藤と隣人葛藤

アジアの中にある日本は、当然のことながら近隣のアジア諸国・諸地域との長い文化交流の歴史を持つ。昔話も例外ではなく、日本の昔話によく似た話を韓国や中国の昔話集に見出すことは思いの外に多い。ところが、際立った対照性を示す事例もある。その一つが先ほども述べた、アジアの諸外国や奄美・沖縄では兄弟葛藤譚が多いのに、日本の本土では隣人葛藤譚が多いことであり、しかも爺と隣の爺の葛藤というパターンが多いことである。老人（爺と婆）が主人公となるという特徴については次講「こぶ取り爺」で考察することにして、ここでは「兄弟葛藤」と「隣人葛藤」に絞って考えてみたい。

韓国の昔話に兄弟葛藤譚が多い理由として、崔仁鶴は、韓国では親の遺産管理について長子に絶対的所有権があることを指摘する。「これは長子相続を建前にする韓国の社会構造的な問題でもある。それゆえに昔話において兄は欲が深く、金持ちに描かれており、弟は善良で貧乏ではあるが、最後には逆転し金持ちになるという風に描かれている」(『ハンドブック世界』四〇頁)。しかし、事情は日本も同様ではなかったろうか。つまり、本家分家制度の下に、長男が財産のすべてを継承して本家を名乗り、次男以下の弟たちは分家をするか家を出るしかなかった。したがって、金持ちの兄と貧乏な弟という図式は共有されてもよく、もう少し別な要素を考えてみる必要がありそうだ。

ところで、日本の古典文学において隣人葛藤譚が見られるようになるのは、十二世紀末から十三世紀前半にかけての成立とされる『宇治拾遺物語』あたりからであり、それ以前は、奈良期に編纂された記紀神話の「八十神《やそがみ》とオオクニヌシ」や「海彦山彦」をはじめ兄弟葛藤譚が多い。隣人葛藤譚が見られるようになった背景について稲田浩二は、「中世から近世にかけて、昔話が次第に幼童をよい聞き手として成熟する中で、成熟し固定してきたことに深くかかわっているためと考えられる。くり返しによる主題の強調は児童文芸の方法として有利であり、幼童に歓迎されるからである」(『事典』六五三頁)として、この時代以降、昔話が幼い子ども向けに語られることが多くなったことが関係するのでは、と推測している。しかしながら、くり返しによる主題の強調という意味では、兄弟葛藤であっても事足りるわけで、隣人葛藤へと変化した決定的な要因とは言い難い。やはり中世において相続制度をはじめ家族制度や社会組織における何らかの大きな変化があったのか、あるいは他の要因があるのかどうか、今後の検討課題と言えよう。

ちなみに、奄美・沖縄において兄弟葛藤譚をはじめ「アジア型」の昔話が多く見られるのは、当地における説話伝承の骨格が出来上がったとされる中世（十三～十六世紀）の琉球王朝時代において、日本の本土よりもアジア諸外国との交易や文化交流の方が盛んだったためと考えられている。

雀と燕の処遇の違い

アジアの昔話の中で、日本の昔話が際立った特徴を見せるものがもう一つある。それは「雀」が出てくる話が多いことである。

前出の韓国「ホンブとノルブ」をはじめ、朝鮮半島や中国の類話は「燕の恩返し」話となることが多い。また、ベトナムの類話では、烏や鷲がその役割を担っている（『通観　研究篇Ⅰ』四二一―四二三頁）。ところが、同じ話型に分類しうる話が、日本では「腰折れ雀」となる（ただし、西日本の日本海側では燕となる類例も時折見られる）。そして雀が活躍する昔話は、他にも「雀酒屋」、「雀孝行」、「雀の粗忽」、「雀の仇討ち」など数多い。雀は、稲を食い荒らす害鳥である一方で、害虫を捕食してくれる益鳥でもあり、農民にとって最も身近な鳥と言える。そして昔話の中では、善人には幸福を、悪人には不幸をそれぞれもたらす、穀物の霊性を宿した「穀霊神的存在」として登場する（堀内洋子「雀」、『事典』四八四頁）。

これに対して燕は、日本の昔話に登場することは少なく、雀と一緒に登場する「雀孝行」や「雀の粗忽」などでは、親の危篤にもかかわらず美しく化粧をしてから親の元へ行ったため、親の死に目に間に合わず、その罰として、燕は穀物を食べることも巣作りに藁を使うことも禁じられて、土で巣を作り、虫を食べるようになったと語られる（『ガイドブック日本』二四三頁）。日本も韓国・中国も、水田稲作農耕を農業の中心においてきたため、その生態において稲や稲作と深い関係を持つ雀や燕とも、きわめて親しい間柄にあった点で共通するはずである。にもかかわらず昔話の世界で際立つ雀と燕の処遇や重要度の違いは、何に由来するのであろうか。筆者もまだここに記せるような明確な答えを持っていない。この謎もまた、本書を読まれた方にぜひ取り組んでいただきたいテーマである。

牛追い殿や馬追い殿の出す無理難題

江戸時代の赤本、明治時代の教科書や読み物本、そして戦前・戦後の絵本版と、出版物の中ではたいてい削られているが、語り継がれた昔話の中ではほとんど欠かさず、雀を捜して行く途中、爺と婆は牛追い殿（牛飼い）や馬追い殿（馬飼い）に出会い、雀の居場所を教えてやる代わりに牛や馬の小便を飲めという無理難題を出され、これに応じる。子どもたちが聞いたら「ゲエーッ」と言うだろうこの場面は、いったい何を意味するのだろうか。

稲田和子によれば、「難題があるのは関東地方以西の伝承で、きたない、不可能な課題を特徴としている。牛・馬などの血、大小便、洗い水を飲食すること、薪、大根、ニンジン、鋸、天秤棒、おしめの洗い汁を飲む、竹切り、肥播きを手伝うなどの種類がある」（稲田「舌切り雀」、『事典』四二四頁）という。

こうした難題モチーフの意味について、「その汚さや大きさ、量の多さのためにとても不可能と思われるものを飲み食いするというもので、それらを克服していく爺の姿はひたむきで、雀に対する愛情に満ちている」（『ハンドブック日本』一二九頁）、「爺さんの雀への愛情の深さと、婆さんの欲の深さとがかえってくっきりと語り分けられて、聞き手の心に届くようになっています」（『ガイドブック日本』一二六頁）といった形で、爺と婆の心根（人格）をよりくっきりと示すための道具立てとして用いられているという解釈がまずは成り立つだろう。

あわいの世界の出来事

これに対して、稲田浩二は、舌切り雀が逃げ帰った先を、竜宮や地下の鼠の浄土などと同じ、「この世の人間社会とは異質の法則、異質の時間が支配する世界」である「異郷」としてとらえ、浦島太郎が亀の背に乗って目をつぶったように、「訪ねる爺婆は、異郷の愛する養女（＝舌切り雀…筆者注）のもとへおもむくための試練にあわねばならない。『舌切り雀』の援助者は……パスポートに試練を用意したのである」（稲田『昔話の時代』筑摩書房 一九八五：一四一頁）として、異郷（異界）を訪問するためのパスポートがこの難題だったと見ている。

一方、筆者は馬追い殿や牛追い殿がいた場所に注目してみたい。彼らがいたのは、爺や婆が暮らす人里と、雀が逃げ帰った林の中の竹やぶの中間点、人間界と異界との境界域である。このように属性のあいまいで過渡的な空間を、カナダの民俗学者ピーター・ナーヴェスは「リミナルな空間（liminal space）」と呼び、この空間に住まうリミナルな存在こそ「妖精（fairy）」であると規定した。英国スコットランドの民俗学者リザンヌ・ヘンダーソンとエドワード・カウワンは、ナーヴェスの学説を踏まえて、リミナルな世界を空間概念のみならず時間概念にも発展させた。この世界は昼と夜、夏と冬、生と死といった、対照的な二つの時間（帯）からなっており、時間Aから時間Bに移行する際、あいまいで過渡的な時間（帯）を通過することになるが、これを「リミナルな時間」と呼ぶことができる。具体的には夕暮れ時や夜明け前、春や秋（お彼岸）、胎児・乳幼児期（子ども期）や死亡前後（老年期）である。そして「リミナルな時空間」において、妖精をはじめとする超自然的な力を持つ不思議な存在が活躍すると彼らは見た。

この「リミナル」に対応する日本語として筆者は「あわい」という言葉を用いる。本話「舌切り雀」においては爺や婆が馬追い殿や牛追い殿と出会った場所は「あわいの世界」であり、馬追い殿や牛追い殿こそ

「あわいの存在」であると見なせる。本話の他にも、異界訪問譚や異類来訪譚には必ずと言っていいほど、「あわいの世界」やそこに登場する「あわいの存在」が重要な役割を果たす。それによって、物語のファンタジー性はより立体的となり、聞き手や読み手の想像力をより一層かきたてる効果を生んだと考えることができる（詳しくは鵜野『伝承児童文学と子どものコスモロジー』昭和堂二〇〇九／二〇一四：一六二－一六五頁および二〇七－二一四頁を参照のこと）。

糊《のり》を舐《な》めることと舌を切ることの意味

次に、おそらく読者の多くが抱くであろう疑問、何故お婆さんは糊を舐められたぐらいで雀の舌を切ったのか、という点について考えてみたい。今日の日本において、日常生活の中でイメージされる「糊」とは接着用であり、スティック状かチューブに入ったジェル状のものしか思い浮かばないであろう。年配の方であれば、ふすまや障子の張り替えの時に水で溶いて使う、ビニール袋に入ったジェル状のものが思い浮かぶかもしれない。だが、ここでの「糊」はそうではない。石井正己によれば、本話において婆が雀に煮て作るよう命じた「糊」とは、洗濯した後に、布地の形を整え、張りと艶を出すために用いられる、いわゆる「洗濯用糊」のことである（石井『桃太郎はニートだった』講談社二〇〇八：一二六頁）。

したがって、小さじ一杯程度の量ではない。しかも糊の原料は米であり、庶民にとってたいへんな貴重品だったが、それを雀は全部舐めつくした。また、洗濯して糊づけする仕事は、炊事や機織りと並ぶ、庶民の女性にとって最重要の日課だったが、雀はこれを疎かにした。さらに、雀は最初のうち嘘をついて自分が舐めてしまったことを隠そうとした。言わば、二重三重の過ちを雀は犯してしまったのである。だからこそ婆は激怒し雀の舌を切ったのだ。「舌を切る」という行為は言葉を奪うことであり、命を奪うことをも意味していると石井は言う。つまり、婆は雀を殺そうとしたと読み取ることができるのである。それでは、婆の殺意はただ一時の激情に駆られてのものだったのか。そうではないところに本話の隠れたメッセージを見出すことができる。

一夫多妻制の反映

北陸や北近畿の類話に、雀ではなく人間の娘が爺婆と三人で暮らしていた、とはじまるものが見られる（稲田浩二『伝承の旅　日本列島と東アジアの昔話を訪ねて―』京都新聞社一九八二：五七-五九頁）。娘が糊を舐めつくしたために婆が怒って娘の舌を切る。すると娘は雀の姿に変わり、飛んで逃げていく。その顛末を聞いた爺は雀になった娘を探す旅に出て、その後は通常の展開を取る。稲田はこの類話を、「鶴女房」と同様、かつて爺に助けてもらった雀が恩返しをするために人間の姿で爺の前に現れたものと見ている。けれどもここでは別の解釈を行ってみたい。つまり、第五講で紹介した「双系的一夫多妻制」の反映を、本話にも見て取ることができるように思うのである。

二人の妻を持つ男が、ある事情の下に三人で同居することになった。夫が寵愛する後妻を先妻が嫉妬に駆られて虐め、後妻は家を出る。夫は後妻を捜しに出かけ、再会して歓待され、その後をつけてきた先妻は後妻に復讐される――。以上のような三角関係の愛憎劇として読み解くことは、第一講で注意を喚起した「似非フロイト派深層心理的解釈」と変わらないではないか、との批判も出てこよう。

ただ、筆者としては、日本の隣人葛藤譚のほとんどが「隣の爺型」であるのに対して、本話は例外的に「爺と婆の葛藤」になっている点を重視したい。しかも、「かわゆうてならん」と泣き出し、「どうしてそがなむごいことをした」と婆に迫る爺の雀に対する思い入れは、「寵愛」の名にふさわしい偏愛ぶりである。

これらを勘案する時、語り手の心の奥底において、本話を「一夫多妻制」もしくは「妻妾制」がもたらす愛憎劇とみる意識が働いていたことが推測されるのである。ちなみに、爺と婆の葛藤譚となるもう一つの話型「蟹息子」（IT 142）にも同様の趣向がうかがえる。

①子のない爺が池で蟹を飼い、次郎と名づけてかわいがる。
②爺の留守に婆が爺の口まねで蟹をおびき出して煮て食い、甲羅をたで畑に捨てる。
③爺が次郎を捜していると烏が、身は婆が食べ甲羅はたで畑に、と鳴き、爺は次郎の甲羅を見つけて悲しむ。

（『通観』28：二九四頁）

この「蟹」はいったい誰を暗示しているのだろうか。

「嘘と欲とは為《せ》られんぜ」の真意

本話の最後に添えられた教訓、「嘘と欲とは為られんぜ（嘘をついてはいけない、欲張ってはいけない）」は、幼い子どもに対するメッセージとして分かりやすい。だが、これまで見てきたように、その真意はもっと生臭い夫婦関係に根ざしたものであるように思われる。少なくとも、善良なお爺さんと欲張りなお婆さんの単なる諍《いさか》い話ではない。おそらくかつての「語り爺さ」や「語り婆さ」は、幼い頃に聞いたこの話の持つメッセージの真意に、結婚し子どもや孫ができて自分が語る立場になった時はじめて気づいたに違いない。それによって本話は、何世代にもわたって語り継がれる「生命力」を獲得することになったのだろう。

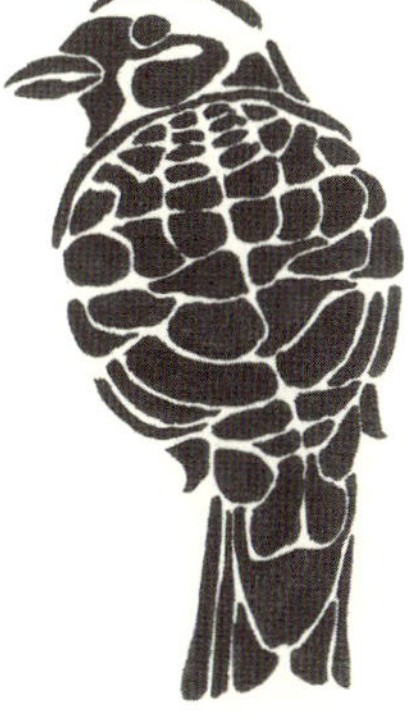

第十講「こぶ取り爺《じい》」――老人――

昔むかしあるところに、額《ひたい》にこぶのあるじいさまが二人もあったどさ。こぶというのが、握りこぶしほどもあるものだったから、目ざわりではあるし、何よりもみっともなくてたまらん。二人は顔を見合わせるたんびに、「何とかならねえかのう」と歎《なげ》いていたが、「ひとつこいつを取ってもらうべ」と相談して、山奥の神さまに参ったと。

「どうぞこぶを取ってたもうれ」

と願《がん》をかけた。

夜ごもりをして拝んでいるうちに、ま夜なかごろになって、遠くの方から、なんだかふしぎな音が聞こえてきた。それがだんだんとお宮の方へ近づいてくるから、きき耳をたてていると、にぎやかな笛太鼓の囃《はや》しになって、はや一の鳥居のあたりまでやって来た。

トレレ　トレレ　トヒャラ　トヒャラ

ストトン　ストトン

囃しがいよいよすぐそばに来たので、「ああ気味が悪いのう、いま時分、神楽《かぐら》でもあるまいに」とじいさまたちは本殿の脇に小さくなってかがんでいた。するとお社《やしろ》の戸がガラリとあいて、天狗どもが五、六人もどかどかとはいって来た。そっとのぞいて見てみると、どれもこれも身の丈《たけ》は六尺ほどあり、赤ら顔がてらてら光る鼻高どもだ。それが広い本殿にどっかり座って、笛や太鼓で、

トレレ　トレレ　トヒャラ　トヒャラ

ストトン　ストトン

と始めた。なかなか囃しはうまいのだが、しばらくするうちに、囃しばかりで舞手のない神楽には、天狗どももあいたとみえて、「おぬし、舞え」「いや、おぬしこそ」とたがいにすすめ合っていたが、どうしたわけか、舞のできる天狗はいなかったと。

「誰も舞わんとは情けない」と、天狗の一人がいまいましげに脇《わき》を向いた拍子に、じいさまがひそんでいるのを見つけた。

「なんだ、こげな（こんな）ところに人間がいたのか。そんなら

早く舞を舞え」

と、ずかずかやって来て、一人のじいさまの腕をぐいとひっぱり、天狗どもの輪のまん中に突き出した。

じいさまは、こわいのだけど、その囃し方がいかにも面白かったので、その調子に乗せられて、思わずからだがついていくようで、手が動きだし、足が上がって、こんな歌をうたいながら踊りだした。

くるみはぱっぱ　ぱあくずく
おさなきやぁつの　おっかぁかぁの
じゃあるるぅ　すってんがぁ

これを三べんくり返して、酔うたように何もかも忘れて舞《も》うた。天狗どもはやんやと喜んで、熊のような手を叩いてじいさまをほめそやし、みんなでこう言った。

「いかにも今夜は堪能《たんのう》した。だがお前の額の大こぶのために、面《めん》のつくりがよく見えねえ、せっかくの舞がだいなしだ。ひとつこぶを取ってやろう」

天狗の一人がじいさまの前に来て、じいさまの額のこぶをブチリと取ってしまった。ふしぎにきれいに取れてあとかたもないと。じいさまは急に頭が軽く、晴ればれしたから、喜んで引きさがった。

「さて、次はお前の番だ」と、もう一人のじいさまが、円座の中に突き出された。「さあさ、お前も舞ってみろ」と天狗どもは囃し始めた。

トレレ　トレレ　トヒャラ　トヒャラ
ストトン　ストトン

けれどもこのじいさまは、あんまり恐ろしゅうて、からだががたがたふるえ、膝がどうにも伸びなかった。だが天狗どもにせきたてられ、舞わぬのも恐ろしい。仕方なしにこんな歌をうたいながらからだを動かした。

ふるきり　ふるきり　ふるえんざぁ
こうさあめの降るときは　いかにさみしや
かろらんとも　すってんがぁ

せっかくの歌も、声がふるえて歯がガジャガジャ鳴っているのでは、さっぱり聞けたもんではない。おまけに調子が低いので、陽気好きの天狗どもは顔をしかめて、「もう少し張りきってやれ」とどなった。じいさまは、いよいよ縮みあがり、とうとうその場に尻もちついて、ワアワアと泣きだした。天狗どもは、さんざん機嫌を悪くして、

「この臆病じいが。それほどおれたちの顔がおかしいかい。せっかくの神楽を泣きつぶしてしまって。お前

のような芸なしの顔は二度と見たくねえ。このこぶでも持って帰れ」
と言ったかと思うと、先ほどのじいさまから取ったこぶを、今度のじいさまの鼻の上にぶっつけた。じいさまはあわてて顔をこすりまわしたがもうおそかった。

もとからのこぶの下にまた一つ大きなこぶができて、
全くおかしな顔になってしまったと。
とっぴんぱらりのぷう。

――岩手県北上市――

隣の爺さんはなぜひどい目にあったのか

「こぶ取り爺」の話をはじめて読んだのがいつのことだったか憶えていない。だが、誰かに語ってもらって聞いたのではなく、絵本か読み物本を自分で読んだことは確かである。その時、（隣のお爺さんはどうしてこんなひどい仕打ちを受けなければならないのだろう）という、割り切れない思いを抱いたことを憶えている。同じ「隣の爺」譚でも、「花咲か爺」のように犬を殺したり臼を燃やしたりという明らかな悪事を働いたわけではない。ただ、自分と同じようにこぶをつけていた隣のおじいさんがこぶを取ってもらえたと聞いて、自分も取ってもらおうと思っただけで、うたや踊りが下手だったにすぎない。あんまりじゃないか。幼心にそう感じていた。

そもそも、こぶをつけているということは何を意味するのだろうか。そしてこの話は、聞き手にどんなメッセージを送ろうとしているのだろうか。有名な話でありながら、どうもすっきりしない、ぼんやりとした違和感が残る「こぶ取り爺」の本質に迫ってみたい。

話型とモチーフ

額にこぶを持つ二人の男がこぶを取ってもらおうと願掛けをし、夜になって現われた天狗に、一人は上手に歌い踊れたのでこぶを取ってもらうが、もう一人は上手にできなかったために腹を立てた天狗にさらにもう一つのこぶをつけられてしまう。ITでは「授福」の話型群に分類され、47「こぶ取り爺」と登録されている。ITのモチーフ構成を挙げておこう。

①頬にこぶをもつ爺が雨宿りに木の洞《ほら》へ入っていると、現われた鬼たちが踊り、爺もつられていっしょに踊る。
②鬼は、明日来て踊るまで質に預かる、と爺のこぶを取る。
③こぶをもつ隣の爺がまねて行き下手に踊ると、鬼は、もう来なくてよい、と預かった先の爺のこぶを付ける。

（『通観』28：二五一頁）

全国に分布が広がっている類話の、モチーフの多様性を確認しておくと、まず爺のこぶのある位置は、頬のことが多いが、額という場合もある。爺たちのこぶを取ったり付けたりする異類は、多くの場合天狗か鬼だが、奄美ではケンムンと呼ばれる妖怪の一種とされる。また本テキストでは、こぶで顔がよく見えないからという理由で天狗がこぶを取るが、ITのモチーフ構成のように踊りの上手な爺に翌日も来させるために、こぶを「質草」として預かるという理由で取る方がよく知られている。その他に、「ねずみ浄土」（おむすびころりん）のように、落としたおむすびを追って穴の中に入ると、穴の中で天狗またはねずみが踊りを踊っているとする類話もある。

本話の重要なモチーフである唄の歌詞やはやし言葉として、天狗の「天狗天狗三天狗」に爺が「俺をかてて（加えて）四天狗」と付け加えるものや、天狗や鬼の「一ぼこ二ぼこ三ぼこ四ぼこ」に爺が「俺も足して五ぼこ」と付け加える形が多いが、後ほど見るアイルランドの類話において妖精が「月曜、火曜」と歌うのに主人公が「水曜日」と付け加える形に似ている（山本節「瘤取り爺」、『事典』三五四頁を参照）。

古典資料

文献への初出は、第九講で紹介した「腰折れ雀」と同じく、鎌倉時代のはじめに成立した『宇治拾遺物語』に収められた「鬼に瘤《こぶ》とらるる事」である。あらすじはＩＴのモチーフ構成とほぼ同じで、「右の顔に大いなる瘤ある翁《おきな》」が、踊りが上手だったために次の晩も来ることを鬼たちに約束させられ、その「質草」として瘤を取られる。その話を聞いた「左の顔に大いなる瘤ありける」隣の家の翁が自分も取ってもらおうと出かけて失敗する。

一方、『宇治拾遺物語』とほぼ同じ十三世紀半ばに成立した『五常内義抄』十四に見る類話は以下の通りである。額にこぶのついた法師が、山の中の古堂にいると天狗が集まって田楽《でんがく》（田植えのときに田の神を祭って歌い舞ったのが原形で鎌倉時代から室町時代に流行した芸能）を始める。一緒に夜が明けるまで歌い踊って楽しく過ごすと、また遊びに来てほしいからと天狗は法師の額のこぶを取る。家に帰って弟子たちと喜んでいると、これを聞いた隣の里に住む、額にこぶのある入道が、自分もこぶを取ってもらおうとこのお堂に行って天狗たちと踊ったところ、約束を守ったほうびとして質草のこぶを返してやる、と法師から取ったこぶを額につけられ、左右の額に角のように二つのこぶをつけて家に戻る。

真似をした入道は、踊りが下手だったためではなく、約束を守ったが故にこぶを付けられる。つまり、人真似をしたというそれだけでひどい目に遭っている点が注目される。

国際比較

国際的に見ると、AT 503「小人たちの贈り物」という話型が対応する。この話はユーラシア大陸の西の端、アイルランドから東の端の日本まで広く分布している。竹原威滋によれば、ヨーロッパやアラブ世界では、背中にこぶのある男が登場し、東アジアでは頬か額か首筋にこぶのある男になっている。こぶを取ってくれる山の精霊は、以下に類話を紹介するアイルランドや、イギリスやフランスでは妖精、ドイツでは小人、南欧では魔女、北欧では幽霊床屋になっている。KHM 182に登場する「頭の毛とひげを剃る爺」の姿には北欧系の伝承の影響が認められる。また、インドでは天界の舞姫、中国では仙人、蒙古では龍王の家来の鬼、朝鮮ではトケビ、日本では鬼か天狗が登場する。この話は東西どちらから伝播したか定かでないが、シルクロードをたどり東西の伝承はつながれている（竹原『グリム童話と近代メルヘン』三弥井書店二〇〇六：二五〇頁より要約）。

・アイルランド、「ノックグラフトンの伝説」要旨…ラズモアという心根のやさしいせむし男が、ある晩ノックグラフトンの塚のほとりを通りかかると、妖精たちが塚の中で歌っているのが聞こえる。妖精が「月曜、火曜、月曜、火曜」と繰り返すばかりだったので、「水曜日」と付け加えてやると、塚の中に引きずり込まれ、妖精たちに大喜びされる。そして「明日もここに来て一緒に歌ってほしい。約束のしるしに取っておく」と、妖精に背中のこぶを取られる。大喜びで村に帰ったラズモアを見て、もうひとりの心根の悪いせむし男マデンが自分もこぶを取ってもらおうと、ノックグラフトンに出かける。塚の中から同じ歌声が、「月曜、火曜、月曜、火曜」と聞こえたので、「水曜日、お次は木曜、金曜だ」と続けたので妖精の怒りを買い、マデンはラズモアから取ったこぶを背中につけられる（『ハンドブック世界』一〇三頁参照)。

・『グリム昔話集』KHM182「小人の贈り物」要旨…(背中にこぶのある:筆者補足)仕立屋と背骨の曲がった金細工師《かざりや》が旅をしていて、丘の上で爺と小人たちが歌い踊っているのに出会い、誘われて踊りに加わると、爺が包丁で二人の頭の毛とひげを剃り、(背中のこぶを取り)、石炭の山をくれる。二人が宿につくと、髪毛もひげも元にもどり、石炭は黄金になっている。欲ばりの金細工師がもう一度爺のところへ行くと、また毛とひげを剃られ、背中のこぶが二つになっていて、石炭は黄金にならない(『通観　研究篇2』四六頁)。

・韓国、慶尚北道金泉市、要旨…頬にこぶをもった爺が、山へ柴刈りにいき、日が暮れたので、一軒屋で休む。爺が歌をうたっていると、多勢のトケビ(小鬼)が爺を囲んで聞いている。爺が「こぶのおかげで美しい声が出る」と言うと、トケビがこぶと宝物を取り替える。隣村のこぶのある爺がまねをすると、トケビは「だまされて宝物を取られたが、こぶのせいで声は汚れた。こぶを持っていけ」と言って、頬にくっ付けた(『通観　研究篇1』四八頁)。

このうち、韓国・朝鮮の類話については、当地で一般的な「兄弟葛藤譚」ではなく日本と同じく「隣の爺」型となっていることや、十九世紀までの文献資料がないことなどから、二十世紀初頭の日本による朝鮮併合以降に「こぶ取り爺」は日本から伝わり、鬼／天狗がトケビに置き換えられ朝鮮半島に土着化したものという説もある(石井正己『桃太郎はニートだった』講談社二〇〇六:一一九-一二〇頁)。

修験道との関連

以上のように、物語の構成としては国際的な広がりを持つ一方、天狗や鬼が神楽の音曲を奏で、歌い踊るというモチーフは、わが国の独自的な儀礼習俗が反映されていることをうかがわせる。五来重はその背景として「延年」の酒盛りがあるのでは、と推測する（五来『鬼むかし　昔話の世界』角川書店　一九八四：一二一－一三頁）。「延年」とは修験道の山伏の行事の中で、正月の修正会や三月の法華会、六月（または七月）の蓮花会、そして入峰《にゅうぶ》修行の後などに酒盛りをして舞を舞い、験競（舞の巧拙を競う）をする集会である。また、「入峰修行から出峰した山伏は、村人や信者を金剛杖で打ったり、金剛草履で踏んだりして病気を治し厄を落とすが、これも瘤を取るという宗教的咒術にあたるであろう」（同前一六七頁）という。本話のテキストでも、山の神様に祈願したところ天狗が現われたと語られている。山伏は「山の神」の憑依した存在とも見なされ、天狗や鬼のイメージにも大きな影響を与えており、五来の説には肯けるところが多い。

爺が活躍する理由

第九講でも触れたように、近隣のアジア諸国・諸地域と比べて日本の昔話に際立つ特徴のひとつは、爺の活躍である。統計的な数字は手元にないが、お爺さんが主人公となる話型は非常に多い。「昔むかしあるところにお爺さんとお婆さんがおりました」という発端句は、今日では日本の昔話の決まり文句として定着している。稲田浩二によれば、十七世紀半ばに成立した『一休咄』に「祖父と祖母との咄よりしらぬ我なれば」との記述が見られ、「昔話＝爺と婆の話」という認識は、この時期すでに多くの人びとに共有されていたものと考えられる（稲田「爺」、『事典』四〇九頁）。

爺が主人公または重要なワキ役として登場する話として思い出されるのは、九、十世紀頃に成立した

『竹取物語』である。別名「竹取の翁の物語」とも呼ばれており、爺（翁）の役割の重要性が認識されていたことがうかがえる。そして先ほど触れたように『宇治拾遺物語』には、本話や「腰折れ雀」をはじめとする「隣の爺」型の説話が見られる。

以上を踏まえて、昔話における爺の位置づけをめぐる歴史的な変遷をまとめると、十世紀頃までに爺（翁）を主要登場者とする物語が書かれ、『宇治拾遺物語』成立の十三世紀頃には「隣の爺」型の隣人葛藤譚が語られるようになり、そして十七世紀頃までに「昔話といえばお爺さんとお婆さんの話」というイメージが定着したとすることができるかもしれない。

それではなぜ、爺が活躍する話が好んで語られるようになったのだろうか？　あいにく明快な答えはまだ持ち合わせていないが、「語り手 - 聞き手論」の立場から以下のような仮説を提示しておきたい。

鬼頭宏『人口から読む日本の歴史』（講談社　二〇〇〇）に記された歴史人口学の知見によれば、縄文時代の出生時余命（平均寿命）は一四・六歳と推計され（四三頁）、稲作農耕の普及によって人口は爆発的に増加するが、延命化には必ずしも結びついておらず、八世紀の時点でも平均寿命は二十歳を超えていなかった（七五頁）。爺や婆が孫のために昔話を語るという状況は、可能性としてきわめて低い。

十四、五世紀になって、世帯規模と世帯構造が大きく変化し、自立した小農民が多数生まれたことによって、社会全体の有配偶率つまり結婚する者の割合が飛躍的に増加し出生率が上昇する。一方で、十五〜十七世紀における衣食住全般にわたる日常的な生活水準の向上により、死亡率の改善が得られる。その結果、宗門改帳から推計される庶民の平均寿命も十八世紀には三十歳代半ば、十九世紀には三十歳代後半まで伸びる。こうした「長寿化」によって、三世代が一緒に生活し、生業や家事を息子や嫁に任せて爺や婆が子守を担当し、昔語りを行うことが可能となる。その結果、「語り爺」や「語り婆」が聞き手である幼い子どもにとって親しみやすいよう、話の中に爺や婆を登場させた。このように推測することができる。もっとも爺や婆の年齢がせいぜい四十歳代だったことは注意しておきたい。

ただし、すでにお気づきのように、歴史人口学の知見に基づく語り爺・語り婆の発生時期と、「隣の爺」型隣人葛藤譚の普及時期との間には数世紀のずれがある。また日本においてのみ「隣の爺」型が支配的となった理由として、この「長寿化による語り爺・語り婆発生説」だけでは説得力に乏しい。今後さまざまな隣接分野の専門家との対話を重ねながら、この仮説を検証していきたい。

「溶解体験」としての踊り歌う行為

本話の魅力は何といっても、はじめは怖がっていた爺が、笛や太鼓の音に思わず体が動きだし、鬼または天狗と一緒にモノに憑かれたように舞い踊り、歌い続ける、そしてその行為が宿願だった「こぶ取り」につながるという点であろう。

矢野智司は、我を忘れて夢中に遊んだり、美しい音楽に心を奪われた時、あるいは時間を忘れて森を散策したりした時の、「自己と世界とを隔てる境界」がいつのまにか溶解してしまう体験を「溶解体験」と呼ぶ。そしてこの時、自己と世界とを日常生活で経験する以上にリアルで奥行きを持ったものとして感じ、「生命の充溢感」を体験するが、それは幼児教育の創始者と目されるフレーベルが「生の合一」と呼んで自らの思想の柱としたものでもあったと指摘している（矢野『意味が躍動する生とは何か――遊ぶ子どもの人間学』世織書房二〇〇六：一二〇頁）。

鬼や天狗たちと舞い踊り歌う爺もまさに「溶解体験」をしていると言えるだろう。そしてまた、本話の聞き手も、語り手が自在に唱えるお囃子の擬声語や唄の繰り返しを通して、爺の「溶解体験」を追体験することができる。もちろん語り手も然り。「トレレ　トレレ　トヒャラ　トヒャラ　ストトン　ストトン」と、天狗や爺と一緒に、聞き手も語り手も自らのいのちに宿るたましいを弾ませているのである。

『宇治拾遺物語』版の最後に添えられた「物羨《うらや》みはせまじきことなり」の一文が示す通り、本話に「人を羨んではならない」とのメッセージを読み取ることに異を唱えるつもりはないが、ここでは「我を忘れて夢中で遊び、歌い踊ることとの大切さ」という主題の方を前面に打ち出したい。特に聞き手が幼い子どもであるなら、「だから人を羨んではいけないよ」などと教訓をつけるのではなく、ストトンストトンと一緒に唱えて踊りだす、その楽しさが一番だと実感させることを優先したいと思う。

うたに宿るたましい

人びとは古来より、言葉にはたましいが宿っているとする「ことだま（言霊・言魂）」の観念を抱いてきたとされるが、小島美子《とみこ》によれば、同様にうた（唄／歌）にもたましいが宿っていると考えることができ、これを「うただま（歌霊・唄霊）」と呼ぶことができる（小島『音楽からみた日本人』日本放送出版協会 一九九七：一二五頁）。うたには一定の歌詞がついている場合もあれば、「ねんねんよ」「おろろんばい」といった子守唄のあやし言葉のような特に意味のない音声、さらにはハミングの場合もあり、大事なのは連続する音のリズムと抑揚と心地よい響きである。筆者は、西洋音楽でいう「メロディ」を持たない唱え言葉のようなもの、例えば「ちちんぷいぷいのぷい」なども、実際に唱えてみると連続する音のリズムと抑揚と心地よい響きを備えていることから、「うた」に含めて考えている。（尚、民俗音楽学では作者未詳の伝承的なものを「唄」、作者が特定されるものを「歌」として使い分けることが通例であるため本書でもこれに従い、両方の意味を併せ持ったものは「うた」と記すことにする。）

昔話の語りの中にも、唄はしばしば登場する。そして、筆者自身も岐阜県上矢作町での口承文芸調査の際に確認したことだが、話のあらすじは忘れてしまったにもかかわらず、「チンチンカラカラブイブイブイ」に始まる唄だけは憶えているという何人もの方にお会いした。ちなみにこの話とは、本話と同じ「隣の爺」型の「鳥飲み爺」（IT 91）である。あらすじをITのモチーフ構成によって紹介しよう。

・「鳥飲み爺」
①爺が山畑でうっかり鳥を飲みこみ、腹から出たその尾を引くと、鳥の歌の屁が出る。
②爺は殿様に屁の歌を聞かせ、ほうびをもらう。
③隣の爺がわざと鳥を飲み殿様に屁の歌を聞かせようとするが、糞が出て尻を切られる。（『通観』28：二七〇頁）

上矢作町の調査では、「鳥の歌」として「チンチンカラカラポイポイポイ」、「チンチンカラカラブイブイブイ　殿御《とのご》の御福《おふく》をみなもらえ」、「チンチンカラカラブイブイブイ　黄金《こがね》や小壺がザンザラリ」、「チンチンカラカラブイブイブイ　お殿の宝みなこっち」などが聞かれた（鵜野祐介・大橋和華・石川稔子『東美濃の民話・唄・遊びと年中行事』手帖舎二〇〇四：三〇－三二頁）。『事典』に紹介された他の地域における類例も、「あやちゅうちゅう　錦のおん宝おん宝　助かった」「しじゅうからからすっぺらぽん　鴨食てポンどじょ食てポン　のどがこそばゆいチンカンポン」「ひゅうがらぷんぷんひゅうがらぷん　ぴんぴんそこそこにっきりこ　黄金の音もピリリャパラリヤプー」と千差万別で、しかも心地よい（笠井典子「鳥呑み爺」、『事典』六六三頁）。幼い子どもの聞き手たちは話のすじよりもこの唄の部分に反応して、体と心を揺すりながら聴き入っていた。そしてその後何十年も唄は心の片隅にしまいこまれていたのだ。
このように、「唄霊」が昔話「鳥飲み爺」や「こぶ取り爺」にアニマ（いのちの息吹）を与えていたと言えるだろう。

聖痕《スティグマ》としてのこぶ

次に、こぶを持っていることと、こぶを取ってもらうことの象徴的な意味について、三浦佑之『昔話にみる悪と欲望』（新曜社 一九九二）を手がかりに考えてみたい。三浦は、鬼や天狗の前で歌い踊るこぶをつけた爺の姿に、「烏滸者《ヲコ》」と呼ばれる、滑稽なしぐさやふるまいによって人びとを笑わせる〈おどけ者〉の姿を重ね合わせて、次のように述べる。

共同体のなかの、神をよろこばせるヲコなる者として爺は存在する。それが鬼の前に飛び出し鬼たちをよろこばせる力として描かれている。そしてその反面に、「をこ者」は日常においては共同体から弾かれた存在でもあり、それがヲコの滑稽性や馬鹿への零落を生じさせるのである。爺さんの顔についた〈瘤〉は、そうした神（鬼）をよろこばせる呪性と日常から弾き出される負性との二面性を負いつづける者に与えられたスティグマ（聖痕）だったと読むことができるのである。したがって、爺さんがその瘤を鬼に取られるということは、そこに象徴化されたヲコ性を喪失し日常のなかに埋没してゆくことを示してもいるのである（三浦前掲書 二六六頁）。

つまり、こぶをつけていることと、踊り、歌い、モノ狂うことは、ともに「普通でない、特異なこと」

と見なされ、その異質性ゆえに、こぶをつけた爺たちは共同体の中にいる人びとから畏怖と侮蔑、相反する二つのまなざしを投げかけられた。『宇治拾遺物語』版の冒頭部には、「人に交わるに及ばねば、薪を取りて世を過ぐるほどに、山へ行きぬ」と、爺が社会から疎外された存在であったことがはっきりと記されている。そしてこぶを取られるということは、自らが背負っていた「呪性」と「負性」のスティグマ（聖痕）が取り除かれ、「普通の人」になることを意味する。これに対して、新たにこぶをつけられたことは、さらに「負性」のスティグマが刻印され、より一層「軽蔑すべき人」になったことを意味している。

以上のような三浦の解釈は、ヨーロッパの伝承世界に描かれる、背中にこぶのある「せむし男」が、本話型以外の話においても大概、超自然的な力（呪力）を持っていると畏れられる半面、醜い姿として笑いやあざけりの対象にもなっていることからも肯けよう。そして、かつての共同体におけるこうした「異質な存在」に対する人びとの畏怖と侮蔑という二つのまなざしは、「こぶ」に留まらず障がい者全般に対するまなざしでもあったことは疑いなく、今日もなお消え去っていないと言わねばなるまい。

「隣の爺」に対する笑いの苦さ

ここで、三浦の言う「共同体」の側に視点を移してみよう。「溶解体験」によってこぶを取られた爺と、それができずにこぶを二倍にされた爺に対して、村びとたちはどう接したか。答えは言うまでもなく、前者を「自分たちと同じ普通の人」として歓迎し、後者を「ヲコ者」「異形の者」としてあざ笑った。そして最後に語り手は、口には出さずにこう問いかけている。「聞いているあなたも同じでしょう?」

……そこに描かれている馬鹿なふるまいと失敗は、善良な爺のふるまいに向けられた、人びとの驚嘆とねたみの裏返しとしての、軽蔑とあざけりに溢れている。隣のじい《ママ》譚にみられる〈笑い〉とはそういう〈重すぎる笑い〉なのである。それはいうまでもなく、そこに生じる〈笑い〉が語り手（聞き手）自身に向けられたものだったからである（同前 二六九頁）。

「隣の爺」型の昔話に共通する〈重すぎる笑い〉に見られる「苦味」や「毒」は、幼い聞き手に感じ取らせる必要はない。大人になってはじめて気づき、そっと噛みしめればよい。ただし、単純素朴な笑い話ではないからといって、例えば「隣の爺」にもう一度天狗たちのところへ行かせて、今度は上手に歌い踊ることができてこぶを取ってもらえました、などという安直な書き換えを行うことは絶対あってはならない。それでは昔話「こぶ取り爺」に込めた人びとの真意、自分とは姿かたちや考え方の異なる人とともに生きていくこと（異質との共生）は本当に難しいものだという感慨を、次の世代に継承する道を閉ざしてしまうことになるからである。

第六講「桃太郎」の最後に、「みんなちがって、みんないい」という金子みすゞの言葉を引いて、「異質との共生の大切さ」をメッセージとして読み取った。けれども一方で、本話のように「異質との共生や他者とつながることの難しさ」というメッセージを読み取らざるを得ない昔話もある。本講のはじめに記した、「ぼんやりとした違和感」の正体もここにあったのだろう。苦い後味を残す昔話があることに気づく時、私たちは昔話の真の価値に一歩近づけたと言えるのかもしれない。

第十一講「食わず女房」——いのちと食——

むかし、あるところに欲《よく》な欲な父っさんがあっただって。嫁さんをもらっても「嫁の食う飯が惜しいわい。飯食わぬ女がありゃあ嫁にほしい」言うて食わせんようにするけえ、嫁さんはみな逃げてしまうだって。けれどもある晩、いい女房がやって来てな、

「おれは飯をちっとも食わんけえ、嫁へしてごっさらんか《（くださらないですか）》」

と頼むので、これはちょうどうまい話だと、嫁にもらったと。嫁さんは、ほんまに、ちっとも飯を食べんので、父っさんは少し気の毒になって、

「これ、わい《（お前）》もちい《（少し）》と食えや」

と言っても、

「おら、いつも食わんのだけ、食わんがな」

と言って食わん。これほどに食わずにいられまいが、ひとつ屈《かが》んで見てやろうかい、と男は思って、

「かかや《（女房よ）》、弁当入れてごせ《（おくれ）》。おれは今日、弁当を持って山へ行くけ」

と言うて、行ったふりをして、そおっとあまだ《（中二階の物置）》へ上がって見ておっただって。

そうしたところが嫁さんは、山へ行って山鳥を三羽つかまえて、ふく木を三本折ってもどったそうな。それから釜で大飯《おおめし》をたくと、みんな握り飯にして、釜の蓋《ふた》にずらりと並べたと。山鳥を煮て汁をつくると、ふく木を入れてさましたそうな。ふく木というのは香りがいいから昔は汁に入れたもんだと。やがて飯もさめ、汁もさめしたら、髪をほどいただって。そしたら頭の上に大きな口があっただって。嫁さんはその口の中へ、握り飯を一つ入れては汁を一杯うつし、握り飯を一つ入れては汁を一杯うつしして、「ほら食え、ほら食え」と、握り飯をみんな食って、汁もみんな吸ってしまったちゅうわいな。

父っさんは、あきれてしまったが、日が暮れてからそっと下へおりて来た。

「これ、今晩はお前も飯食えや」

「おら、いつも食わんのだけ、食わんがな」。

そこで父っさんはしばらく考えて、

「山鳥三羽にふく木が三本、握り飯なら大釜いっぺえ」

言わはった。すると嫁さんはびっくりしてしまった。すぐに、「こっちのおやじはきょうとい《こわい》おやじだ。こがにしちゃおられん、去《い》なねばなるまい」と思って、

「おら、父っさん、去なあか《帰ろう》と思うけえ、竹負《お》い籠一つこしらえてごっさらんか《くださらんか》」

「ま、去ぬるとなりゃ、こしらえたるわい」

あくる日、父っさんが竹負い籠を一つ編んでやると、

「まあ、ええ《よい》籠をこしらえてごっさったのう。ちょっとはいって座ってみてごっさらんか」

と言うので、言われるままに何気なしに父っさんがはいって座ったら、嫁さんはすぐ、ごおっと負うて立ち上がり、

「ああ、しっとりしっとり重たいなあ、しっとりしっとり重たいなあ」

言いながら、山の奥の方へ登って行くそうな。「はあ、困ったことした。どうしょう。おれがはいらにゃよかったに。どこへこそ負うて行くだやら」と父っさんはこわがっておった。

ところが大木の下まで来ると、嫁さんは籠をおろして小便をしたそうな。そのすきに、父っさんは垂れ下がった枝につかまって木にはい上がった。嫁さんの方は、ついでに一休みしてから、「どっこいしょ」と籠を負うたところが、すかあと軽い。「休んだおかげで楽になったわい」と嫁さんは、どっこいどっこい山奥へはいって行った。父っさんは木からおりると、「あれどこまで去《い》ぬるだろうか、どこから来とったものやら、見たろうかい」と思って、おくれおくれで後《あと》をつけて行ったら、山の奥の竹藪に行き着いた。そこには、くもの子がぎょうさんおったと。嫁さんはくもの化けだったわけだ。

「さあ、お前がた。今日は大けなええ《よい》みやげを持ってもどったぞ。包丁もあるか、切り《まな板》板《ばん》もあるか。大きな男だけ、えっと《たくさん》身があるぞ」

そう言って、嫁さんが籠の蓋をはぐって見たところが、空《から》っぺいだ。

「こりゃ、えらいことをした。どこで逃げてしまったやら。惜しいことをした。まあ、明日の夜《よ》うさはまた行って、取ってきて食わせたる。けど、人間はきょうといわい。『夜うさのくもは、おとつい《一昨日》来い、おとつい来い』って言うが、人間はああいう言葉を知っとるでな、あれが一番きょうといわな」

言うそうな。父っさんはそれを聞くと、「ほんに《本当に》ええこ

とを聞かせてくれた」と、喜んで駆《か》けってもどったと。

もどるとすぐに、村の若い衆を頼んでおいた。

明けの日《（その翌日）》、

「今夜、くもが化けて来るそうなけ、みんな門箒《かどぼうき》かなんぞ持って、集まってごしなはれ」

とふれて回った。みんなが、いろりのへりに集まって待っておると、夜もだいぶんふけてから、いろりの自在かぎを伝わって、大きな大きな、鍋の蓋みたいに大きなくもが、ごっそりごっそりおりて来る。

「ほう、来た、来た。はや《（早く）》、いま言うだ。あのことを、はや」

みんなで、

「夜うさのくもはおとつい来い。夜うさのくもはおとつい来い」

と言って、箒で叩いたところが、くもは恐れてとんで逃げてしまったと。

むかしこっぽり。


——鳥取県東伯郡——

「食べる」紙芝居と子ども

数年前から、年に何度か大阪府内の私立幼稚園で子どもたちに紙芝居を演じる機会があり、その中で毎年必ず一度は演じている作品に、まついのりこ『おおきくおおきくおおきくなあれ』（童心社）がある。いわゆる参加型の紙芝居で、最初小さかったブタや卵やケーキが、観ているみんなの「おおきくおおきくおおきくなあれ」の掛け声によって大きくなるという、それだけの作品なのだが、最後の場面で、上演上の指示には書かれていない演出を、知り合いの紙芝居グループの方から教わって付け加えている。大きくなったケーキを「エアー」のナイフで人数分に切って、お餅を投げるように「エアー」のケーキを子どもたち全員に放り投げて渡し、「さあ、みんなで食べよう」と言って、みんなに「エアー」で食べさせる。そして、「ああ、おいしかった、ごちそうさま」で締めくくる。むしゃむしゃとケーキを食べる真似っこをする子どもたちのうれしそうなこと！

後ほど触れるように、わらべうたの中にも「食べること」が出てくるものがいくつもある。また昔話の世界でも、「食べること」が重要なモチーフとなっている話がいくつもある。その理由は、今述べた、子どもたちの「食べること」への強い関心にあるのではないだろうか。そしてそれは「いのち」への関心にもつながるものであろう。本話を通して、「食といのちの伝え方」について考えてみたい。

話型とモチーフ

ものを食わぬという女と結婚してみると、その正体は大食いの化け物であったという話で、異類の女と結婚するモチーフを核心と見て、「異類女房譚」とすることも可能だが、正体が発覚した後、異類から逃走し、なんとか逃げ延びることができる点を重視して、ITでは「厄難克服譚」の中の「逃走型」に分類され、356「食わず女房」と認定されている。この話型はさらに「Ⓐ蛇女房型」と「Ⓑくも女房型」、二つのサブタイプから成っており、ここに紹介したテキストは後者の「Ⓑくも女房型」である。

前者は東日本に多く見られ、蛇や山姥、鬼婆といった異類の女が正体を現し、男を桶に入れて山へと向かう途中、男はすきを見て逃げ出し、菖蒲とよもぎの茂みに隠れると、蛇はその臭いや汁を嫌がって茂みに入ることができず、あきらめて立ち去るというもので、五月節句に行われる、菖蒲湯に入り菖蒲酒を飲む、よもぎ餅を食べる、菖蒲やよもぎの束を屋根の上に載せたり軒下に吊るしたりする、といった厄除け習俗の由来譚として結ばれる。一方、「くも女房型」の方は西日本を中心とし、夜ぐもを忌む俗信の他に、こちらは大晦日に箒《ほうき》を作り、その晩に火を焚くようになった由来として結ばれており、どちらも年中行事にまつわる昔話として語り継がれてきた点に特色を見ることができる（『ガイドブック日本』九五–九六頁）。なお、古典資料には本話型の類話は見られない。

国際比較

『通観・研究篇1』には、この話型に対応するモンゴロイド諸民族の類話として、韓国・朝鮮や中国のものは紹介されていない一方で、アメリカ‐インディアンのスー族、ミクロネシアのサテワヌ島、メラネシアのパプアのものが掲載されている（四一八頁）。

・アメリカ‐インディアン、スー族…四人兄弟のもとに娘がやって来ていっしょに住むが、ひとことも口をきかない。末弟が隠れてみていると、娘は袋から人間の耳を出して食べる。兄弟が、娘は森の悪霊と知って逃げると、娘は後を追う。長男が鷲の爪を投げて藪を出し、次男が熊の爪を投げて熊を出し、三男が薬袋を投げて谷を出して逃げるが、娘はなおも追う。末弟が婆に頼まれて川を渡してやると、婆は川の水かさを増して娘を押し流す。娘は森へ逃げ、婆の消えたあとに鹿皮のふとんが残っていた。

・ミクロネシア、サテワヌ島…男が魚釣りにいって女ヤニューに出会い、連れ帰る。ヤニューは男の留守に妻と子を食べるが、男が帰るのを見て吐き出す。男は妻に話を聞いて出かけるふりをして隠れ、ヤニューを殺した。

・メラネシア、パプア…男が女と結婚すると、妻は夜なかに魔女になり、外へ出ていく。男が妹たちに教えられて妻を見ると、魔女たちが死の歌トーロアを歌っている。男はトーロアを歌いたくなり、「帰るときは知らせよ」と言って妻を畑へやる。妻がこっそり帰り、夫がトーロアを歌っているのを聞いて呪いをかけると、夫は死に、トーロアを歌いながらアイナロアへの道を旅した。

スー族の話では、「三枚のお札」を彷彿とさせる逃走の場面を持つ他に、鹿の化身と思われる老婆が援助者として登場するところが興味深い。サテワヌ島の話では、妻子ある主人公の男がなぜヤニューを家へ連れ帰ったのかが知りたいところである。一夫多妻制社会なのだろうか。そして、パプアの話に「食べる」モチーフは登場しないが、妻または同居する女が実は恐ろしい異類で、夫または同居する男を殺そうとするという話の展開が共通することから、ここに紹介されているのだろう。

ATには笑い話のジャンルに1373A「食わず女房（Wife Eats so Little）」という話型が認定されており、スペイン、インドの報告例があるが、主人公は、夫の前では食事をしないが実は大食漢という人間の妻であり、日本の「食わず女房」とは話の趣きがかなり異なる。一方、TMIには、F496「大食漢の悪魔」のモチーフを持つ話がアイルランドで報告されている。

ところで、朝鮮半島や中国に類例が見られず、太平洋上の島々の民族やネイティブ・アメリカン（アメリカ・インディアン）に見られるということは、昔話「食わず女房」のルーツがこれらの地域にあること、すなわち「南方起源」を意味しているのだろうか。判断材料となる資料が少ない現状では断定的なことは何も言えないが、第七講「瓜姫」でも触れたように、「ハイヌウェレ型神話」と呼ばれる説話群の元となる神話のヒロインである女神ハイヌウェレが、「食わず女房」に登場する山姥と共通する性格を持っており、この説話群がインドネシアを中心として環太平洋の諸国・諸地域に広く伝わっていることを考慮するなら、「食わず女房」の南方起源説もあながち間違っていないかもしれない。

「ハイヌウェレ型神話」とは何か

吉田敦彦『昔話の考古学』（中公新書 一九九二）によれば、山姥の昔話や女神オホゲツヒメおよびウケモチの神話によく似た、作物の起源神話は、世界のかなり広い範囲に分布しており、「とりわけインドネシアからメラネシア、ポリネシアを経て、南アメリカおよび北アメリカの一部にまでまたがる広大な地域には、オホゲツヒメやウケモチの話と、ほとんどそっくりと言えるほどよく似た神話が流布している」（一四一頁）。インドネシアのセラム島でこの型の神話を採集したドイツの民族学者イエンゼンによって、この神話は主人公の名にちなんで「ハイヌウェレ型神話」と名づけられた。

ココ椰子の木の枝から生まれた娘ハイヌウェレは急速に成長して、陶器の皿や銅鑼《どら》のような宝物を大便として排泄する。九夜続く祭りの中で、毎晩ハイヌウェレが高価な品を集まった人たちに与えるので、気味悪がった人びとは彼女を穴の中に生き埋めにする。娘が殺されたと知った父親は、死体を掘り出して多くの断片に切り刻み、別々の地中に埋めると、ハイヌウェレの死体の断片から、ヤム芋をはじめそれまで世界になかったさまざまな食糧や品物が発生する（同前 一四一―一四六頁より要約）。

ハイヌウェレは、生きている時には大便として宝物を産み出し、死んだ後には自らの身体のかけらから現地の人びとにとっての主食であるヤム芋などを発生させた。これは昔話「山姥の錦」（IT 38）において、山姥の大便を川でもみ洗いすると錦の織物になる場面や、後述する「馬子と山姥」（IT 352）のある類話において、馬子に焼き殺された山姥の黒こげになった死体をすりつぶして作った丸薬が疱瘡《ほうそう》に効くと評判になり、馬子はお金持ちになるという場面、あるいは「瓜姫」（第七講）において、切り刻まれた山姥やあまんじゃくの身体から流れた血によって蕎麦などの茎が赤く染まるという場面を思い出させる。こうして、ハイヌウェレと山姥はともに、食べ物と密接なかかわりを持ち、排泄物で人びとに富をもたらし、さらにバラバラになった死体によって人びとに富をもたらす。

このような「ハイヌウェレ型神話」が生まれた背景には、人間を含むあらゆるいのちを産み出し、食べ物を与え、時には自らの身体の一部を分け与えることでいのちを育て、そして最後にいのちを取り込み、土や水や空気や光に還していくという、大いなる力を持った女神に対する信仰があったのではないかと考えられる。特に、バラバラになった身体の一つひとつが無数の新たな実りをもたらすという発想は、芋や果実などの原始的な栽培法から連想されたものと思われ、イエンゼンはこれを「古栽培民」の信仰と呼んだ（同前 一五三頁）。

そして、日本において原始的な農耕栽培が行われたとされる縄文時代に作られた、女性の姿をした土偶の多くが、意図的に壊されて埋められているのも、殺された女神の身体のかけらから無数の新たないのちが生まれてくると信じた、古栽培民の信仰の証しであろうと吉田は考えている（同前 一七六頁）。つまり、昔話に登場する山姥のイメージには、いにしえの縄文人の信仰が投影していると言えるのである。

「食べられる」昔話その一、「馬子と山姥」

英国イングランドの昔話「三匹のこぶた」、ドイツ『グリム昔話集』の「ヘンゼルとグレーテル」、フランス『ペロー童話集』の「赤ずきん」、ノルウェーの昔話「三匹のやぎのがらがらどん」、ロシアの昔話「ころころパン」……、これらは全て、主要な登場者が食べられたり、食べられそうになったりするモチーフを含むヨーロッパの昔話であるが、いずれも絵本になり、日本の幼い子どもたちにもよく知られた話である。一方、ヨーロッパのものほど知られてはいないが、日本にも同じモチーフを含む昔話はいくつもある。ここからはその中からタイプの異なる話を三つ取り上げて、そこに投影された人びとのいのちに対するまなざし、死生観について考えてみたい。

最初に取り上げるのは、ITにおいて本話「食わず女房」と同じ「厄難克服―逃走」の話型群に登録されている「馬子《まご》と山姥」（IT 352）である。ITのモチーフ構成は次の通り。

①山姥が馬子を襲い、魚や馬の足や馬をつぎつぎにおどし食うので、馬子は逃げだして山姥のすみかに隠れる。
②馬子は山姥のすきをみて焼き餅を取りあげ、鼠の声にまねて山姥を釜の中に誘いこみ閉じこめる。
③馬子が火打ち石を打つと、山姥は、ケチケチ鳥が鳴く、と言い、火が燃えだすと、ドードー鳥が鳴く、と言って眠りつづける。
④熱くなって山姥が許しを乞うが、馬子は焼き殺してその財宝を持ち帰る（『通観』28：三九九-四〇〇頁）。

「馬子」とは馬の背に荷を積んで物を運ぶ仕事をする人のことで、「馬方《うまかた》」とも呼ばれる。馬子が山姥に自分の大切な積荷である魚と、仕事上の相棒である馬を食べられ、さらに自分自身も食べられる危険にさらされながら必死に逃走する前半部と、偶然たどり着いた山姥の棲家で機転を利かせて山姥に復讐する後半部からなるが、後半部において、前項で触れたように山姥の焼け焦げた死体をすりつぶして薬を作るという類話があり、これも「体内に取り込む」という点で「食べる」ことと同じ意味を持つ行為と見なせよう。

山姥の旺盛な食欲は、あらゆるいのちを産み出す「大いなるいのち」としての女神にとって「食べること」が必要不可欠な行為であることを象徴している。そして「他のいのちの体内に取り込まれること＝食べられること」もまた自然の理《ことわり》であることを示している。つまりここには、あらゆるいのちは他のいのちとの「食べる／食べられる」関係において存在しているという、またあらゆるいのちは「大いなるいのち」によって生かされており、いつか再び「大いなるいのち」の元に還っていくものであるという死生観がうかがえる。と同時に、必死に逃走する馬子の姿からは、自分のいのちが終わること、死ぬことに対する恐怖心も、人びとの率直な心情としてあったことが読み取れるだろう。

「食べられる」昔話その二、「狸の婆汁」

次に考察する「狸の婆汁」（IT 335）は、「かちかち山」（IT 531）の前半部にあたるが、独立した話としても全国的に語られている。九州では狸に代わって猿となることもある。

①爺が畑を打っていると狸がからかって邪魔をするので、切り株にもちをつけて生捕《いけど》りにする。
②爺が婆に、狸汁にするよう頼んで出かけると、狸は、米搗《つ》きをてつだう、と言って婆に縄をほどかせ、杵で婆を搗き殺す。
③狸は婆になりすまして爺に婆汁を食わせ、婆の肉食った、とはやして逃げる。
④爺は、よい気持ちがする、と狸をだまして焼け火箸を狸の尻に差しこんで殺す（『通観』28：三八七－三八八頁）。

石井正己は前出『桃太郎はニートだった』（二〇〇八）において、この話から二つの死生観を読み取っている。第一に、「昔話には面白さを追求して、そこを強調して膨らませる場合があります」（同前 八〇頁）として、人びとのグロテスクな関心をそそる素材として死が用いられるとする。誤解をおそれずに言えば、自分が死ぬことは恐ろしいが、他人が死ぬことは「面白い」と感じる「グロテスクな関心」、フロイトのいう「タナトス」（死への衝動や好奇心）をこの話は刺激するのではないだろうか。

そして第二に、この話の設定する時空間においては、「人間と動物はもっと近しい存在で、両者の間には食うか食われるかの葛藤があったのです」、「『かちかち山』の対立は、自然界で生きることの厳しさを伝えている」と石井は指摘する（同前 八〇頁）。つまり、前項の「馬子と山姥」からもうかがえる弱肉強食の掟、他のいのちをいけにえとして自分のいのちは成り立つという法則性から、誰も逃れることはできないのだという、宮沢賢治が童話「よだかの星」や「なめとこ山の熊」で追求したテーマが、この話にもまた内在しているのである。

「食べられる」昔話その三、「孫の生き肝」

もう一つの「孫の生き肝」（ＩＴ46）は、前の二つに比べてマイナーだが、「いのちと食」を考える上で重要なことを示唆している話である。

①嫁の夢枕に観音が、寅の年寅の日寅の刻に生まれたお前の子の生き肝で盲目の婆の目が開く、と告げると、嫁は承知する。
②嫁が子供の生き肝を取って婆の目に付けると、婆の目が開く。

③婆がお腹に包帯をした観音を拝むと、中から孫が現われる（『通観』28：二五一頁）。

ここでは、目を治すために孫の肝を婆の目に貼り付けることになっているが、象徴的には、孫の肉体を婆が摂取すること、食べることで病気を治そうとしたと解釈される。嫁は姑の病気を治すために、観音様の命《めい》に従ってわが子を殺しその肉体の一部を姑に与えたのである。

ここからまず読み取れるのは、血縁の有無にかかわらず子は親に尽くすべしという「孝」の教えであるが、「いのち」という観点から見ると、第九講でも述べたように、子どもはそのたましいがあの世からこの世に移ってきて間もない「あわいの存在」であり、まだ十分にその肉体に定着していない「霊魂不安定期」にあるがゆえに、他の人の肉体にも容易に移っていき、「元気」や「生きる力」を与えることができると見なされていたことがうかがえる。特に、血のつながった子どもの肉体に宿るたましいは年老いた肉体を蘇生させるより強い力を持つという観念もしくは（そうあってほしい）という祈りや信仰があったのではないか。つまり、「孫の生き肝を摂取する」というおぞましいモチーフの背後には、あわい存在としての子ども観と、たましいのバトンタッチによるいのちの連鎖への信仰があると思われる。

「こわい話」が子どもは大好き

さて、何も食べなかった女が豹変し、恐ろしい姿で大飯を食らい、これを知った人間をも食おうと桶に入れて走り出す、この場面こそ本話のクライマックスである。聞き手は桶の中の男と一心同体になって、どうしたら逃げられるだろうかと思案する。そして、垂れ下がった木の枝を見つけ跳び付いて、ほっとひと安心する、そこに至るまでのスリルが本話の生命線と言ってよい。

本講の考察の最初に述べた、幼稚園における筆者自身の紙芝居の実演においても、『くわず女房』(松谷みよ子脚本、長野ヒデ子画、童心社 一九九八)は子どもたちが特に関心を示してくれる作品のひとつである。長い髪を振り分けた女が、頭のてっぺんに開いた大きな口にポイポイと握り飯を放り込むあたりから子どもたちの気配が一変し、ポカンと口をあけたまま食い入るように画面を見つめる。その張りつめた空気は、話が終わって舞台の扉を閉めた後、全員がフーッと大きな息を吐き出すところまで続く。全員ちゃんとこちらの世界に戻ってこられたか心配なので、この作品の後には必ず参加型の楽しい作品を演じるようにしているが、普段と全然違う子どもたちのまなざしに、本話の持っている魅力の強さをいつも思い知らされる。その魅力の秘密を一言で言うなら、「こわい話」が子どもは大好き、ということであろう。そしてこの秘密をはっきりと示しているのが、絵本『おしいれのぼうけん』である。

絵本『おしいれのぼうけん』との共通点

一九七四年一一月に童心社から出版された古田足日文・田畑精一絵『おしいれのぼうけん』は、刊行以来多くの子どもたちを魅了し続け、二〇一二年七月、累計発行部数が二百万部を超えたという(佐々木由美子「読み継がれる絵本 読み継がれない絵本―『おしいれのぼうけん』をとおして―古田足日(児童文学者)氏に聞く」、子どもの文化研究所『子どもの文化 2013 7+8』二〇一三:四二頁)。作者の古田足日は、この本が子どもの心をつかんだ理由について以下のように述べている。

その理由は怖いということ。怖い本なんだということ。子どもは怖いものが好きだということがある。怖くて怖くて嫌なんだけど、一方では怖いもの見たさっていうことがあるように、怖いものを見たい、知りたい、経験したいということがあると思う。その頃までにでている絵本には、そういう怖いものっていうのはあんまりでていなかったんじゃないかな。『花咲山』はでていたけど、その怖さとは違う、子どもの生活の中での怖さや日常生活の中での怖さが、『おしいれのぼうけん』にはあったと思う。

もう一つには、物語の背景には基本的構造や雰囲気に神話的な発想があった。民俗文化的なものというか。これは死と再生の物語ととらえることができる。押し入れに入るというのは、いったん死ぬことでもある。そこで試練を経て、以前とは違う新しい力を獲得してでてくる。あちこちのお寺や神社に、胎内くぐりがある。それとおんなじことを『おしいれのぼうけん』でもやろうと思った。そうした発想のもとを考えるとき、民話的なものがずいぶん子どもに喜ばれるというのがあった。その頃、民話絵本も含めて、民話的なものはたくさんでてきた時期だったけれども、神話的なものに根差したものはあんまりなかったと思う。神話の内容ということではなく、神話的物語構造というか。それを考えた（同前四三‐四四頁）。

インタビューの中で古田は、日常生活の中でのこわさ、神話的物語構造としての死と再生、この二つを理由に挙げている。それは本話「食わず女房」にもそのままあてはまるものではないだろうか。「食べる」という毎日行っていることを、一緒に暮らす妻がしない。その理由を探っていくと、妻が本当は人間ではなく化け物（くも／蛇／鬼／山姥など）だったことがわかり、その化け物に追いかけられる。桶の中に閉じ込められた夫は、死んだも同然だ。そしてようやく化け物から逃れることができ、もう「何も食べない女性」なんてこりごりだと反省し、生まれかわることを決意（＝再生）するのである。ちなみに、古田は作中の重要なキャラクター「ねずみばあさん」を、「地母神でもあり権力でもある」存在として設定したと語っている。

食べることは生きること

最後に、本話に込められたメッセージについて筆者の考えをまとめておきたい。「嫁はほしいが金は惜しい」という吝嗇《りんしょく》（ケチ）な男に対する戒めがとりあえずは挙げられるだろう。だが、語り手の真意は別のところにあるような気がする。男を恐怖へと追い込んだ化け物は、男の機知や耳にした情報によってすべて退治されるか、もしくは退散させられている。「人間の知恵や知識を使って立ち向かえば恐ろしい敵にも打ち克つことができる」、そんなメッセージも読み取れる。

しかし、ジェンダー論の立場から言えば、こうした見方はあくまでも「男の視点」からのものであり、本話そのものが「男が女に勝利する」話である（『ハンドブック日本』一〇八頁）。女性性のシンボルとしての「食欲」を男性性のシンボルである「理性」が克服するという、男性にとって都合のいい話にすぎない、といった解釈も成り立つであろう。この解釈の妥当性がどこまであるかはさておいて、本書の第五講「糠福と米福」や第九講「舌切り雀」でも試みたように、ジェンダー論の視点や家族論の視点からの解釈によって今後、新たな発見がなされることが期待される。

筆者が、今日の子どもたちに本話から感じ取ってほしいと思うのは、「食べることは生きること、生きることは食べること」、これに尽きる。食べることを否定すれば、生きることを否定することになる。けちん坊の男が味わった死の恐怖は、何よりもそのことを物語っている。東日本大震災による原発事故に伴う放射能汚染は、生きることの基本である「食べること」を安心して行えない状況を生み出している。この事故を、いのちの源である「食べること」について真剣に考えることを忘れてしまっている多くの日本人に対する警鐘として受け止める必要があるのではないだろうか。昔話「食わず女房」が、「食べること」と生きること」について子どもたちと一緒に考えるきっかけになることを願っている。

第十二講「雉《きじ》むかし」（鳥食い婆）——いのち・食・性——

むが-す、むがす　あっだけど。

むがす、ある所さ、爺さまど　婆さま　いだけど。

冬のあるとき、屋根に雪、いっぱい積もったもんださげ、

「婆んば、婆んば。きょう、屋根の雪下ろし　するがな。屋根潰《つぶ》れっと悪いさげ」

「そうだなあ、お天気も良いんだし、それじゃ、そうするんだな」

て、爺さま、屋根に上がって、雪下ろしはじめだけど。そうして、返し木（雪下ろしに使う篦《へら》を大きくしたような道具）で、雪下ろし　していたでば、屋根の上に、雉飛んで来たけど。そうすると、爺さま、

「この畜生!」

て、返し木で、バエンて、叩いだら、雉、バタッて、落ぢで来たけど。爺さま、喜んで、

「婆んば、屋根の上で雉しぇめだ《（つかまえた）》。今晩、雉汁だ。なんぼが　うまいんだが」

「ほおう、雉が。そりゃ、なんぼが　うまいべなあ」

「それじゃ、もうひと下ろし　して来るか」

て、爺さま、まだ、屋根に上がって行ったけど。

今度、婆さま　まだ、爺さま夜上《よあ》がりするまで、細工しておぐべど思って、雉の毛コ毟《むし》て、細工して鍋で煮はじめだど。そうしたら、良い匂いして来たけど。こでらんね《（こたえられない）》けど。そうすっと、どんな塩梅《あんばい》か、汁コ嘗《な》めてみだど。そうしたら、うめえのなんので、舌ぺろんこ（が）抜げるほど　うめえど。今度、肉コ食ってみだど。うまいの、なんのって我慢でぎなくて一口が二口、二口が三口て、気がついてみたら、みんな食ってしまてだけど。婆さま、困ってしまたど。爺さましぇめだもの、みんな食ったどなれば、どのぐらいごしゃがれる《（おこられる）》が知れねど思って考えだど。そうすると、我のだいじな所、けづって《（ママ）》、毛コ毟って切って煮だど。そしたら、ちょうど煮えだ所に、爺さま　屋根から下りで来て、

「婆んば、雉煮えだがや。どんな塩梅だや」

て言いながら、濡れだ股引《ももひ》き火棚《ひだな》に掛げで、

「ああ、くたびれた。どれ、雉汁で一杯飲むが。婆んば、どれ、持って来てみろ」

て言って、雉汁食いはじめだけど。そしたら、

「なんだや、この雉。味も良ぐないし、固いなあ」

「ほおう、そうか。その雉、年寄り雉だったんじゃないか」

「そうだったがな」

て、爺さま言ったけど。そうして、その晩、寝でから、爺さま、婆さまの尻に手をやったら、婆さまのだいじな所、無いど。爺さま、

「婆んば、婆んば。大事だ所、どこにやった」

「どこにやったなんて……。実は、これこれこういうわけで、爺さまに申し訳ないど思って、ここを削って、煮で食わせだなよ」

て、言ったら、

「だから、しなこがった《(かみきれなかった)》なだな。この馬鹿もの。俺は、そんなもの食わねだて良がった。こっちのほうが大事だった」

て、婆さま、ごしゃがれたけど。

どんべ　すかんこ　ねっけど。


――山形県新庄市――

戦場で語られた艶話

昨年（二〇一四）七月、日本昔話学会二〇一四年度大会の懇親会の席上、当日行われたシンポジウムのパネリストとして参加された山形県新庄市の語り手、渡部豊子《わたべとよこ》さんがこの話を語られた。渡部さんは、この話は同じ山形県の真室川町出身で、同じ「新庄民話の会」の会員として親しくしておられた新田小太郎さんから聴いたもので、新田さんは第二次世界大戦に出兵し、ニューギニアのジャングルの中で、病気や怪我で動けなくなった兵士を看護しながらこれを語ったと前置きされた。瀕死の状態にある若い兵士たちに所望されて語ったというユーモアに満ちあふれた艶話《つやばなし》（「艶笑譚《えんしょうたん》」「色話《いろばなし》」）が、渡部さんのお国なまりの語り口によって見事に再現され、会場は大きな笑い声と深い感動に包まれた。

「戦争」と「艶話」、「死」と「性愛」、対極にあると思われる両者はどのようにして結びついたのだろうか。この問いを探ることとは、昔話を語ること／聴くことの根源的な姿に迫ることに他ならないと予感している。「雉むかし」という話に出会わせてくださった渡部さん、新田さん、そしてお二人の活動を長く支援してこられた野村敬子さんによって書き留められた文章をひもときながら考察を進めていきたい。

話型とモチーフ

本題に入る前に、型通りに本話の「戸籍」を確認しておこう。本話はIT分類の最後の話型番号1211「鳥食い婆」として登録されている。本話を最後に置いたのは、「トリの話」という、ITの作成者である稲田浩二の洒落心によるものだったか。ITのモチーフ構成は以下の通り。

①爺が、捕った小鳥の料理を婆に頼むと、婆は味見をしていてみな食べてしまう。
②婆が自分の陰部をそいで調理し、爺に食わせると、爺は、うまいがしわい、と言う。

鳥の肉を料理する途中に食べてしまい、代わりに自分の肉を削ぎ取って使うというモチーフが本話の核心にある。ちなみに、「しわい」とは、口に入れた肉などの食べ物がなかなか噛み切れない時に使う、稲田や筆者の出身地岡山県周辺の方言で、「固い」に近いがニュアンスは異なり、適当な標準語が思いつかない。「東北から沖縄まで各地で語られている爺と婆のナンセンスな色話で、どこか奇妙な味わいを持った笑話」（『ハンドブック日本』一五〇頁）であるが、ITでは「形式話」の話型群に分類されている。

「形式譚」とは？

「形式話［formula tales］（もしくは形式譚）」というのは、世界の話型分類の指標であるATにおいても、「動物昔話［animal tales］」「通常の昔話［ordinary folktales］」「冗談と逸話［jokes and anecdotes］」と並ぶ大項目のひとつとして挙げられており、田中瑩《えい》一はこれを以下のように定義づけている。

話の内容にはほとんど意味がなく、言葉や語り方の面白さが興味の中心をなしている話群を総称して言う。（略）形式譚は、語り手の話の種が尽きた時に聞き手の要求をかわすために語られる場合が多いので、その機能上の特徴をとらえて「最後に語る昔話」（とりのはなし）として位置づける見方もある。言葉や語り方が話の興味を形成するその方法に着目すると、わが国の形式譚は大きく、「秀句」（気のきいた言葉づかいの句――口合、地口、しゃれ、語呂など――）によるもの＝秀句譚と、「反復」によるもの＝反復譚（いわゆる果てなし話）とに二分することができる（『事典』三〇五頁）。

この定義から言えば、「秀句譚」でも「反復譚」でもない本話がITにおいて形式譚と認定されたのは、語りの席で最後に打ち切りの話として用いられることが多かったためと考えられる。一方で、本話は語りの最初に皮切りとして持ち出されるしきたりだ、と説明する語り手も少なくないという（稲田浩二編『日本の昔話』ちくま文庫、下巻 一〇二頁）。つまり、話の内容によってではなく、語りの席で最初または最後に本話を語る習わしがあったという機能的な理由によって便宜的に分類されたものと見てよい。

「艶話」とは？

本話を内容的に括ろうとするならば、最初にも述べたように、登場人物の性器や性的行為など「性」や「性愛」にまつわるモチーフを核心とする「艶めいた笑い話（＝艶話／艶笑譚）」もしくは「色っぽい話（＝色話）」のひとつと見なすことができる。有名な話型としてIT780「鶯《うぐいす》の谷渡り」、779「嫁の歯」、1045「下の口も養え」などがある。立石憲利による「色話」の解説を紹介しよう。

昔話のうち好色的色彩をもった笑話の総称。大話《おおばなし》、大口話、だらず話、下《しも》の話などと称せられている話で、多くは愚人譚に属する話である。……色話が話されるのは、若衆宿、村の寄りあい、講、籠《こも》り、酒席など、成年や大人が多く集まる場合である。……色話は、苗取りや田植え、田草取りなど農作業の場合にも話された。色話は田の神が喜ぶといわれ、苗取りなど稲作の場合には豊作をもたらすものとして積極的に話されたが、それは労働の苦痛をもやわらげるものであった。さらに、色話は、神聖な場所とされる神祭りの場合にも話された。……聴衆の興をひくため話されるのではなく、来臨してきた正月の神を迎え、なぐさめるためのものとして話されたと考えられる（『事典』八二―八三頁）。

ここでは、「色話＝艶話」の語りの場として、宴席の他に農作業や神祭りもあったこと、そして労働の苦痛を和らげる目的や、豊穣祈願を目的としても語られてきたことを押さえておきたい。

国際比較

ＡＴでは、1373*B「少女が鳥を食べる。父親に自分の尻から肉を切って与える」という対応話型が登録されており、スペインとプエルトリコの類例があることが紹介されている（四〇八頁）。一方、『通観・研究篇1』には、インド・ベンガル州と、黒海北部‐ガガウズ族の類話が収められている（六五四頁）。

1．インド、ベンガル州　バラモンの妻がその気もなしにえびにケーキをやる約束をすると、夜にえびが来て残っていたケーキを食べる。夫婦はつぎにケーキを作ると、えびを待ちぶせて殺す。夫がえびの料理を頼んで出かけると、妻は全部食べてしまい、代わりに犬の尻尾を出す。夫は味がおかしいのに気づいて妻を問いつめ、妻は白状して殺された。

2．黒海北部‐ガガウズ族　夫が妻に鳥の料理を頼んで出かけると、猫が鳥を食べてしまう。妻が自分の胸の肉を切って食べさせると、夫は満足し、本当のことを話すと子供《ママ》たちを食べようとする。妻が先に息子を料理して娘を逃がすと、夫は怒って妻を殺して食べた。

これらの類話から、「鳥食い婆」の核心となるモチーフが国際的にも広がりを持つことが明らかとなるが、二話はともに、機転を利かせて別の肉を調理した妻を怒った夫が殺してしまうという、本講に紹介したテキストのような「夫婦和合」とは対照的な結末を取っている点も注目されよう。

ただし日本にも、例えば次の福井県鯖江市の類話のように、「夫婦和合」に到らない場合もある。

（前略）……思案のあげくに、自分の股《もも》たの肉を少し切って、おつゆをこしらえたんやて。爺さんは、どんなにかうまいおつゆができているとやらと、わくわくしながら、外から帰ってきたわの。そしたら、婆さんは知らん顔で、おつゆをお椀に入れて出したら、爺さんはちょっと吸いかけて、「この雉汁は、なんと年をとった雉やら、とてもしわくて（固くて）臭いな」って、あとは吸わなんだそうな。そーらいべったり、馬のくそ（稲田浩二『日本の昔話』ちくま学芸文庫　一九九九：下　一〇一－一〇二頁）。

本講テキストにおける、事実を知らせて「俺は、そんなもの食わねだて良がった。こっちのほうが大事だった」と爺に言ってもらえた婆と、福井の類話における、事実を知らせないまま「しわくて臭いな」と爺に言われて自分自身の身体の肉を食べ残された婆、どちらの婆の姿も語りの席を大いに盛り上げたに違いないが、後味がずいぶん異なる。そして、本講の考察の最初に述べた新田小太郎さんが体験された「語りの席」、負傷兵や重病兵を看取る場における本話の語りにおいては、やはり前者の婆でなければならなかったと思われる。前置きが長くなったが、それでは本題に移ろう。

新田小太郎さんと戦場の語り

新田小太郎さんは、大正七年に山形県真室川町に生まれ、昭和十三年に召集、国内での訓練を終えた後、東北四県（青森・秋田・山形・岩手）出身者からなる部隊であったため「雪部隊」と通称された第三十六師団の一員として出征し、昭和十八年二月から昭和二十一年六月までニューギニアのジャングルに留まる。野村敬子『語りの廻廊　「聞き耳」の五十年』（瑞木書房二〇〇八）によれば、「雪部隊戦病死者名簿」には一〇、八五九名の名前が見られ、山形県人部隊の同年兵約二〇〇名のうち、生き残ったのは二、三名であった。「雪国生まれの兵士たちは赤道直下の地で、戦争の敵以外にも病気や飢えと戦って果てたのである。その悽愴な戦いの様子は、今日にも東北四県に残される雪部隊戦没者慰霊碑や巡拝行事などのうえに伝え残されている」（九四頁）。

ジャングルの中の不安は、昼夜の別なく訪れる敵の飛行機からの爆撃、遠い海からの艦砲射撃によって、いつ上陸してくるか分らない見えない敵に対する恐怖として増幅されていった。ワニや大蛇、蚊、毒虫、ヒルなどの自然の敵もいた。そして、食糧不足による体力の衰退のために、動くこともままならず空腹にあえぎ、うずくまる兵士は次々にマラリヤに倒れたという。

そんな中で、兵士たちは誰言うことなく故郷の盆、正月のご馳走の話や、「団子婿」「豆こ話」「ぼた餅は蛙」「焼餅和尚」など、食べ物の昔話を話し始めた。元兵士の陣中日誌にも、「今日も明日も食物の話に日が暮れる。夜も話に花が咲き実が咲き、目がまわり喉が鳴る」と、飢えと恐怖を封じる手段に、話に花を咲かせ、その幻に酔い、気力を奮い立たせたことが記されている（同前 九八頁）。

食べ物の話と並んでよく語られたのが、心身ともに極限状態にある兵士たちが求める強烈な刺激としての、軍隊の中の「因縁話」や「怪談」であった。死んだはずの親や姉妹・上官が道案内をして、敵中から無事脱出したという類の話や、「寝った処さ、いいあねさん入ってきて、顔を覗込むどニカッと笑う」といった女の妖怪が現われる類の話である。

戦局の悪化とトギ（伽）

戦局は次第に悪化していった。その中で、昔話を語ることはより大きな意味を持つようになる。野村の前掲書から、新田さんの野村宛の手紙を引用しよう。

米軍の攻撃が始まった（昭和十九年…筆者注）四月から九月末まで、ニューギニア戦線中最も悲惨な日が続いたのです。飢餓と病魔におかされた兵士達二名、二十名と集め、二ヶ月の間そのほとんどを失いました。四十度以上の熱におかされ親姉妹の名を呼びながら息絶えて行く様子は、まさに地獄そのものでした。一尺掘れば水の湧く湿地帯。湯沸し当番が交代で湯を沸かすのですが、それを待ちきれずに口にします。水を飲めば必ず赤痢にかゝる。赤痢にかゝれば必ず死ぬ。そのような兵士達の中で過したあの時、人は言葉をかけ合いました。言葉がとぎれたら命の灯が消えてしまう。今思出しても毛穴がふくれ上る思いです。黙っていることに耐えられない。兵士の看護役に当っていた自分のためにも、何か言わなければ命の灯が消えてしまう恐怖に、口をつくのは故郷で耳にした物語や怪談・昔話の馬鹿聟話など、次から次へと語っていきました(同前 一〇二頁)。

「おとぎばなし」の語源とされる「トギ(伽)」とは、高取正男によれば、仲間と一緒に夜通し起きていることで、庚申《こうしん》講や日待ち・月待ちの晩のように神霊の示現を願うこと、貴人や病人の傍らに侍《じ》して話し相手になり、夜中眠らずに起きて警護すること、死者の枕頭《ちんとう》に侍して通夜することなどを総称するものであるが、特に戦国時代には、焚火《たきび》を囲んで軍陣を敷く兵士たちの睡魔を払うために語りを行う、半ば職業的な「お伽衆」が出現したとされる(『事典』六四三-六四四頁より要約)。鍛錬班長として病人看護の役を務め、「寝たら死ぬと戒めて必ず昔話に相槌を求め、病人の傍らで自らは身を起こして夜を過したという」(野村前掲書一〇三頁)新田さんは、まさにトギの役割を果たしたと言えるだろう。

「昔話でも語んべや」

通称「雪部隊」において昔話「雉むかし」を語り始めた経緯を、新田さんは渡部さんに次のように語っている。山形弁のため読みづらいかもしれないが、ぜひ読み通していただきたい。

そういう風な状態の中で、今度、俺が病気や怪我で戦争さ出らんねぐなった兵隊、三十八名の患者を一カ所さ集べで、それを監視。鍛錬班ていう兵隊、三十八名を子守りすったわげだ。その時ほれ、岩手県の小鳥吉太郎て言う兵隊よ、耐えらんねぇがったなだべ。もう薬も無ぇもんだし、食い物も無ぇべ。もうほんとに、汚ね話だげんとも、自分の飯盒《はんごう》で、自分の汚物整理したり、それで水飲んだり全部自分の飯盒で。んだがら、赤痢さ罹《かが》んなよ。みんな赤痢だ。マラリヤに赤痢罹ってな。毎日死んで行《え》ぐなだもんだお。

そういう状態の中で、小鳥兵隊が耐えられねぐなって、「昔話でも語んべや」て、言った暗闇の中での一声。俺、それ聞いだ時、ほんとに背筋に何か走るようだ衝撃受けだった。「あっ、それだ！」って言ったなよ。昔語りのする地方の人達だもんだおの。岩手、青森、山形だべ。「昔語りでもすんべや」て、あの艶話（ぼぼの話）語ったのが小鳥兵隊。闇の中で、透視目見だっていうな、あれだったな。「あっ、それだ。すぐ始めっぺ」て言ってな、俺「びっきあねこ」語った。んだぁげ、「びっきあねこ」ていう、あげた短け、つまらぬ話だども鮮明に浮かぶ。それがら、庇さ上がってで、雉しぇめだ話も語って聞かせだ。

二カ月半ばりの間、三十八人収容したわげだども、毎日死ぬなだもの。二人、一人、二人ど。それを、まめだ（元気）人達、穴掘って埋めだなよ。俺一番まめだった。そして穴掘って埋め、夜えなっ《(マヽ)》と昔語りよ」（渡部豊子『大地に刻みたい五人の証言』三弥井書店二〇一〇：八八‐八九頁、傍線筆者、体裁一部改訂）。

昼は死体を埋める穴を掘り、夜は死の床に就いている戦友の傍らで昔話を語る二ヵ月半、その中で新田さんが語った「雉むかし」は、最初に述べたような、本話を語ることの一般的な機能すなわち語りの席を盛り上げるためや、聞き手を笑わせて打ち切りにするための「形式」ばなしではなかったはずだ。

究極の艶話

渡部さんが後を引き継いだ新田版「雉むかし」は、汁を飲んだその晩、床に就いたお爺さんが隣に寝るお婆さんの局部を触ろうとして、その大事なところが無くなっているのに気づき、お婆さんからその訳を聞いて、雉肉を食べられなかったことを悔しがったり嘘をついたお婆さんを怒ったりするのではなく、「そんなもの食わねだて良がった。こっちのほうが大事だった」とお爺さんがお婆さんをいたわる点に特徴を見る。食欲に負けてつい雉肉を全部食べてしまったとはいえ、自分の大事なところの肉を切り取って夫に食べさせようとした妻と、その行為の意味を全面的に理解して、おそらくは傷ついた妻の局部に手を当てて愛《いと》おしんでいるだろう夫、そこには下品な笑いやグロテスクな妄想の入り込む余地のない、究極の艶話としての「性愛」が語られている。

この話を新田さんから聞いた病傷兵たちは何を考えていただろうか。故郷に残してきた妻のこと、恋人のこと、母親のこと、あるいはまだ見ぬ結婚相手のことに思い巡らせる若者もいただろう。前述したように、食糧不足の極限にあって食欲もピークに達していた彼らが、おいしい雉肉よりも年老いた妻の身体の方が大事だと言い切った夫の話をどう受け止めたのか、想像を絶するところではあるが、少なくともこの話が彼らの「心の飢え」を些《いささ》かなりとも満たしてくれる役割を果たしたことは間違いない。

もちろん、戦場における艶話が、このような神々しいまでの性愛を語ったものだけではなかったことは押さえておかねばなるまい。野村はこの点を以下のように指摘している。

軍隊には今日語るもおぞましい部分がある。あくどい、下世話なエログロナンセンスな話柄にはこと欠かない。略奪した女性を、縛りあげた夫の前で犯す話などは、自慢話の一つとして行われた。大岡昇平の『俘虜記』で、おなじみの話型である。これはすでにインド物語集『カターサリット・サーガラ』や、ソロモンの譬話に類話がある。日本にも『今昔物語集』巻二九第二三に、同様の話がある。ますらおが好む古くて新しい話であったかも知れない。また艶笑譚で笑いを招くことが、「その翌日を迎えるための覚醒剤として必要だった」と、いうのである（野村前掲書 一〇四頁）。

このように、兵士たちは下品でエロ・グロ・ナンセンスな艶話を語り合い、笑い合うことで、死の恐怖をつかの間でも忘れようとする一方で、「鳥食い婆」のような話を聴くことで、かけがえのない存在に心を馳せ、その笑顔を思い浮かべることによって迫り来る死を受け容れようとした、と言えるだろうか。

「自分を食べてくれ」との遺言

ところで、新田さんは、恐ろしい飢餓との戦いをめぐる一つのエピソードを自らしたためている。

行軍の途中で食い物がなくて餓死する。最期の言葉が「もうだめだから料理《りょう》ってくれ」というのだそうです。それが遺言です。死んで自分たちの身体を腐らせてしまうよりはみなさんの血とか肉とかになって内地に一緒に帰りたいという願いがこめられてのそういうことなんです。それほど大変な饑餓《（ママ）》行軍だったのです。にわかに奪った米の飯を詰め込んだホーランジャ部隊はバタバタと死にました。倒れた人間の首筋にはたちまち蠅が卵を産み一週間もすると白骨だけになる。健康な人を見ると「うまそうだ」っていう声も聞こえるほどでした。初めの頃、戦病死した兵隊の小指を焼いて遺族に送る準備が進められていました。鉄板の上で焼く小指は焼き肉の匂いがしたんです。泣きながら焼いたって匂いはしたんです(「語り手考　民話と文学　24」より、野村前掲書　一〇七頁)。

「人肉食(カニバリズム)」のモチーフは、前講「食わず女房」でも触れたように、日本および世界の昔話にたびたび登場し、その象徴的な意味をめぐってさまざまな解釈がなされてきた。また実際に行なわれてきた人肉食についても、その動機や目的はさまざまである(詳しくは大西俊輝『人肉食の精神史』東洋出版一九九八を参照されたい)。その中で、「自分を食べてくれ」と仲間の兵士に遺言として懇願したという新田さんの証言は、カニバリズムが、ジェームズ・フレイザーがその著『金枝篇』(一八九〇―一九二五)で提示した「感染呪術」の原理と結びついていることを示すものとしても貴重である。

フレイザーは、呪術的思考を「類感呪術」と「感染呪術」に二分した。前者は、色や形状の類似する二つのものの間には共通する霊的エネルギー(たましい)があると考えるのに対して、後者は、かつてつながっていたものや触れていたものは、切り離された後も一方の霊的エネルギー(たましい)が他方にも宿っていると考えるものである。「自分を食べてくれ」と遺言した兵士は、切り離された自分の身体の肉にも霊的エネルギー(たましい)が宿っていて、これが仲間の体内に取り込まれることで自分のたましいは仲間の身体を借りて故郷に戻ることができる、そう信じようとしたのではないか。

おそらくこの論法は、実際にそうした遺言を受けたわけではないにもかかわらず、人肉食を行わざるを得なかった兵士たちにとって、自身の行為を正当化するものとしても使われたに相違ない。但し、そのことに対して私たちには非難する資格などないし、兵士たちをそうした極限の心理状態に追い込んだ「戦争」というものを、何よりも嫌悪すべきであろう。「鉄板の上で焼く小指は焼き肉の匂いがしたんです。泣きながら焼いたって匂いはしたんです」と綴《つづ》った新田さんの慟哭《どうこく》を、私たちは決して聞き逃してはならない。

鎮魂の語り部として

新田小太郎さんは、前述した雪部隊「鍛錬班」すなわち重篤な病傷兵三八名の班長として、班員全員の最期を看取った後、昭和二一年六月に帰国する。営農のかたわら昭和三十年頃から昔話の語りの活動を行うようになり、野村純一・敬子夫妻の知遇も得て、真室川地方の有力な語り手として活躍し、真室川胍をはじめとする有形の伝承文化の保存継承にも尽力する。その一方で、平成二年頃から野村夫妻に後押しされて戦争体験を語る活動を開始し、遺族訪問の日々を送るようになった。そして平成十年九月には、山形市を中心に開催された「全国ボランティア・フェスティバル山形」民話部門において、「戦争での民話」と題してニューギニアでの戦争を語った。

語ることで戦争体験が再生され、語る仲間がある限り彼の戦争は終わらない。（略）その姿は現代社会の平安が、先の戦いで果てざるを得なかった人柱の上に座すことを忘れがちな、日本そのものへの鋭い問いかけであり警鐘でもあった（野村前掲書 一〇八頁）。

平成十四（二〇〇二）年九月、新田さんは八四年の生涯を閉じた。亡くなる四年前の平成十年十二月、渡部さんの要望に応えて瀬見温泉の旅館で一晩かけて戦争体験を語られた新田さんは、語り終えた後、「これで今夜から、戦友の夢を見ねぐなるな。聞いでもらってどっかどした(肩の荷が下りた)。供養なったな」と言って安堵したと、渡部さんは記している(渡部前掲書 一一六頁)。新田さんにとって昔話の語り部としての活動もまた、亡き戦友への鎮魂の意味を持っていたに相違ない。

戦争への道を歩まないために

「戦争」と「艶話」、「死」と「性愛」、対極に位置する二つの事象は、新田さんの戦場における昔語りにおいて、語り手の新田さんと聞き手の病傷兵たちの中で、「いのちとたましい」を伝えるものとして見事に共存し融合していた。私たちは、彼の生涯を心に留めつつ、彼が語った昔話や戦争体験を次の世代へと語り継いでいかねばならない。「時代の悲運を背負いながら」「命の限りを語り続けた」(野村前掲 一〇八頁)新田さんの遺志を継いで、わが国が戦争への道を再び歩まないようにするために。

第十三講「山寺の鐘」（蛇女房）――たましい――

昔むかし、麓《ふもと》の村の若者が、山仕事に行こうと、山の坂をのぼって行ったら、坂の途中で、谷底からええ香《こう》ざがしてきた。（フンフン、ええ匂いや）思うて、トントンと谷に降りていくと、若い女が裸になって、川で身体を洗うてる。岩に着物ひっかけたある。（あっ、見たらいかん）、トントンと、もとの坂道に戻って、仕事をしぃに山へ登って行きました。

あくる日も、若者は早よう起きて仕事しぃに山へ登って行くと、昨日とおんなしとこで、またプーンとええ香ざが舞い上がってきた。若者は今日も、タッタッタッタッ谷へ降りて行ったら、やっぱし女が今にも着物を脱ごうとしてるとこ。若者はスッスーと女のま正面に行くと、面《めん》と向こうて言《ゆ》うたんや。

「あんた、わしの嫁になってくれへんか」

女はじっと若者の目を見つめて、しばらくして、

「へえ、こんな私でよろしかったら」

言うて応じてくれました。若者は、綺麗な女を家に連れて帰って、夫婦で暮らすことになりました。

二人で仲良う暮らすうちに、男の子が生れ《（ママ）》て、夫婦は子を可愛がってるうちに五〜六年が経って、また男の子が産ま《（ママ）》れた。若者は働き者で、家をちょっとひろげて、夫婦と子どもの笑い声がいつも聞こえる暮らしをするようになりました。

ある日のことです。若者が今日も山仕事にいって、仕事をしだしたら腹がシクシク痛《い》とうなってきた。（あかん、今日は去《い》んで寝よぉ）と思うて、早や足で家へもどりました。

「ガラッ」戸をあけて中にはいると　家の中にドタッと大けな蛇が寝そべっていました。びっくりした若者が立ちすくむと、もっとびっくりしたのが蛇でした。実は、蛇は女房やったんです。山奥の池にいた蛇が、人間の生活がしてみとうなって、女の姿に化けて、谷で人を待ちうけてた。そこに若者が来て声をかけてくれた。「わしの嫁になってくれまへんか」言うてくれた。大よろこびで若者の家に来て、幸せな夫婦になって暮

らしてるうちに、子が二人でけて、もう安心しきって、若者が留守のあいだに、赤ん坊寝かせているうちに、蛇に戻ってしもうてたんです。

元の姿を見られたら、しょうない《（仕方ない）》。もう家にはおれん、山奥の池に帰る言うて、若者に頭を下げて言うたんです。

「二人の子どもは、どうぞ宜しいにお願いします。上の子は、もうやんちゃします。厄介かける思います。けど、よろしいにお願いします。下は、乳を呑んでる赤ん坊です。乳がほしいて泣きますやろ。泣いたらこれをしゃぶらせてください」

言うて、自分の片一方《かたいっぽう》の目玉をはずして、若者に渡しました。

蛇女房が山奥の池に帰ってからは、赤ん坊が泣くと母親の目玉をしゃぶらせました。目玉を口にいれられると、泣きやんで、もぐもぐやって、そのうちに寝入って、ポロンとはきだすのです。赤ん坊が泣くと、上の子が、

「トト、カカちゃんの目玉、早ようしゃぶらしてやって」

言うて、赤ん坊の弟をかわいがりました。

おかげで、赤ん坊はだんだん大きくなりました。けど、毎日毎日しゃぶるさかいに、目玉はだんだん小《ちい》そうなって、小豆ぐらいになって、その次には米粒の大きさになってしまいました。

「トト、こんど口にいれたら、カカちゃんの目玉、のうなって《（なくなって）》しまうで、どうしょぉ」

上の子が心配しました。

赤ん坊が次に泣くと、上の子はそっと米粒みたいなカカちゃんの目玉、赤ん坊の口にいれました。

「あっ、呑みこんだ。トト、呑みこんでしもうたで」

赤ん坊は泣きだします。

「トト、カカちゃんはもう一つ目玉持ってるやろ。オレ、山奥の池へ行って、カカちゃんの目玉貰《もろ》うてくる」

言うと、上の子は山奥の池の端まで走っていって、池の底まで声がとどくように大声出して叫んだんです。

「カカちゃーん、カカちゃーん、カカちゃーん」

そうしたら、母親の蛇が池のおもてに顔をだして、ツゥー、ツゥー、ツゥーと近づいてきて、

「なんや、どうしたんや」

とききました。

「カカちゃん、カカちゃんのもう一つの目玉、やって。貰うた目玉しゃぶって、ないようになってしもうた。

カカちゃんはまだ一つ目玉あるやろ。それやって」

「あんた、カカは残りのこの目玉やってしもうたら、目が見えんようになるのやで。池の底にいても、夜になったんか夜が明けたんか、分らんようになるのやで」

「カカちゃん、それでも泣くんやでぇ、かわいそうやでぇ」

「そうか、弟思いやねんなあ。よろしい、カカのもう片一方の目玉、あげます。もうカカはいつも闇夜でくらすのや。夜になったんも、朝に夜が明けるのも、分らんようになるのやで。あんたたち兄弟は、いつまでも今みたいに仲ようくらしてや。仲よう大っきなって、大っきなったら、兄弟助け合《お》うて、まじめに働いてお金をためてや。ほれ、あの山の上にお寺があるやろ。あそこには釣鐘がないの。兄弟でお金ためて、あのお寺に釣鐘を寄付してやあ」

「うん、分った」

「ほんでなぁ、朝と夕方に鐘をついて、『カカちゃーん、朝になったでえ』。夕方には、『カカちゃーん、日が暮れるでえ』言うて鐘を鳴らして教えてや。頼んだで」

「うん、そうする」

男の子は、残ってる片一方の目玉を貰《もろ》うて、家に飛んで帰って、赤ん坊にしゃぶらせました。母親の両方の目玉をしゃぶって、ようよう赤ん坊も、上の子とおんなじものが食べられるようになって、兄弟は仲よう育って、そのうちに、母親の蛇が頼んだように、兄弟助け合うて、まじめに働いてお金をためて、山の上のお寺に釣鐘堂を立てて、そこに立派な釣鐘を吊りました。

兄弟が交替で、朝になると、ゴーンと釣鐘を鳴らして、「カカさーん、夜が明けるでぇ。朝になったでぇ」言うて、またゴーンと鳴らす。夕方には、「カカさーん、日が暮れるでえ」言うて、ゴーンと鐘を鳴らして、ずっと鳴らしつづけましたて。


――大阪府高槻市――

わが家の守り神

筆者がおそらく小学生の頃だったと思う。梅雨の季節だっただろうか。長く降り続いた雨がようやくやんだ休日の午後、自宅から外に出てみると、軒から二、三メートル離れた土の地面に、大きな蛇がいた。

とぐろを巻いていたのか、それとも長い体を延ばした状態だったのかは覚えていないが、とにかくこれまで見たこともないような大きさだった。その時、そばに立っていた母が、「青大将じゃなあ。わが家の守り神じゃ」と教えてくれた。普段は床下に潜んでいるが、雨が降るとこうして這いだして、雨に打たれてひと息つくこともあるのだという。そして、蛇が床下に住んでいる家は栄えるのだとも教えてくれた。どちらかと言えば、子どもの頃から蛇は苦手な方だが、その時は気持ち悪いともこわいとも思わず、しばらくの間じっと眺めていた。

その後、「わが家の守り神」と会うことは二度となかった。それから約十年後、家は建て替えられたが、工事中に大きな蛇が出てきたという話は聞かない。あの青大将はどこへ行ったのだろうか。もしかしたら、彼/彼女の子どもがわが家に戻ってきて、今も床下で安らいでいるのかも……、そんな夢想を抱いている。

東アジアを代表する昔話

一九九四年三月、アジア民間説話学会の設立大会が大阪府茨木市の梅花女子大学で開催され、日本・韓国・中国、三ヵ国の昔話研究者数十名が参集した。学会設立の目的の一つが、アジア圏、特に日本・韓国(朝鮮)・中国の東アジアに共通もしくは類似する話型やモチーフを比較研究することであった。そして翌年の中国・北京市における第二回大会のテーマとして選ばれたのが、「蛇婿入り」譚だった。そのことは、蛇の化身と人間が契りを結ぶというこの話型が東アジアを代表するという認識が、大会に参加した三ヵ国の研究者たち、とりわけ各国の代表者であった稲田浩二氏(日本)、崔仁鶴氏(韓国)、劉魁立氏(中国)に共有されていたことを意味している。次回テーマを決めるセッションの中で、確か崔氏が次のような発言をされたと記憶する。「私たち三ヵ国は水田稲作の農耕民の国です。稲作農耕民にふさわしい話を選びましょう。」

蛇、そしてその神格化である竜は、稲や稲作と深い結びつきがある。雷鳴とともに天空と地上とをつなぐ光のきざはしを、水が張られた田圃の中を身をくねらせてジグザグに進む蛇の姿に例えて、「稲妻」と呼んだ。「雷」は「雨《あめ》」（「天《あめ》」）と「田」をつなぐものであり、炸裂する大音量とともに暗雲を切り裂く閃光の彼方に、飛翔乱舞する竜の影を見た。そして、雷が多い年は稲の実りがよいとされ、天界の恵みが、竜によって地上に運ばれ、豊作をもたらすと考えた。こうした蛇や竜と稲作農耕にまつわる東アジアの人びとの「共同幻想」が、蛇が人間の男に化身して人間の女と契りを結ぶ「蛇婿入り」や、蛇が人間の女に化身して人間の男と契りを結ぶ本話「蛇女房」の伝承の豊穣さをもたらしたのではなかろうか。

さらに、日本の異類婚姻譚に限定しての話だが、猿・猪・犬などがほとんどの場合「異類婿」、男として登場し、観音・狐・貝・天人・星・月・熊・猫・蛙・鶴・鳥・花・つらら・雪・幽霊などがほとんどの場合「異類女房」、女として登場するのに対して、蛇は「異類婿」と「異類女房」、両方の姿で登場し、いずれも全国的によく伝承されている。他の異類で、男女両方の姿で登場するものとして、鬼（鬼女）・蜘蛛・魚・木霊などがあるが、「蛇婿入り」や「蛇女房」とは比較にならないぐらい伝承数は少ない。このような点からも蛇が特別視されていたことが分かり、蛇の異類婚姻譚について考察することは、日本文化や東アジア文化の原像を探る手がかりになるものと思われる。

話型とモチーフ

前置きがたいへん長くなったが、話型とモチーフを確認しておこう。本話は、ITでは「異類女房」の話型群に分類され、224「蛇女房」と登録されている。蛇が立ち去った後の展開の違いによって二つのサブタイプに大別され、ここに紹介したテキストのように、盲目になった母蛇のために子どもが寺の鐘を撞くという「鐘の由来型」と、蛇の目玉の霊力(不思議な力)の評判を聞きつけた殿様がこれを奪い取り、それに対する復讐として蛇が洪水や山崩れ、地震や津波などを起こすという「復讐型」がある。ＩＴに記述されているモチーフ構成は、以下に見るように「鐘の由来型」である。

①男が、子供《(ママ)》にいじめられている蛇を助けると、娘が男を訪れて嫁になる。
②嫁は、子供を生むときに部屋をのぞくな、と言うが、夫がのぞくと、八畳の間で大蛇が子供を生んでいる。
③嫁は目の玉の一つを夫に渡し、これで子供を育て困れば池へ来い、と言い残して姿を消す。
④殿様が目の玉を奪ったので、夫は池へ行って嫁に訴える。
⑤大蛇が嫁の姿で現われて残りの目の玉を与え、鐘を鳴らして朝晩を知らせてくれ、と頼んで消える。
⑥これが三井寺の鐘の起源となる。(『通観』28：三二九頁)

「鐘の由来型」は東日本を中心に分布し、滋賀県の三井寺の鐘の由来という伝説として語られることが多い。一方、「復讐型」は西日本中心で、四国や九州地方の各地で一七九二(寛政四)年の島原大地震に伴う「眉山《びざん》の山崩れ」と結びついた伝説としても語られている。

(長崎県島原市)[梗概]諏訪の池に大蛇が二匹いて畑を荒らすので、島原の殿様が蛇狩りをし、一匹射殺し、他の一匹は傷手《いたで》を負わせただけで取り逃がす。島原の杏庵という医者の所に、夜なか若い娘が訪ねてきて傷の手当てを乞うので、治療をしてやると、それから毎夜治療にやって来る。傷も治ったので、夜ふけにばかり来るわけを尋ねると、「事情があってわけは言えない。薬料は払えないがいつかご恩は返す」と言って去る。杏庵が病気になると、先に治療してやったおすわ（諏訪）という女が、「お礼に来た」と訪ねてきて看病しているうち夫婦になる。女は男の子を生み孝太郎と名づけて育てる。あるとき蛇の正体を見られたので、「孝太郎が泣くときは、これを与えると泣かずに成長する」と言って玉を渡して去る。しばらくして寛政四年の大地震が起こり、眉山が崩れだしたので眉山の麓の蛇町の人々が地震に驚き逃げようとすると、大蛇が道に横たわり逃げられない。仕方なく家に帰ると大津波が起こり、付近の人家はことごとく流されてしまったのに、蛇町の人はみな助かった。地震が蛇の祟りだというので、島原の城主はその責を負って自刃したという（『通観』24：三〇頁）。

地震・津波・山崩れの原因を蛇の祟りと見ている点が注目される。ちなみに、長野県の諏訪大社の祭神は蛇であるとも言われる。また、同じく長野県の蛇女房伝説における蛇と人間の間に生まれた子どもの名が「小太郎」と呼ばれる場合があり、この話の地域的な伝播や交流をうかがわせ興味深い。

古典資料

本話型の核心となるモチーフは「元の姿を見られた異類の女房が元の世界へ戻っていく」と「残された子どもが母の目玉をなめて育つ」であると思われるが、前者の文献初出は、八世紀の『古事記』における「トヨタマヒメ説話」である。ここでは、出産している部屋（産屋）を覗かないよう海神の娘である妻のトヨタマヒメに言われたにもかかわらず、夫のホヲリノミコト（＝山幸彦）がこれを覗き見ると、八尋《やひろ》のワニの姿になって這《は》っている。見られたことを恥じたヒメは水界へ戻っていく。
また、室町時代に成立の『鈴鹿の草子』では、産室を見るなというタブーを犯されたために母の大蛇は子どもを残して去るが、その子が成人となって結婚し、妻が鬼にさらわれると母の大蛇が鬼のすみかを教えてくれ、妻を助け出すことができる。

国際比較

韓国の昔話を話型とモチーフ構成によって分類し索引《インデックス》を作成した崔仁鶴『韓国昔話の研究』（弘文堂一九七六）に、以下の話型が登録されている。207「竜女」――一、夜、沼に通う女。①ある人が旅である女に会い、夫婦になった。②女の衣が毎日濡れているので密かにうかがうと、彼女は沼にいる竜と争いをしていた。二、正体が知れたので人間になれない。①彼女は竜になって三年間争うことになった、といい家を去った。②一人の子どもを残していったが、毎日泣くので寺の和尚にうかがうと竜女に合わせる呪文を書いてくれた。三、和尚が犠牲になる。①子どもは竜女に会うと泣きやむが、離れるとまた泣き続けた。②最後に和尚は子どものかわりに犠牲になって焼死するが、子どもは丈夫に成長した（二二七頁。表記を一部変更）。

一方、中国（江蘇省・漢族）には次のような話が伝わっている。「男が古い祠の前で美しい娘と出会い、親しくなる。男は娘の鼻からひげが伸び縮みするのを見て怪しみ、部屋で休ませる。男が部屋を覗くと蛇が寝ており、尻尾を切ると娘になる。娘は『尻尾を切られてはもとにもどれないので妻にしてくれ』と言い、男は娘を連れて帰った」（『通観　研究篇Ⅰ』二八一―二八二頁）。

また、もう一つの中国の類話（山東省・漢族）では、男が竜の子を拾って育て、大きくなると洞窟に連れていく。皇后の目が見えなくなり、竜の目玉を取ってくるよう言いつけられると、男は竜に頼んで目玉を一つもらって差し出し、皇后の目を治して大臣になるが、竜の目玉の霊力を知った男がもう一方の目玉をもらいに行くと、竜は男を飲み込んだ、というあっけない結末となる（同前 二八二頁）。昔話「蛇女房」における蛇の目玉の霊力は、中国に起源を持つものであろうか。

なお、国際的話型比較の指標となるATでは、411「王とラミア」が本話と対応するモチーフを含んでいる。すなわち、王がラミアという美しい娘と恋におち結婚するが彼女の正体は蛇だったというものである。正体が分かった後、ラミアは塩の呪力によって退治されるかもしくは水の中へと自ら退去する。ちなみに、ATにこの話の採集地域として挙げられているのはインドのみだが、その増補版であるATU（Hans-Jörg Uther. *The Types of International Folktales: A Classification and Bibliography*. 2004）では、ユダヤ、ジプシー、ウズベキスタン、イラン、インド、中国と、アジアの各国・各地域において類話が収集・記録されている。このことからすると、「蛇婿入り」や「蛇女房」の物語は東アジアの水田稲作民族のみに限定的に伝承されたものとは言えないが、アジア全体の民間説話の共同研究のテーマとして相応しいものと思われる。

「蛇婿入り」の多様な伝承

ここで、もう一方の蛇の異類婚姻譚、「蛇婿入り」についても触れておこう。ITでは「異類婿」の話型群、205「蛇婿入り」として登録されているが、注目すべきはそのサブタイプの多さである。A．針糸型、B．豆炒り型、C．立ち聞き型、D．嫁入り型、E．姥皮型、F．鷲の卵型、G．蟹報恩型、H．娘変身型、I．契約型と、九つのサブタイプに分かれている。そのうち最も古い形をとどめていると見なされる

「針糸型」のモチーフ構成は、「①娘のもとに毎晩見知らぬ若者が通ってきて明け方に還っていき、娘はやせ衰える。②心配した親が娘に糸を通した針を若者の着物の裾に刺させ、翌朝糸をたどると、山奥の洞穴までつづき針の刺さった蛇がいる」（『通観』28：三二三頁）という、七一二年成立の『古事記』にも「三輪山伝説」として登場する話であるが、全国にこれだけ多様な伝承の広がりを見せているということは、日本人の祖先たちが、蛇の男と人間の女が契りを結ぶというモチーフを含むこの話を、荒唐無稽なものとして次の世代へ手渡すのをやめてしまうのではなく、それぞれの時代やそれぞれの地域社会のニーズに応じた形に改変しながら、千三百年以上にわたって伝承し続けてきたことを意味しているのではないか。そしてその背景には、蛇に対する崇拝や信仰があったと考えられる。

世界と日本の蛇信仰

吉野裕子『日本人の死生観　蛇　転生する祖先神』（人文書院　一九九五）によれば、原始の各民族はほとんど例外なく蛇を神として信仰してきた。その理由として、①脚なしで滑るように地上をゆく、ぬるぬるとした動き、②生命の根源を感じさせる男根に相似する形体（ママ）、③一撃にして自身よりはるかに強大な相手を死に至らしめることができる毒、④生命の更新を想起させる脱皮、という四つの特性が挙げられ、これらの特性を自分たちも身につけたいとの想いが、蛇信仰を生んだと考えられるという（一四‐一五頁）。

吉野はさらに、蛇信仰は、一説によれば古くエジプトに起こって世界各地に伝播し、東はインド、極東、アメリカ大陸に達した、と指摘し、この伝播の道程の中に日本列島も含まれ、日本に蛇信仰が顕著であるのは当然、と述べる。そして、エジプト、インド、メキシコ、中国、台湾における蛇信仰を具体的に紹介した後、これらの共通点を以下の九つに要約する。①人間の祖先神、②蛇と太陽・火との同一視、③聖地・聖所・土地・屋敷の主（死霊との関連において）、④雨神・豊穣神・穀物神、⑤脱皮・変身・新生・永生・浄化・転生、⑥巨大蛇実在の信仰、⑦悪霊・妖怪・湖沼の主、⑧信仰の対象として飼養される蛇、⑨蛇骨の信仰。その上で、「私見によれば、日本は蛇信仰のメッカであって、世界各民族に見られる蛇信仰のほとんどが存在し、その集積のような観がある」と規定し、従来の一般的な見解であった「蛇＝水神」と矮小化されることに異を唱える（同前 一八－一九頁）。

以上のような前提に立って、吉野は「蛇」をキーワードに日本人の死生観やカミ（神）観念を探求していくが、蛇に対する崇拝とこれに基づく習俗や説話伝承は、東アジアに共通するものも多い。蛇もしくはその派生や神格化と見なされる竜に対する東アジアの人びとの想いの共通性と民族的な違いを明らかにしていくことは、「東アジア人」の国境を越えた対話と交流のための有効な手立てとなるであろう。

土砂崩れと「蛇落」

本講の冒頭に、家の守り神としての蛇の話をした。また、「竜（＝稲妻）」がよく訪れる年は稲が豊作となる俗信についても記した。このように、蛇や竜の出現は吉兆と見なされることが多いが、その一方で、先に紹介した長崎の類話に見られるように、両者は古来より地震や津波、土砂崩れなどの自然災害を引き起こす「怒れる神」の化身としても考えられてきた。

二〇一四年八月、集中豪雨のため広島市安佐南区八木地区などで大規模な土砂崩れが起こり、多数の犠牲者が出たが、磯田道史『天災から日本史を読みなおす　先人に学ぶ防災』（中公新書 二〇一四）によれば、前近代、当地において土砂崩れは「蛇《じゃ》崩れ」「蛇落《じゃらく》」などと言い、大蛇の出現になぞらえられた。八木地区にも「蛇落地観世音菩薩堂」と呼ばれる観音堂があるが、これは「土砂崩れを起こす大蛇の霊を祀ってなぐさめ、菩提心をおこさせて、村の安寧を祈ってきた」ことを物語っているとされる。そして、「蛇落地」という地名が江戸時代に「上楽寺」または「上楽地」という縁起のよさそうな漢字に差し替えられた可能性を磯田は指摘する（九二-九四頁）。

この変更によって、かつてこの地に土砂崩れがあったことを後世に伝えようと「蛇落」の地名をつけた人びとの想いが断ち切られたと言える。全国に似たような例はいくらでもあるのではないか。少なくとも、自分の身近な所に「上楽寺」「常楽寺」といった地名があれば、かつてその地が「蛇落地」と呼ばれ、土砂災害の記憶を刻んだものである可能性を疑ってみることはしておくべきだろう。

語り継いだ人びと

前述したように、「蛇女房」の伝承は全国に広がっている。特に東日本において、滋賀県の三井寺の鐘の伝説と結びついて伝わっている理由として考えられるのが、この話を熱心に語り継いだ人たちの中に、三井寺の修理・改築のための寄付を募って全国各地を行脚した「勧進聖《かんじんひじり》」や、「座頭」と呼ばれる盲目の放浪者たちがいたことである。古代より盲目の人びとはある種の「霊力」を持つ存在として寺社によって保護され、占いや祈祷《きとう》を行い、寺社の縁起を説きながら村々を放浪し、村人は彼らを歓待した。鎌倉時代頃から次第に寺社の保護を離れ、琵琶を奏でながら「平家物語」などを語る琵琶法師となり、芸能者として集団化していった。室町時代には「当道座《とうどうざ》」という全国規模の大結社を組織するまでになったが、座頭とはこの当道座に設けられた四階級のうちの最下位の階級の呼び名である。江戸時代には藩の保護を受け、琵琶や胡弓や三味線を持って、説教・祭文・浄瑠璃などを語ったが、求められれば昔話も語ったと言われる。盲目の座頭にとって、同じ盲目の母蛇の哀しみとわが子への愛情を語る本話は感情移入しやすく、聞き手からも要望の多い話だったに相違ない。全国的な組織の下に、遠く離れた地の伝説が語られることも多かったはずだ。同様の理由で、盲目の女性放浪芸能者である「瞽女《ごぜ》」もまた、本話の有力な語り手だったと考えられる（『ガイドブック日本』三四五-三四七頁）。

さらに忘れてはならないのが、別種の視覚障がい者、片方の目が見えなくなった鋳掛屋《いかけや》の存在である。本書に紹介したテキストを再話した大阪府高槻市の宇津木秀甫は、「私どもの地域では、この話を語り続けたのは、行商の鋳かけ屋でした（ママ）」と記している。河内や大和、京から来たという鋳掛屋が、自転車のうしろにリヤカーをくっつけ、そこに小型のふいごやカナ床、道具類を積んでやってきて、農家に修繕を頼まれた鍋、釜の穴をふさぐ鋳掛仕事をしていた。大がかりの鋳掛仕事をする際に、金属が白熱したのを、効き目を開いて、もう一方の目を閉じて見究めた。それを続けているうちに効き目が光線にやられて悪くなる。「穴のあいた鍋の修繕をしているが、目が悪いことを軽蔑してほしくはない。元は立派な目やった。そう訴える気で、へびの目玉で赤ん坊を育てて目玉が無いようになる話をする。それに元は大きな釣鐘を作ってたという誇りを持っています」。ある鋳掛屋から宇津木自身が聞いた言葉だという（宇津木『高槻物語　昔ばなし』上巻、「高槻物語」発行会二〇一一：四四八-四四九頁）。

第三講「鼻たれ小僧さま」でも触れたことだが、障がい者問題をはじめとする地域福祉と民俗学の接点を歴史的に掘り進めて行くことは、今後の重要なテーマとなるに違いない。

〈たま〉を受け継ぐ

本話をはじめ、日本の異類女房譚の多くは人間と異類との出会いと別れを描いており、第十講「こぶ取り爺」でも述べた、「異質と共存することの難しさ」が主題となっていると考えられるが、それとは別に、本話において特に注目されるのが、母親の蛇から子どもに手渡された〈たま〉である。本話では目玉であると同時に母乳や玩具の代わりとして、赤ん坊の体と心を育むものとして手渡されるが、それはすなわち、〈たましい〉そのものと言ってもいいだろう。この世に生を享けた私たちは皆、親から目に見えない〈たま〉を受け継いでいる。この〈たま〉は、親がその親から受け継いだものであり、さらに親の親はその親からと、連綿とリレーされてきたものに相違ない。今日、DNA遺伝子としてその存在の一部が科学的に証明されているけれども、古来より〈たま〉の存在は認められてきたのだ。

たとえ今、誰ともつながっておらず、親からも教師からも見捨てられているように思われたとしても、人は皆、誰もが人生の最初に「ウェルカム（ようこそ）！」と祝福を受け、〈たま〉をもらってこの世に生まれてきたのだということ、そしてその〈たま〉は今も自分の心の中に存在するのだということを、本話「蛇女房」を通して、若い世代の読者たちにメッセージとして伝えたい。

『龍の子太郎』——昔話の再創造と時代性

昔話「蛇女房」をはじめとするいくつかの昔話や信州の「小泉小太郎」伝説を下敷きにして、松谷みよ子が再創造したのが『龍の子太郎』である。一九六〇年に刊行され、第一回講談社児童文学新人賞や国際アンデルセン賞を受賞したこの作品は、戦後生まれた日本の児童文学の中で最も有名なものと言ってよいだろう。食べてはならないとされていたイワナを三匹食べたために竜の姿になってしまった母親は、赤ん坊の太郎に目玉を与えて姿を消す。成長した太郎は母親をさがして旅を続け、途中で動物たちや赤鬼・黒鬼、他の村の人たちとの出会いを経て、北国の山奥の湖底に住む母親の竜に再会する。そして自分の生まれた、わずかばかりの田畑しかない険しい谷あいの村も、山の土を削り取って谷に埋めれば広い耕地ができると気づき、母竜の背中に乗って山を崩し湖の水を流して豊かな大地を作り上げる。村人たちを呼び寄せ、太郎の涙で母親も人間の姿に戻ることができて、「みんなたのしく、しあわせにくらしたということです」。だが、この時「みんな」の中に、自分のすみかを奪われた動物たちや鬼たちが含まれていないことを、決して見落としてはならない。

六〇年代以降、高度経済成長が始まり「日本列島改造」へと突き進んでいく中で、山が削り取られ、その土で海が埋め立てられて工場や住宅が立ち並び、大規模なダムが作られて谷あいの村が沈んでいった。そうした時代を先取りするかのように、龍の子太郎は山を切り崩し湖の堤を決壊させる。母親の竜も、動物たちや雷になった赤鬼までもが、太郎と一緒に森林を破壊する。ここには、人間のおごりを戒めるために天変地異を起こす、「怒れる神」の化身としての竜の姿は微塵もない。ひたすらわが子に奉仕する、人間の心を持った母の姿があるのみである。第六講「桃太郎」で紹介した、時代の変遷と運命をともにした桃太郎たちと同じように、人間中心主義に基づく環境破壊の旗振り役を担う「時代の子」として再創造された龍の子太郎の物語は、三・一一の東日本大震災を経た今こそ読み直されるべきである。

そしてできれば、三・一一の前年、二〇一〇年に雑誌連載された漆原友紀のコミック作品『水域』（上下巻、講談社二〇一一）を、『龍の子太郎』と読み比べていただきたい。水の恵みに生かされて山村に暮らす、竜の〈たま〉を受け継いだある家族が、この村を水没させるダムの建設によって自然とのつながりも人びとの絆も断ち切られようとするが、竜の〈たま〉の力によって「救済される」というこの作品は、ポスト三・一一の時代性を先取りするものとなっている。いのちとたましいの問題は、「ポスト三・一一の児童文学」の重要なテーマと言えるだろう。

第十四講「花咲か爺」（犬むかし―花咲か爺型）

――たましい――

昔むかしあったってな。じいさ《ママ》とばあさ《ママ》とあったってな。ばあさは川へ洗濯へ行ったったってな。ばあさが川で洗濯をしとったら、川の上《かみ》の方から、何やら赤いものが流れて来た。何だろうと思って近づいて来るのを見ると、でっかいでっかい柿だってな。

　ばあさがそれを拾って見とるうちに、とってもとってもうまそうなんで、思わずかぶりついたところが、うまくてうまくて知らんうちに食ってしまってな、じいさにくれるところが無くなってしまった。こりゃ弱ったことしてしまった、とばあさは思って、も一度川の上の方に向かって、

「もう一つ来《こ》うい、じいにくれる《やる》。もう一つ来うい、じいにくれる」

と、なんべんも呼んどったら、また上の方から、赤い赤い、さっきのよりもっとでかい柿が流れて来たってな。ばあさは喜んでそいつを拾って家へ持って帰った。そうして柿を臼の中へ入れて、こもをかぶせておいたって。晩方、じいさは山から帰ったってな。

「じいさ、じいさ、うまい柿を拾って来て臼ん中に入れとるで、行って見なはれ《見なさいよ》や」

「そうかそうか、そりゃありがたい」

で、じいさが臼の方へ行って、こもをはぐって見たところが、柿が無くなって、小さい犬のころころしたのがおったってな。

「ばあさ、ばあさ、これは柿ではないがな。犬ころやがな」

「犬ころって。おら、柿拾って来ておいたんや」

「そんでも生きてらっしゃるから犬ころやね」

ばあさもとんで来て見たところが、確かにかわいい犬ころなんや。さあ、じいさとばあさは大喜びで、その犬ころを大事に大事に育てて、飯やら魚やらごちそうをくれて、大きくしたってな。だんだん大きくなるにつれて、とっても利口な犬ころになったって。

　そうしてある時、その犬ころがじいさに、

「じいさ、じいさ、おれに、かますと鍬《くわ》と

付けさっしゃろ《おつけなさい》」

って言う。

「お前がそんなもの付けたらつぶれるわい」

「いんや、つぶれんで、付けさっしゃい」

で、じいさがかますと鍬とを犬の背中にくっ付けたって。

「じいさ、じいさ、おれの背中に乗らっしゃれ」

「そのかますの上におれが乗ったら、お前つぶれちゃうでねえか」

「いんや、つぶれんで、乗らっしゃれ。そんで目をつぶさっしゃろ」

そんでじいさが乗って目をつぶったら、どんどんとどこかへ走って行くようだったが、しばらくすると、

「さあ、ここでおりさっしゃれ」

言われておりてみたところが野原やった。

「さあ、かますと鍬をおろして、すぐそこを鍬で掘ってみらっしゃろ」

言われるままに、言われるところを掘ってみたら、土の中から大判やら小判やら、何やらかやら宝物がいっぱい出たってな。

「さあ、その出た物みんなかますに入れて、おれの背中に付けさっしゃろ」

「お前さっきのより重たいんやど。こいつはいっぱいあるんだから」

「大丈夫だから付けさっしゃろ」

というわけで、かますに入れて犬の背中にくっ付けたって。

「じいさ、その上に乗らっしゃれ。ほんで目をつぶさっしゃろ」

だって。じいさが目をつぶると、しばらくどこか走るような気がしたが、「さあ、おりさっしゃれよ」と言う声におりてみたところが、ちゃんと家の前やったてな。

さあ、かますにいっぱいの宝物を家に持ってはいったところが、隣のじいさが聞きつけて、

「じいさ、じいさ、そこの犬を貸してもらえんかな」

「あれはおらが大事な犬やで、よう貸せんがな」

「そんなこと言わんでもええがな。貸してくれ」

で、じいさも仕方ないようになって、

「そんなら貸せるには貸せるが、すんだらすぐに持って来てくれよ」

「ああ、すんだらな」

じいさは勝手に犬を引っぱり出し、「付け」とも言わんのにかますと鍬を付けて、「乗れ」とも言わんやつに乗って、犬の尻を叩くやら、頭を叩くやらして行ったっ

てな。

しばらくすると犬は行こうともせず、しゃがんでしまった。ここらにあるんかいなと、じいさがおりて掘ってみたら、宝物やらは何も出てこん。出てくるのは、どろどろの臭い水ばっかりやった。臭いのなんの、どうにもこうにもならん。じいさは腹をたってしまって、「この憎い犬め」って、いきなり鍬で犬の頭をなぐりつけて殺してしまった。そうしてそのまま家へ帰ってしまったってな。

晩になっても、犬を返しにこないので、よいじいさは隣へ行って、催促《さいそく》した。

「貸せた犬を返してもらえましょうか」

「あの犬めが、おれを運んで行ったところときたら。何やらきたない物ばかり出しゃがったんで、業《ごう》がわいてどうもならん。おら、鍬でなぐりつけて殺して、あそこへほかしといた《（捨てておいた）》。ほしけりゃ死骸でも持ってござれ」

で、言われるところへ行ってみると、犬は頭を割られて死んでおった。じいさは泣き泣き犬を抱えてもどり、家のそばに穴を掘って埋《い》けると、その上に木を一本植えておいたってな。それからは、ああ、かわいそうなことをしたと、朝晩ずっと犬の墓さまに参っていた。ところがその墓さまに植えた木が、どうしてやら知らんが、でっかくなる、でっかくなる。だんだんだんだんでっかくなるんで、しばらくのうちに、大きいとも大きいとも、一抱えもある木になってな、じいさは、その木を切って餅つく臼を作ってみたってな。

で、その臼で餅をつきよったところが、はじめのうちは餅だからして、餅つく音もペタンペタンとしよったが、つくほどに、何やらチリンと鳴るんだって。おかしいなとのぞいてみると、臼の中は金銀、小判やら宝物やらでいっぱいだって。「はあ、これも犬のお蔭や」と、じいさが喜んで宝物を臼から出しておると、また、隣のじいさが見つけて、また臼を借りに来たってな。

「じいさ、じいさ、ここの臼を貸してもらえんかな」

「ああ、これは貸せれんがな。これはお前が犬を殺《ころ》いたで、その犬埋《い》けたところにできた木で作った臼なんやで。よう貸せんな」

「そんな欲なこと言わんでもええがな、貸してくれ」

どうしてもきかんので、仕方もないで、

「餅つかれたら、すぐ返してくだされよ」

て言って貸してやった。

隣のじいさも餅をつきよったが、ところがはじめのうちは餅つく音もペタンペタンとしよったが、しまいになって、チリンともいわんで、グシャグシャって、おかしな音がしてきたってな。そのうちにだんだんだんだん餅が臭いのなんのって、どうにもこうにもならんだって。そしたらさっきの約束なんか忘れて、じいさはその臼を、「なんてこの憎い臼めが」って、斧《よき》を持ってきてかち割り、釜で燃やしてしまったってな。

晩方になっても隣のじいさは臼を持ってこんので、

「さあ、貸せた臼、返してもらいましょうか」

と行ったところが、

「あの臼めが。おらが餅をついたら、きたない物を出しゃあがって、臭いともなんともしょうがなかったので、おらは業《ごう》がわいて、かち割って火にくべてしまった。そんねほしいなら、あの釜にある灰でも持って行かっしゃれ」

っていう返事だ。またじいさは泣き泣き釜のところへ行くと、灰を集めて家へ持って帰ったってな。ところがちょっと風が吹いて、その灰がぱあーっと飛び立ったかと思うと、そこらに花がいっぱい咲いたってな。

「こりゃなんと面白い灰や。はあ、これも犬のお蔭や」

と言って、大事に灰をしまっとったところが、その村へ殿様がござるって話が出たんや。こりゃ、ぜひとも殿様に花を咲かせて見せてあげよう、というわけで、殿様のござる道で、灰持って木に登って待ちょったってな。殿様はずっと行列をつくってこられたが、家来の者がじいさを見つけて、「あの者はなんで土下座《どげざ》をせんか」と怒ってしまった。

「こりゃこりゃ、そこにおるやつは何者じゃ」

「こいつは花撒《ま》きじいと申しますでございます」

「なに、花撒きじいとは何者じゃい」

「ここで灰を撒くと、花が咲くんでございます」

「ほんとうに咲くのか」

「はい、ほんとうに咲くんです」

で、殿様に申しあげると、

「そりゃ面白いこっちゃ。ひとつ花咲かせてみたらええが。ひとつ灰を撒いてみよ」

と言われた。じいさは灰をつかんで、ぱあっと撒きかけると、そこら一面花になってしまったってな。殿様はとっても喜んで、

「こりゃ面白いじいさや。さあさ、おりてこい。ほうびをくれるぞ」

と言われて、やっと背負えるほどのほうびを下さったてな。

隣のじいさは、また聞きつけて、

「あいつはうめえ《うまい》ことしたもんじゃ。おれもひとつやってやらめえか」

と、残った灰をかき寄せて、殿様の帰ってござる時、通らっしゃる道の木に登って待ちょった。すると家来に見つかった。

「こりゃこりゃ、そこにおるのは何者じゃ」

「こいつは花撒《ま》きじいでございます」

「ほんとうならひとつ撒いてみよ」

そこでじいさは灰をつかんでぱあっーと撒いたが、花が咲くどころじゃない。殿様やら家来やら、そこらの者の目やら鼻やら口やら、灰がはいってしまったてな。殿様はえらい怒って、

「このにせ者めが。おりてこい」

と引きおろされた。とうとう隣のじいさは、しばりあげられ、牢屋に入れられてしまったってな。

しゃみしゃっきり。


—岐阜県吉城郡—

「主役はどちらですか?」

本書の中でもしばしば登場する稲田浩二先生は、筆者にとって昔話を研究することの醍醐味を教えてくださった「昔話学の恩師」である。その稲田先生が晩年最も深い関心を寄せておられたのが本話「花咲か爺」だった。先生はよくこんな質問をされた。「この昔話の主役は、正直者のいいお爺さんか、お爺さんに飼われていた犬か、どちらだと思いますか?」

話のタイトルになっているぐらいだから、お爺さんの方だろうと通常は考えるはずだ。だが、その答えを予想した上で、「そうではない」と先生はうれしそうに自説を展開された。いわく、「花咲か爺」の名称は、十八世紀刊行の赤本『枯木に花咲かせ親仁《じじ》』以来、書承話として用いられたもので、江戸の終わりに「五大お伽噺《とぎばなし》」の一つとして有名になり、さらに明治以降、教科書や絵本などによってこの名が定着した。ところが、東北地方では「犬コむかし」「くいごこ(=子犬)むかし」と呼ばれ、また岡山県でも「ごろ

たろう（＝犬の名）のむかし」と呼ばれるなど、犬がタイトルに使われている。さらに、中国でもこの話の類話は「狗耕田《くこうでん》（田畑を耕す犬）」として伝承されている。つまり、この話を口伝えに語っていた人びとは、犬を主役と見なしていたことが分かる。もしも主役がお爺さんであるなら、この話から引き出されるメッセージは、「人真似をしたり欲張ったり、嘘をついたりしてはいけない。正直で、他の人（および動物）に対して親切に優しく接しているといいことがある」という、「隣の爺」型昔話に共通するものとなるだろう。けれども主役は犬であると見るならば、「いのちは何度でもいろいろなものに転生しながら、他のいのちに関わり続ける」というものになると筆者には思われる。このように、主役を誰（何）と見なすかによって話の主題やそこに込められたメッセージは大きく変わってくるのである。

昔話に限らず、研究することの醍醐味とは、これまで当然とされていたことに対して、本当にそうだろうかと疑問符をつけ、揺さぶりをかけることにある。あるいは、誰もが進んできた道や他の人たちが進もうとしている道とは別の道をあえて探し求め、そこに真理があると思えばたった一人でもその道を進んでいこうとすることにある。先生はそういうことを教えてくださったのだと今にして思われる。

本講では、「花咲か爺」の人間学的考察とともに、稲田先生の昔話研究の「核心」に迫ってみたい。（以下、敬称を省略する。）

話型とモチーフ

本話は、霊力を持った犬が飼い主の爺に対して、生前のみならず死後も転生を繰り返して富をもたらし、隣の性悪な爺を懲らしめるというあらすじを持つ。ＩＴでは、「動物の援助」という話型群に分類され、364A「犬むかし—花咲か爺型」と登録されている。

本話もいくつかのモチーフで構成されているが、伝承された地域によってバラエティに富んでいる。このうち、後ほど詳しく述べるが、稲田の言う「核心モチーフ」、もしくは前講で紹介した中国・劉魁立が用いる概念としての「基幹モチーフ」は、「生前ふしぎなはたらきをみせた犬が殺され、霊威な力をもつ樹木に転生する」というものである（稲田「殺された犬の軌跡――「花咲か爺」の国際的比較より――」、梅花女子大学大学院児童文学会『梅花児童文学』第9号、二〇〇一：四頁）。そしてこの「核」もしくは「基幹」からさまざまな枝葉のモチーフが地方ごとに発展的に伸びている。「川上から流れてきた果実や箱から犬が出現する」（主に東北地方）、「墓から伸びた竹が天の金蔵を突き破り、金銀財宝を降らせる」（中国地方、九州西南部、沖縄）、「墓から生えた木が金銀財宝を茂らせる」（同前）、「墓に植えた梨の実が舞う」（主に中国地方）、「木の臼を燃やしてできた灰を撒《ま》き、雁の目に入れてつかまえる」（主に東北地方）などである。これらのうち、最後の「灰による雁取り」モチーフは、「枯木に花」モチーフの替わりに登場し、この形で終わる話は「雁取り爺」と呼ばれており、ITでも364B「犬むかし―雁取り爺型」として登録されている。

①上《かみ》の爺が梁《やな》に落ちた犬の子を流すと、下《しも》の爺の梁に落ちる。
②下の爺が犬を子にして育てると、犬はみるみる大きくなり、爺を背に乗せて山へ行く。
③爺は犬に言われて、鹿よとんでこい、と言い、現われたたくさんの鹿をとる。
④上の爺が犬を借りて、蜂よ飛んでこい、と言い、現われた蜂に刺される。
⑤下の爺が、上の爺に殺された犬の墓印に木を植えると、木はみるみる成長してたくさんのお金がなる。
⑥上の爺が木を借る《(ママ)》と、木から汚い物がいっぱい落ちるので、爺は木を焼く。
⑦下の爺が屋根の上で、雁の目に入れ、と言って木の灰をまくと、たくさんの雁の目に灰が入り落ちて

くる。

⑧上の爺が屋根の上で、爺の目に入れ、と言って灰をまくと、爺の目に灰が入って屋根から落ちる。

⑨婆が上の爺を雁と勘違いして叩き殺す。

（『通観』28：四〇三―四〇四頁）

柳田国男は、「雁取り爺」には犬が狩猟に用いられたことが反映していることから、「花咲か爺」よりも古いのではと推測している。また、「枯木に花」モチーフは日本において中世末期以降に千手観音信仰の影響で定着したとの説（佐竹昭広『民話の思想』平凡社 一九七三）がある一方で、灰を撒いて桃や杏の花を咲かせるというモチーフが中国の南部で報告されていることに基づいて中国からの伝播説を主張する説（伊藤清司『〈花咲爺〉の源流』ジャパン・パブリッシャーズ 一九七八）もある。

古典資料

稲田は前述の佐竹昭広の研究に基づいて、本話の成立を室町末期（十六世紀後半）と推測している（稲田前掲書 一九頁）。また、本講の冒頭にも触れたように十八世紀刊行の赤本『枯木に花咲かせ親仁』を現存する文献としては最も古いものと見ている（同前 一九頁）。一方、『通観・研究篇2』には、十八世紀末の寛政四（一七九二）年刊行の『含餳紀事《がんとうきじ》』（熊阪台州著）上「紀二翁事」、文化八（一八一一）年刊行の『燕石雑志《えんせきざっし》』（曲亭馬琴）四・七「花咲翁」、十九世紀前半（不詳）刊行の『雛迺宇計木《ひなのうけぎ》』（加茂規清著）下「花咲老夫ノ弁」が類話として収められている。

これらのうち『雛迺宇計木』は、上笙一郎によれば、「昔話＝童話を心学的な思想や倫理で解説する」ものとされるが、「心学」とは「基本的には儒学思想に立脚しながら日本古来の神道やアジア伝来の仏教の考えも大いに取入れており、〈神・儒・仏綜合学〉と言ったらもっとも分りやすい」ものという（上『江戸期の童話研究』久山社 一九九二：九ー一二頁）。『雛迺宇計木』から本話「花咲か爺」の解説の一部を紹介しよう。「人の運不運ハ兎に角辛抱が肝心なり」「枯木は元の身分貧賤なりといふ譬喩《ヒユ》なり。されば、その枯木に灰を蒔ケば花開くといふ趣意は、人々、百人が百人、千人が千人、辛抱して潔白の行状なれば、何れも皆出世して、世に貧者といふ者はあらず。故に、福者のまたあらず」（同前 一三二、一三九頁）。

つまり本話は江戸後期において、「主役」を爺とし、辛抱強さという善行を説き因果応報を語る、心学的な道徳を教え諭すための「教材読み物」として用いられるようになったと考えられる。

韓国・中国の類話との比較

ＩＴには、本話に対応するＡＴ番号は挙げられていない。一方、国際的モチーフ索引であるＴＭＩには、A2611「殺された人や動物の体から生じた植物」というモチーフが登録されており、このモチーフを含む民間説話を伝承する地域として、インド・中国・中南米・オセアニア（ハワイ・サモア・タヒチ・パプアニューギニア・ソロモン諸島他）など、第七講や第十一講で考察した、「ハイヌウェレ型」神話の伝承圏に対応する国・地域の他に、フィンランド、バルト三国なども挙げられている。

東アジアに絞って見てみると、韓国では「兄弟と犬」、中国では先ほども述べたように「狗耕田《くこうでん》」として類話が伝承されている。日本の「花咲か爺」と比較すると、核心（基幹）モチーフは共通するが、「枯木に花」や「雁取り」のモチーフの代わりに、先ほど発展的なモチーフとして紹介した「天の金蔵」や「金のなる木」で結ばれることが多い。また、日本との大きな違いは、隣の爺型ではなく兄弟葛藤型、つまり金持ちで欲張りな兄と貧乏で正直者の弟の話となっている点である。弟が犬を手に入れる前に虱《しらみ》や鶏と交換するモチーフ（中国）、通りかかった商人に「犬が畑を耕すことなどできはしない、できたらこの荷物を全部やる」と言われ、この賭けに勝つモチーフ（韓国・中国）も、日本には見られない。逆に、犬が川上から出現するモチーフや、犬の墓から生えた木で作った臼で餅を搗くと金銀財宝が出てくるといったモチーフは、韓国や中国には見られない。ただし、大陸文化の影響を強く受けた沖縄には、先に述べた核心モチーフを備え、兄弟葛藤型を取る「母の猫」（IT 257）という話がある。

近年、韓国や中国において国家プロジェクトによる組織的な調査が進んだこともあり、国（ナショナル）単位の比較ではなく、地方（ローカル）単位で昔話の国際比較を行おうという動向が、アジア民間説話学会の研究発表にも見られる。例えば「天の金蔵」のモチーフは、日本海をはさんで向かい合う山陰地方や西九州地方と、朝鮮半島の慶尚北道に共通する。「言葉も違う二つの民族の長く確かな人民の交渉と往来がくっきりとあとをとどめているといってよい」（稲田『伝承の旅　日本列島と東アジアの昔話を訪ねて―』京都新聞社　一九八二：一四頁）。説話研究に留まらず文化研究全般において、ナショナルな視点から、ローカルな視点とグローバルな視点を併せ持った「グローカル」な視点への転換が求められている今日、「花咲か爺＝犬むかし」はうってつけの研究対象と言えるだろう。

受け継がれるいのちとたましい

本講の冒頭で、主役を爺と見るか犬と見るかによって話の主題やメッセージが異なってくるという稲田の見解を紹介したが、内ヶ崎有里子もまた同様の指摘を行っている。すなわち、爺に注目するとこの話の主題は「隣人葛藤」、より正確には善良な主役に対する隣人の嫉妬であり、そこから引き出されるメッセージは欲張りや人真似をしてはいけないということになる。ところが、犬に注目するとこの話の主題は

「霊魂の転生」であり、「私たちの身のまわりにある生命（命）は、たとえ今ある形でその生命を終えても、次なるものに姿を変えながら生き続けているのだ」とのメッセージになるという（内ヶ崎「生命が受け継がれていく物語」、小長谷有紀編『昔ばなしで親しむ環境倫理』くろしお出版 二〇〇九：一二〇頁）。

「霊魂の転生」という主題を筆者なりに言い換えれば、犬から木、臼、灰、と姿を変えながらも、そこには同じたましいが宿り続ける、一つのいのちがあり、そのいのちが自分に対して深く、そして優しくかかわってくれたもう一つのいのちのことをずっと見守り、支え続ける。そんないのちといのちのかかわり合いの連続性と永続性を、この話は物語っていると言えるだろう。

絵本の世界にも、このような主題を描いた作品が見られる。例えば、韓国の絵本『こいぬのうんち』（クォン・ジョンセン文、チョン・スンガク絵、平凡社 二〇〇〇）は、そうしたたましいの転生や、二つのいのちのかかわり合い、そして両者が一つに溶け合うといった営みが、実は私たちの身近な所で行われているということを、さりげなく教えてくれる作品である。こいぬのうんちが、畑の土くれや鶏の親子、たんぽぽと出会い、対話する。そして最後に、水に溶けたうんちのたましいは、たんぽぽの根に吸い上げられ、たんぽぽのいのちと一つになり、美しい花を咲かせる。「犬つながり」ということでも、ぜひ読んでみていただきたい。

昔話の生涯―稲田浩二の昔話学―

稲田は亡くなる四ヵ月前、「昔話の生涯―その誕生から老衰まで―」と題する講演を行っている（二〇〇七年一二月一日、梅花女子大学）。その中で、話型（タイプ）というものがどのようにして生まれ、成長し、老化し、その形を失って消えてしまうのかということを、「花咲か爺」を例にとって説明しようとした。

幸い講演録として残すことができたので（鵜野編『児童文学とわたし　Ⅲ』梅花女子大学大学院児童文学会二〇一二：三二一―三三八頁）、この資料と前掲論文（二〇〇一）、および『ハンドブック世界』（二〇〇三）「第一部　昔話の誕生」を元に、稲田の昔話研究の「核心」を確認してみたい。

稲田によれば、昔話を含む伝承的な物語は、核心となる部分としての「核心モチーフ」と、その周辺の部分としての「発展モチーフ」（『ハンドブック世界』では「構成モチーフ」）からなっている。「花咲か爺」で言えば、「話型とモチーフ」の項で述べた通り、「生前ふしぎなはたらきをみせた犬が殺され、霊威な力をもつ樹木に転生する」、ＴＭＩの A2611「殺された人や動物の体から生じた植物」が「核心モチーフ」であり、「川上から流れてきた果実や箱から犬が出現する」以下のものが「発展モチーフ」にあたる。「核心モチーフ」は原則として変わらないでずっと伝わっていくのに対して、「発展モチーフ」は民族によって、地方によって、時代によって変わっていく。そして、核心の部分が変わる時は、その話は老化して消えてしまうか別の話になる。

稲田はまた、「遠祖たちの共有した原感動が説話構成の核心となるモチーフとして生き残っている」とも言う（『ハンドブック世界』一三頁）。例えば、狩猟採集民たちがそれまで失敗していたマンモスの狩りに皆で協力して成功した時の原感動は、本書第四講「猿蟹合戦」で検討したＴＭＩの K1161「家のいろいろな場所に隠れた動物たちが、その家の持ち主が入ってくるとき、それぞれ特有の力をもって襲い殺す」というモチーフとして生き残った。本話の場合なら、初期農耕民が一個の種イモや一粒の種モミから何倍、何十倍もの収穫が得られることを知った時の原感動すなわち「幾世代にもわたる試行錯誤の末に手にした栽培植物（栗・稗・粟・豆・稲・芋など）に対する賛仰の心」（稲田二〇〇一：一五頁）が、ＴＭＩの A2611「殺された人や動物の体から生じた植物」という核心モチーフに結実したと考えられる。

以上のように、民間説話を「生命の木」にたとえた劉魁立の見解に賛同した稲田の「昔話という大樹の生涯」のイメージは、次のように図式化できるだろう。

①集団において原感動が共有される。［昔話の樹木の種の発生］
②その原感動を他の人びとに伝えるために核心モチーフを含む話が誕生する。［発芽→幹の成長］
③発展モチーフが新たに付け加わったり、別のものに取り替えられたりしながら話が膨らんでいく。［枝葉の成長］
④核心モチーフが揺らいだり痩せ細ったりしていく。［老衰］
⑤核心モチーフを失い、発展モチーフだけが断片的に残る。［朽ち果て］

こうして一つの話型（タイプ）はいのちを失うが、別の原感動（種）から新たな核心モチーフが生まれ、新たないのちの宿る話型となって成長していく。また、稲田によれば、離れた場所によく似ている話が見つかった時、その話が一つの場所から別の場所に伝わったためという単純な伝播説で解釈してはならない。共通する核心モチーフの話が両方の場所に元々あったところに、発展モチーフが伝わってそっくりの話になった可能性もあり、「花咲か爺」もそのように解釈すべきだとしている。

民衆の大樹としての昔話

昔話をいのちとたましいの宿る大樹に見立てる稲田の発想は、彼にとって最初の単著『昔話は生きている』（三省堂新書 一九七〇）においてすでに見られる。「民衆の大樹——昔話はこう呼ぶにふさわしい」（一八五頁）。昔話の未来を詩情豊かに展望した彼の想いを、後に続く者として深く心に刻みたい。

わたしたちはここで、できるならば峠に立って、この大樹の未来を大きく眺めたいものである。いたずらな感傷や身びいきな懐古趣味は、この大樹に対して失礼であろう。いまふりかえれば、昔話は二つの栄誉をもった大樹といえる。かれは、その口語りを通して、民族の創造力をきたえ、つちかってきた。かれはまた、豊かな文芸性を持っている。昔話を愛する人の当面の不安は、まず、伝承が絶えつつある事実から起こっている。もしも口づたえの伝統が失われるならば、この大樹に樹液を送りつづけてきた、小さな創造者たちを失うことになろう。（中略）昔話は口から口へ語りつがれていってはじめて、その役割をつとめ、生きていると言えるだろう。この考えは全く正しい。

「ではおまえは、昔話の未来について悲観し、絶望しているのか？」——そうではない。わたしはその未来について、むしろ楽観しているのである。その理由は、至極簡単である。それは昔話の栄誉の一つ、すぐれた文芸性への信頼にもとづいている。無数の祖先たちが支持し、その知恵を結集してきたのが、昔話の文芸性である。その豊かな文芸性を貫くものは、人間を現実の束縛から解き放つ思想であろう。昔話の歩みは、つかれた人々に夢を呼びもどし、いまの世を生き抜き、未来のために戦う心を耕してきた。昔話のこのような解放性、向日性は、いまの世の人々にも後の世の子孫にも働きかけつづける

（同前 一九二—一九三頁）。

第十五講「うぐいすの里」(鶯の浄土)——たましい——

　昔あったけど。昔あるところにな、お茶屋があったけど。きれいな姉《あね》さんがまい朝のように、五文《もん》ずつ持ってお茶を買いに来るど。番頭はふしぎな気がして、ある時そのあとをつけて行ってみたれば、長い野原を通って、林の中にはいって行ったけど。そこをごんごんと歩いて行くと立派な御殿があったと。「こんにちは、こんにちは」と言ったらな、毎日くる姉さんがひとりいてお茶を飲んでいたけど。おやと顔をあげて、「番頭さん、よくお出《い》でになった。早く上がってください」ってお菓子だの餅だの、どっさりごちそうしてくれたど。そしてな、

「ちょっと用たしに出るから、お前は留守居《るすい》して遊んでいてくれ。ただ遊んでいてくれればいいなだども、次の座敷は十二座敷だから決して見ねでくれ」と、かたく言いおいて出て行ったど。

　それでも番頭はな、見たくて見たくて、こっそり開けて見たればな、そこはお正月の座敷であったど。床《とこ》の間にはな、松竹梅を飾り、鏡餅だの、えびだの、こんぶだの、だいだいだの、上げてあって、子どもたちはみんな赤い着物をきて甘酒を飲んでいたど。

　次の間《ま》は二月の座敷でな、初午《はつうま》でな、おいなりさんの赤い鳥居が並んでいて、大勢のお参りがあって、おもちゃを売る大道店《だいどうみせ》でにぎやかだったど。

　その次の間はな、三月の座敷でお雛《ひな》さんだと。お内裏《だいり》さんだの、五人ばやしだの、鳩ぽっぽだの、狗子《いぬこ》だの馬子《まご》だの、面白いものづくしだけど。

　その次はな、四月の座敷でな、お釈迦《しゃか》さんだど。花御堂《みどう》があってな、甘茶の中に、『天にも地にもわれひとり』ていう顔の、おぼこのお釈迦さんが立ってござらしたど。

　その次はな、五月の座敷で、端午《たんご》の節句でな、鯉のぼりがたんと並んであったど。よろいかぶとだの武者人形だの飾って、笹巻だの甘い菓子だののいっぱいあったけど。

　その次は六月の座敷で、歯固めの氷餅くっていたど。

そうして御山《みやま》参りの人たちは梵天《ぼんてん》（御弊《ごへい》）の大きいのを担《かつ》いで毎日通って行くど。

その次は七月の座敷でな、七夕《たなばた》さんで青竹に五色金銀の短冊《たんざく》つるして、桃だの瓜だの供えてお星さんのお祭だど。それから十三日はお盆でな、秋草の花だの、お供え物だの持って、ご先祖さんのお墓参りだど。それからあっちの村でもこっちの町でも鎮守《ちんじゅ》さんのお祭で、ドンドコドンドコ太鼓の音がするやら、獅子《しし》舞だので大さわぎだど。

その次はな、八月で月見の座敷で、団子だの牡丹《ぼたん》だのすすきだの飾ってな、こおろぎ籠《かご》などつるしてな、里芋のお汁で酒飲みしていたど。

その次の九月の座敷は刈入れ時だから、百姓たちは、てんてこ舞いの忙しさだけど、十三夜はあとの名月で、ゆで栗だの青豆だののごちそうがあったど。

その次は十月の座敷で、遠い山々は白い頭巾《ずきん》をかぶって、庭の木の葉は、ひらひらひらと風に吹っ飛ばされて、村々の家では新しい餅で、みんな腹ぱんぱんだど。

その次は霜月《しもつき》のえびす講でな、鮭《さけ》の魚はうんととれて御振舞《おんふるまい》だと。そしてな、毎日毎日雪ばかり降ってるけど。

その次は師走《しわす》で、正月のしたくだと餅をついたり、正月ざかな買ったり、煤《すす》払いしたりでうんと忙しいから、子どもはみんなじゃまにされて、部屋のこたつさはいって昔語りして遊んでいだど。

そしてその時な、不意にホウホケキョと鳴いたから、番頭がびっくりしてあたりを見回したら、御殿どころかなんにもなくて、深い山の中にいるなだけど。

これはうぐいすの内裏《だいり》というところで、よういに人の行かれぬところだけど。

どんべからっこ　ねっけど。

――山形県最上《もがみ》郡――

平和絵本『まちんと』

松谷みよ子の「平和絵本シリーズ」（偕成社）の中に、『まちんと』（司修絵、一九七八）という作品がある。広島の原爆に罹災し、母親からトマトを口に入れてもらった幼な子が、「まちんと、まちんと」とさらにほしがる。トマトを求めて母親は焼け落ちた街を歩き回り、ようやく一つ見つけて戻ってみると、その子はもう死んでいた。「その子は　死んで／鳥になったげな／そうして　いまがいまも／まちんと　まちんとと／なきながら／とんでいるのだと／ほら　そこに――／いまも――」。

この作品の成立背景について、松谷は大型版の「あとがき」で次のように語っている。「この『まちんと』の原点となる話を聞いたのは、いつ、どこでであったろうか。関西か、もうすこし広島寄りだったろうか。時期としては一九六八年ごろ、伝説を各地にたずねているときではないかと思う。ああこれは現代の民話だ、戦争を語りつぐ民話だと思い、死んだ子の魂が鳥になるという昔話の型をしっかりとふまえていることに驚きもした。とくに、「まちんと、まちんと」という言葉が心にのこった。これは、もうちっと、まちっとという方言を、幼い子がまわらぬ舌でいったのだろうと思う。〈絵本・平和のために〉という構想が生まれたとき、まっさきに浮かんだのはこの話であった」。

死者のたましいが鳥になるというモチーフは、絵本を読んでもらう幼い子どもの心にもスッと入り込んでいくものに違いない。そしてそれはこのモチーフが、飛翔するたましいのイメージと重ね合わせて語り継がれてきたことと、おそらく無関係ではあるまい。最終講となる本講で取り上げた「うぐいすの里」もまた、たましいの飛翔をイメージさせる鳥の姿を語る日本の昔話のひとつと言える。本話を通して、先人たちが思い描いてきたいのちとたましいの有り様を垣間見てみたいと思う。

（尚、本講の内容は、鵜野「飛翔するたましい―日本昔話における鳥のイメージといのち―」、子どもの文化研究所『研究子どもの文化』第15号、二〇一三所収、を下敷きとしていることをお断りしておく。）

話型とモチーフ

林の中の娘の屋敷を訪れた男が、見るなと言われた座敷をのぞき、娘の正体はうぐいすで、幻を見ていたと知る。ITでは第九講「舌切り雀」と同様に、「異郷訪問」の話型群に分類され、86「鶯の浄土」と認定されている。本話型は、「山中の異界訪問」と、見るなと言われた座敷をのぞいたために不幸になる「見るなのタブーの侵犯」、二つの核心モチーフからなっているが、後者のモチーフにちなんで「見るなの座敷」という名前で呼ばれることもある。

本書に紹介したテキストでは、この屋敷を訪れた最初の男がタブー破りをするが、類話によっては、最初の男はタブーを守って金持ちになり、それをうらやんだ隣の男が真似をして屋敷を訪れ、「見るなのタブー」を守らなかったために不幸になるという「隣人葛藤型」の構成を取るものもある（新潟など）。異界を訪問するのは、本テキストのような茶屋の番頭の他に、村祭りで娘をみそめた若者という場合もある。また、見てはならないとされる場所は、座敷の他に蔵・箪笥・戸棚などもあり、その数は四季にちなんだ四か、または一年十二ヵ月にちなんだ十二である。四季の場合は春夏秋冬の農村風景が描かれ、十二ヵ月の場合にはその地方で行われていた年中行事が描かれるが、それはまた同時に、語り手や聞き手にとっての理想郷とも見なしうる。特に本テキストでは、十二の座敷の情景が詳しく熱を込めて語られており、語り手や聞き手の意識は、タブーの侵犯よりも、ユートピアへの憧れの方に傾いていると感じられる。「浦島太郎」が竜宮で乙姫に案内されて見せられた風景や、「犬むかし―花咲爺」の最後の場面にも類似した描写が見られる類話があることからも、この推測は裏付けられよう。

古典資料

「異界訪問」と「見るなのタブーの侵犯」は、どちらもさまざまな話型に登場するが、本話型の類話もしくは祖形とおぼしき文献は、管見の限り見つかっていない。ただし、『今昔物語集』巻一九第三三の「東三条の内の神、僧に恩を報ぜる語《はなし》」には、いくつかの類似するモチーフが見られる。京都・西洞院に住む僧が「清気なる男」に導かれて神木とされる高い木を登ったところ立派な宮殿があり、中をのぞくなと言い残して男が宮殿内に入った後、僧が中をのぞくと部屋ごとに京都の年中行事が月の順に催されている。残念なことに、七月の場面までで以下を欠いており、結末は不明である（『通観　研究篇Ⅱ』八八頁）。

国際比較

崔仁鶴『韓国昔話の研究』（弘文堂　一九七六）の話型番号304「神仙の約束を破った老人」は、「うぐいすの里」と同様に、「異界訪問」と「見るなのタブーの侵犯」、二つのモチーフを含む話と認められる。①ある貧しい老人が通ると、遊んでいた子供《(ママ)》が、あれが爺さんの窟だよ、という。②老人がその窟に入ってみると別の世界があった。一人の仙人が「私は天上へ行くからここで勉強でもしていなさい。決して西と北の扉は開けてはいけませんよ」と念を押した。③老人はたいくつになって西門を開けた。強風が襲って老人の丁髷を引っぱり、窟の外に引きずり出した。④気がついてみると自分はすでに家にきていた（二六八頁、表記を一部改変）。

ここには神仙思想の影響が明らかに見られるが、異界への道案内人が子どもである点にも注目したい。第九講「舌切り雀」で触れた「あわいの存在」の役割を子どもが担っていることがうかがえる。なお、『通観　研究篇Ⅰ』や『研究篇Ⅱ』に中国の類話は記載されていないが、探せば見つかるに相違ない。

世界的な比較研究へと視野を広げると、ＩＴには対応するＡＴ番号は挙げられていない。またＴＭＩでは「見るなのタブー」のモチーフがC611「禁じられた部屋」と認定されており、ヨーロッパ各地の他、ユダヤ民族、インド、トンガなどにも類例があると紹介されている。

「異界訪問」と「見るなのタブーの侵犯」を含む話は、『千夜一夜物語』第十六話や、KHM3「マリアの子ども」にも見られる。「マリアの子ども」を本話と比べてみると、木こりの娘が訪れた異界が天上界であること、扉の数がキリスト教の聖なる数字十三であること、タブーを犯した後も話が続き、最後にその行為を認め幸せを獲得することなどが異なっており、文化的背景の違いを感じさせる。

失踪した女性のたましい

本話「うぐいすの里」において、うぐいすは何故人間の女性に変身していたのだろうか。また、訪れた若者を歓待した後、絶対に破られるであろうタブーを提示して、それにまんまと引っかかった若者を現実世界に引き戻した目的は何だったのか。人間をからかったにすぎないのだろうか。

語り手はこれについて何も触れていない。つまりは聞く者の判断に委ねられている。ここで一つの解釈として、この話を樵《きこり》や炭焼、猟師、木地師《きじし》など、山中を生業の主な舞台とする人びとが語り継いだ「共同幻想」としての「ユートピア体験」の物語としてとらえてみたい。そして、一場の夢芝居を見せてくれた、人間の女性にもうぐいすにも姿を変える存在とは、失踪して山へ消えたとされる若い女性たちのたましいではなかったか、そう考えてみたいのである。

この時、想起されるのが柳田国男『遠野物語』（初出一九一〇）の第三話、「遥かなる岩の上」で「長き黒髪を梳《くしけず》」っていた「顔の色きわめて白」い「美しき女」や、第四話の、笹原の奥の方の林の中から幼子を背負って現れた「これも長き黒髪を垂れた」「きわめてあでやかな女」、そして「サムトの婆」の話として知られる次の第八話である。

黄昏に女や子供の家の外に出ている者はよく神隠しにあうことは他の国々と同じ。松崎村の寒戸というところの民家にて、若き娘梨の樹の下に草履を脱ぎ置きたるまま行方を知らずなり、三十年あまり過ぎたりしに、ある日親類知音の人々その家に集まりてありしところへ、きわめて老いさらぼいてその女帰り来たれり。いかにして帰って来たかと問えば人々に逢いたかりし故帰りしなり。さらばまた行かんとて、再び跡を留めず行き失せたり。その日は風の烈しく吹く日なりき。されば遠野郷の人は、今でも風の騒がしき日には、きょうはサムトの婆が帰って来そうな日なりという（柳田『遠野物語　山の人生』岩波文庫　一九一〇／一九七六：一九頁）。

この「サムトの婆」にはモデルがおり、登戸という地域における出来事で、失踪した娘の名は佐々木サダという。門助《もんすけ》という人の代に起こったことから、サダは「モン助婆」と呼ばれた。本話を柳田に語った佐々木喜善《きぜん》は、祖母から彼女自身の生まれた南沢という家は山中にある一軒家で、ここにモン助婆がよく現れたという話を聞いたという。そして喜善が「登戸」と語ったはずの地名を「サムト（寒戸）」としたのは、文芸上の効果を狙った柳田の創作ではないかと推測されている（菊池照雄『「遠野物語」を歩く　民話の舞台と背景』講談社　一九九二：四二頁）。

おそらく同様の伝説や噂話（世間話）は全国各地に語り継がれていたに違いない。そうした文芸的な土壌の上に昔話「うぐいすの里」が生まれた。そう考えるとき、人間の女に変身するこのうぐいすは、山中に失踪し、おそらくはそこでいのちを落とした女性のたましいの化身ではなかったと思われるのである。

そしてここには、「たましいは出会った人間を異次元に引き入れ、ユートピア体験をさせるという超自然的な能力（魔法の力）を発揮する」という、たましいに対する考え方（観念）が描かれている。

小泉八雲「おしどり」

鳥が人間の姿に変身する日本の昔話として最も有名なのは、「鶴女房（鶴の恩返し）」であろう。この話において注目されるのは、変身の理由としての「報恩」すなわち「恩返し」である。ヨーロッパの昔話においては動物が人間に、あるいは人間が動物に変身するという場合、通常、魔法使いや魔女に相当する人物が登場し、魔法をかけて変身させる。これに対して、日本の場合、「鶴女房」も「狐女房」も「天人女房」も、さらには第十一講「食わず女房」もまた、変身する主体の動物そのものの意思による。そして変身の理由の多くが、変身することでかかわりを持とうとする相手の人間に対する「報恩」や「加護」である。ここには、変幻自在なたましいのイメージがよりはっきりと示されているように思われる。

ところで、関係性を持とうとする相手に対するプラスの評価によって動物が人間に変身する場合が圧倒的に多い中で、マイナスの評価が変身の動機となる話もある。その一例として、小泉八雲の『怪談』（初出一九〇四）に収載された「おしどり」を紹介してみたい。

陸奥の国、田村の郷に、猟師の男がいた。ある日、赤沼という所で一つがいのおしどりが川を泳いでいるのを見かけ、矢を射ると雄に当った。雌はたちまち逃げ去って見えなくなった。男は獲った鳥を持ち帰り、料理した。その夜、男は夢を見た。きれいな女が部屋へ入ってきて、枕元に立ってさめざめと泣いた後、どうしてあのひとを殺したのか、どれほど道に外れたことをしたのか承知しているのか。夫がいなくなっては自分も生きていくことはできない。明日、赤沼に来るように、と告げて立ち去る。翌朝、男が赤沼へ行ってみると、雌のおしどりが一羽泳いでいる。男の姿を認めるとまっすぐにこちらに向かって泳いできて、自分の嘴で自分の体を突き破り自害する。男は出家する（小泉八雲『怪談』岩波文庫一九〇四／一九六五：二七―二九頁より筆者要約）。

つがいの鳥の雄が殺された後、遺された雌鳥が人間に変身して殺害した相手に怨念を吐露するというプロット（物語展開）は、「人間のみならずあらゆる存在にたましいは宿っており、人間に変身・転生することでより切実に、相手のたましいに自らの真情を訴えようとする」という観念を如実に表現しているように思われる。

うぐいすになった子ども

「うぐいすの里」や「おしどり」が、鳥から人への変身・転生の物語であるのに対して、逆に人から鳥に変身・転生する物語もある。「継子の訴え―継子と鳥型」（IT 274B）は、継母によっていじめ殺された継子たちがうぐいすに転生して、実の父親に継母の非道を訴える話である。①父が子供たちにみやげを約束して、他郷へ旅立つ。②兄妹が継母に、すりこぎで木を切れ、ざるで水を汲め、と言いつけられて困っていると、通りがかりの修行者が助けてくれる。③継母が煮えたつ釜の上に麻幹の箸を渡し、兄妹をむりに渡らせ、落として殺す。④帰ってきた父が子供たちを捜していると、雀が飛んできて庭の木にとまり、みやげはもういらぬ、父に会いたい、と鳴く。⑤父がその木の根元を掘ると子供たちの死体が出てきたので、継母を処刑する（『通観』28：三六一頁）。

一九八七年の夏、鳥取県佐治村で筆者がうかがった類話では、うぐいすに転生した兄と妹は土産を約束して江戸に出ている父親にこう訴える。「筆も硯《すずり》もいらねども　江戸の父さんに会いたいな　ホーホケキョ。羽根も羽子板もいらねども　江戸の父さんに会いたいな　ホーホケキョ」（稲田浩二・鵜野祐介『佐治の民話と唄・遊び』手帖舎 一九八九：六二頁）。他の人はいざ知らず、少なくとも父親にはそう聞き取れたのだ。そして、二羽のうぐいすは因幡（鳥取）から父親のいる江戸（東京）まではるばる飛んできたのである。「たましいは転生後も人間の言葉で訴える」、「鳥に転生したたましいは、はるかな距離を飛行する」といった観念がこの話から読み取れる。

「ほととぎすと兄弟」

「人から鳥への変身・転生」のモチーフを含む昔話として、「ほととぎすと兄弟」も挙げておきたい。

むかしなあ、二人の兄弟がいてた。兄はもともと目が見えへんかった。弟が毎日山へ行って山芋を掘ってきて、兄さんに食べさせてた。弟はやさしい子やからまん中のええところを兄さんにあげて、自分は、かすばっかり食べてた。そんなことは全然知らん兄さんは、目が見えへんのをひがんでたから、「わいにこんなうまいところをくれんねんから、弟はなんぼうにもおいしいもんを食べてるかもしれん」と思て、ある日弟を殺して腹を裂いてみた。ところがや、腹の中からは、芋の細いとこやら、ひげみたいなもんばっかり出てきた。「ああ、えらいことしてしもた。かんにん、かんにん」とそればっかり思てるうちに、兄さんの魂は鳥になって飛びたってしもて、「おとと（弟）恋し、おとと恋し」て鳴いてまわるようになった。ほんでいまでも山芋のつるが出る五月か六月ぐらいになると、ほととぎすが渡ってきて「おとと恋し」て鳴き続けてるんやて。——大阪府泉南郡——（稲田浩二・稲田和子編『日本昔話百選』三省堂 一九七一／二〇〇三：二四六-二四七頁）

盲目の兄が、自分においしい芋を食べさせてくれる弟を疑い、その腹を裂いて調べてみる。兄は盲目だからおそらく手で触って確かめたのだろうが、死んだ弟の腹の中から出てきたのは、芋の細いところやひげばかり。自分の愚かさに絶望した兄はほととぎすに変身・転生し、懺悔の思いで「おとと恋し」と鳴き続ける。「ホトトギスは尾羽の長い灰褐色の鳥で、日本には五月に渡来し、八～九月に南方へ去る渡り鳥。鳴き声はきわめて顕著で、『テッペンカケタカ』あるいは『ホッチョンカケタカ』などと聞こえ、昼夜ともに鳴く。春の鶯、秋の雁などとともに、田植えの時期を知らせ、あるいは旧五月の節供のハレの食物である山芋を掘る時期を知らせる夏鳥として、人びとに親しまれてきた。古来から鳥は、神霊や死霊を運ぶものとされてきたが、特にホトトギスは蜀の天子の亡魂が化した鳥であるとされ、あるいは『死出の田長』『たまむかえどり』などとも呼ばれて、あの世とこの世を往来し冥土の便りをもたらす鳥とされてきた」（松浪久子「時鳥」、『事典』八五〇頁）。

「トットトトトトッ」という独特のリズムと抑揚が持つ声色は、何とも言えない哀感を帯びている。灰褐色のその姿が保護色となって目撃されにくいことも相俟って、林の中や茂みから聞こえてくるほととぎすの鳴き声には、古来さまざまな「聞きなし」がなされてきた。「あちゃとてたか、こちゃとてたか」（青森）、「包丁《ほっちょん》とてたか、弟《おとと》が恋《こよ》しじぇ」（岩手）、「弟《おとと》恋し、本尊《ほんぞん》かけたか」（新潟）、「おとはらつっきっちょ」（東京）、「弟かわいや、ほーろんかけたか」（奈良）、「ほってはこけた、ほってはこけた」（岡山）、「たんたんたけじょ、弟《おとと》が恋し」（熊本）、等々である（池上真理子「時鳥と兄弟」、『事典』八五一頁）。

これらの聞きなしを含む昔話は、ITには、「ほととぎすと兄弟」の他に、「ほととぎすと靴」「ほととぎすと包丁」「ほととぎすと鍋」「ほととぎすと数」「ほととぎすと作男」などの話型で登録されているが、いずれの場合も、ほととぎすの前生をこの世に悔いを残して逝った人間とする物語となっており、その鳴き声を「死者の懺悔の声と聞いた古来の人々の心意のあらわれ」(松浪前掲書 八五〇頁)と見なすことができる。そして、こうした小鳥前生譚の背景には、「たましいは飛翔する」、「大きな悲しみや絶望はたましいの宿り主を転生させる」、「転生の後もたましいは前生における後悔の念を抱き、声で表現し続ける」といった、たましいに対する観念があるように思われる。

援助者・懲戒者としての鳥

ここまで、「鳥から人への変身・転生」モチーフと、「人から鳥への変身・転生」モチーフを含む話を見てきたが、たましいのイメージを鳥の姿で表現する昔話として、「鳥が人を援助/懲戒する」モチーフを持つ話にも触れておきたい。第七講「瓜姫」において、瓜姫コになりすましたあまんじゃくの正体を告発したのはからすだった。また第九講「舌切り雀」も、善良なお爺さんに福を、強欲なお婆さんに禍《わざわい》をもたらすことで、因果応報の仏法を諭したのが雀だった、と解釈することもできる。

ここで、アイヌ民族の昔話(ウェペケレ)「かっこうの津波知らせ」を紹介してみたい。

アイヌの子どもと和人の大人たちが、魚を取ろうと、海辺に家を建てる。ある日、かっこうの子どもが、「津波が押し寄せてくるぞ、みんな早くそこから逃げろ」とあちらこちらと飛び回って知らせる。それを聞いて、他の鳥たちやアイヌの子どもは逃げ去ったが、和人たちはおしゃべりを続けてかっこうの言葉を気にしない。しばらく経ったある日のこと、沖合で大きな音がドーンとして、小鳥たちがいっせいに飛び散る。けれど和人たちはやっぱりおしゃべりを続けている。アイヌの子どもは、母親のそばに転がりこんできて、母親はわが子を抱きかかえる。津波が押し寄せていることに気づいた母親は、急いでご飯を炊く道具と弓とを手にして、山へ向かって走る。大きな松の根元まで逃げてきて、「私どもはアイヌでございます。いつも拝んでいる神がいるのに、これはまたどうしたことか」と声に出しながら、さらにまた逃げて、山の頂の大きな松の木によじ登り、松の葉の茂みの中に隠れる。夜が明け、アイヌの母子はあたりを眺めると、魚をとる家は影も形もなく、津波がさらっていったことを知る(後略)

(稲田浩二『アイヌの昔話』ちくま学芸文庫 二〇〇五:一九六–一九七頁より筆者要約)。

かっこうの警告を聞き入れ、松の木にも語りかける、信仰篤きアイヌ人親子は、鳥たちとともに津波の被害を免れ、これに耳を貸さなかった和人たちは津波にさらわれる。アイヌには、水の神、閑古鳥、嘴細《はしぼそ》烏《がらす》、兎、狐、亀、バッタなどが津波や洪水の襲来を警告し、これを聞き入れた人びとが被災を免れるという類話がいくつもある。「アイヌの語り手は、津波の話をくりかえし、手を変え品を変えて語る。それは津波の恐ろしさを警告する以上に、人々をめぐる自然、さまざまな生き物たち、神々の、ひそやかなささやきにも心して耳を傾けることが幸せにつながると自戒しているのであろう」(同前 一九八頁)。

普段の生活の中で、自分の身のまわりに息づく他の生き物や、水や土や光や風と親しく接し、そのささやきに耳を傾け、対話する。そうすることが、津波をはじめとする天変地異による災害を最小限に食い止めるための最善策になると、アイヌの人びとは説話伝承を通じて伝えようとしてきた。特に鳥は、空中を飛翔し独特の鳴き声を有するという特徴を持つが故に、彼らにとってカムイ(神霊)の使いもしくはカムイそのものとして考えられていた。そのため、その鳴き声に耳を澄ませ、真意を聞き取ることは、時には生死を分けるほどの重要性を持つと見なされていた。

アイヌ民族の鳥に対するこうしたイメージは、日本民族においても少なからず共有されてきた。それゆえに、日本の民間説話においても、これまでに見てきたように、「人間の言葉を話す」「変身能力を持つ」「幻想世界をつくり出す」「自害する」などの行為によって、人間を助け、楽しませ、諌《いさ》め戒《いまし》める存在として、鳥たちが活躍してきたのではないだろうか。

飛翔するたましいと子ども

エリザベス・キューブラー・ロスの『子どもと死について』(原著刊行一九八三、鈴木晶訳、中公文庫二〇〇七)には、末期疾患の子どもたちが語った自らの死生観が数多く紹介されている。とりわけ、米国サンタバーバラの七歳の少年エドゥの言葉は印象深い(三七四―三九二頁)。死ぬと「魂」(ママ)は体を離れて天国に行き、痛みも苦しみもなくなること、生まれ変わりを信じること、あちらの世界で、先に逝った祖父と会うことを楽しみにしていること、死後「魂」となって誰かのところへやってくると思うこと、等々。

この箇所を読みながら、筆者は二〇一三年八月に放映されたTV番組「NHKスペシャル　亡き人との再会」を思い出していた。東日本大震災で家族を亡くした人たちの前に、そのかけがえのない存在が現われる。笑顔を浮かべて、二年間の成長した姿で、白い花弁として、おもちゃの車の警笛を鳴らして――。そうした「怪異現象」がごく自然な出来事として紹介されており、遺された人びとが、死者に励まされ、支えられて生きていることを実感させられた。そして番組の中でたびたびシンボリックな映像として、ゆるやかに宙を舞う蝶の姿があったが、これもキューブラー・ロスが前掲書において述べる「死の瞬間」のイメージ、「繭としての体を離脱する、蝶としての魂」に対応するものだった。

松谷みよ子『異界からのサイン』（筑摩書房 二〇〇四）にも、死者の魂が蝶や邯鄲《かんたん》のような虫や蜘蛛、そして白い鳩となって現れたという「現代の民話」が多数収められている。おそらくこれらの「物語」は、日本人固有の、というよりも、民族や時代を超えた人類普遍の死生観や霊魂観に根差したものと解することができる。そして、キューブラー・ロスが指摘するように、この深遠な精神世界の核心を、人生経験も浅く学識を積んだわけでもない幼い子どもたちのまなざしが射ぬいていることに、瞠目せずにはいられない。

触れられたくない、それでも触れてほしいもの

最後に、本話の語り手が伝えたかったことについて考えてみたい。先ほども述べたように、「見るなのタブー」を破ったために一度目にした理想郷から現実世界に引き戻された男に対する、「だから約束を破ってはならない」といった戒めよりも、聞き手と一緒にこの夢のような世界に心を浸すことに重きが置かれている気がする。「時には夢を見ることも大切だよ」、そんなメッセージだろうか。

それからもう一つ、類話の多くが、一番奥の座敷や蔵の中だけはのぞかないでほしいと娘が頼んでいることを考え合わせると、座敷や蔵は娘自身の心の中を意味しており、心の一番奥にあるものは見られたくないと訴えたのだ、と解釈することもできる。その時、この話の結末が告げるメッセージとは、心の中をのぞきこんで相手のことを全部知ろうとしてもそれは無理な話だし、そうすることによって相手を傷つけ、それまでに築いた人間関係が台無しになってしまうこともある、ということではないだろうか。相手のことを全部理解したいと思うことの傲慢さに対するこの戒めは、カウンセリングや生徒指導は言うに及ばず、

友人関係や夫婦関係、親子関係などあらゆる人間関係においてあてはまるものだろう。

心の一番奥にある座敷とは、〈たましい〉と言い換えてもいい。それは決して触れられないものであり、触れられたくないものでもあり、そしてまた、それでも触れてほしいものなのだ。

あなたの心は沸騰しない／あなたの心は凍らない／あなたの心は人里離れた静かな池／どんな風にも波立たないから／ときどき怖くなる／／あなたの池に飛びこみたいけど／潜ってみたいと思うけど／透明なのか濁っているのか／深いのか浅いのか　分らないからためらってしまう／／思い切って石を投げよう　あなたの池に／波紋が足を濡らしたら／水しぶきが顔にかかったら／わたしはもっと　あなたが好きになるだろう

（谷川俊太郎「水のたとえ」、『こころ』朝日新聞出版　二〇一三：二二一-二二三頁）

エピローグ

二〇一三年八月に亡くなった塔和子さんは、ハンセン病のため人生の大半を療養所に隔離されて過ごした詩人であるが、「かかわること」をテーマに次のような詩を綴っている。

かかわらなければ／この愛しさを知るすべはなかった／この親しさは湧かなかった／この大らかな依存の安らいは得られなかった／この甘い思いや／さびしい思いも知らなかった／／人はかかわることからさまざまな思いを知る／子は親とかかわり／親は子とかかわることによって／恋も友情も／かかわることから始まって／／かかわったが故に起こる／幸や不幸を／積み重ねて大きくなり／くり返すことで磨かれ／そして人は／人の間で思いを削り思いをふくらませ／生を綴る／ああ／何億の人がいようとも／かかわらなければ路傍の人／私の胸の泉に／枯れ葉いちまいも／落としてはくれない

（塔和子「胸の泉に」、『いのちの詩―塔和子詩選集』編集工房ノア 一〇二―一〇三頁）

本書を書き上げた現在、一番強く感じていることを、塔さんのこの詩は代弁してくれている。昔話は「かかわりの物語」である。親と子の、子どもと大人の、男と女の、里人と山人や海人との、金持ちと貧乏人との、正直者と欲張りとの、人間と動物や異類との、動物同士の……、さまざまなかかわりが引き起こす喜怒哀楽の感情が、語り手の口から直接的には語られないにもかかわらず、聴き手の心に届けられる。昔話を味わうということは、さまざまな登場者たちと出会い、決して語られない彼ら／彼女たちの心の声に、じっと耳を澄ますということなのかもしれない。そして、今回の聴き手すなわち読者の心の中に、自分もまた「かかわらなければ」という思いが芽生えてくれることを願っている。

本書の中で筆者は、十五の昔話からさまざまなメッセージを読み取ろうと頭をふりしぼってきた。だが、プロローグでも述べたように、大切なのは頭を使うことではない。長年、語り手として活躍してこられた筒井悦子さんの言葉を引いておこう。「語り手はとかく相手に何かを伝えようとする。しかし、おはなしのメッセージは、その時すぐわかるようなものではない。先ず、素直に心をこめて語り、言葉だけで描かれた世界を聞き手と共に楽しみ、お互いが心を開き、安らいだ気持ちで時間を過ごせばそれでいいのではないか。聞き手はそれぞれに、その時の自分に最もふさわしいものを受け取り、それはいつしかその人の心の中に根っことなって残る。そして最後には、語ってくれた人の温かさとその時の楽しかった思いが残るのだと思う」（筒井「語られてこそ生きるお話」、東京子ども図書館「こどもとしょかん」第九〇号、二〇〇一：一三頁）。全く同感である。

本書は、二〇一二年度より開講された梅花女子大学心理こども学部の学部共通科目「昔話のこころ」の授業用テキストとして企画された。この学部を構成する心理学科とこども学科、いずれも人とかかわる仕事を志している学生たちである。彼女たちに、昔話を読むことを通して人とかかわることの難しさや大切さを考えてもらいたいというのが授業の目的であった。

二〇一三年四月、筆者は立命館大学文学部に転勤し教育人間学専攻に配属された。ここで「いのちやたましいの伝え方」を主題とする授業を行うことになり、「民間教育」の重要な教育方法および教育内容である昔話を取り上げて、学生と一緒にその意義について考える機会を持つことになった。また、大学院の応用人間科学科では「人間形成学特論」という授業を担当し、人間形成における昔話の意味について「対人援助学」を志す院生たちと考える機会を与えられた。そこでこれらの授業のテキストとしても使える内容にしたいと考え、特にいのちやたましいに関連する昔話を選び、「人の一生」の時系列に並べて、本書のタイトルを『昔話の人間学　いのちとたましいの伝え方』と改めて執筆した次第である。本書の中で紹介した、いのちやたましいをめぐる様々な思想やアプローチについて、読者一人ひとりがさらに探求していかれることを期待する。

企画の段階では、「昔話のこころ」の共同授業担当者でもある杉岡津岐子氏との共同執筆の予定であったが、事情により筆者が単独で執筆することになった。杉岡氏の専門である臨床心理学からのアプローチを盛り込むことができず、「人間学」としての奥行きと広がりを欠くことになった点は否めないが、ご容赦いただきたい。また、記述された内容について、浅学であるが故の誤謬や疑義もあろうかと危惧している。お気づきの点をぜひご教示いただけると幸いである。

昨年（二〇一四）は、東北地方（宮城県・岩手県）を何度も訪れる機会に恵まれ、当地で昔話の語り手や聴き手として長年活躍してこられた女性たちとの忘れ得ぬ出会いがあった。五十音順に、安部ことみさん、大平《おおだいら》悦子さん、小野和子さん、加藤恵子さん、齋藤ゆゑ子さん、野村敬子さん、渡部《わたべ》豊子さん、そして福島市在住の語り手テツ子さんといった方がたである。本編にはその一部しか紹介できなかったが、彼女たちとの出会いを通して、昔話伝承における「声の力」や、「語り手と聴き手」そして両者を取り巻く「語りの場」の重要性について教えられた一年であった。お名前を記して謝意を表すとともに、これからも末長いおつきあいをさせていただきたいと願っている。

本書第十四講にも記したように、筆者にとって「昔話学の恩師」である稲田浩二先生が二〇〇八年四月に急逝されて七年目の春を迎えようとしている。先生の残してくださった膨大な研究成果や資料の数々をお借りし、いわば「つまみ食い」して編んだ本書を、謹んで先生の〈みたま〉に捧げたい。「鵜野さんのお仕事は、相変わらず危なっかしいなあ」と笑いながら言われそうな気がするが、素直に肯くしかない。(先生、今はまだこれが精一杯です。恩返しができるのはまだまだ先の話のようです。)

最後になったが、十六枚の素敵なイラストを描いてくれた梅花女子大学の卒業生倉内麻子さん、再話テキストの転載をお許し下さった稲田和子さん、宇津木秀甫さん、渡部豊子さん、出版にあたってご尽力いただいたナカニシヤ出版編集部の宍倉由高氏に、心からお礼を申し上げたい。

二〇一五年一月

鵜野　祐介

「さらに学びたい人のための文献リスト」（本書「プロローグ」xi－xiii頁参照）

☆☆☆入門書（凡例で紹介したものを除く）

・小澤俊夫『昔話入門』ぎょうせい 一九九七
・福田晃他『日本の民話を学ぶ人のために』世界思想社 二〇〇〇
・小澤俊夫『改訂　昔話とは何か』小澤昔ばなし研究所 二〇〇九
・石井正己『桃太郎はニートだった　日本昔話は人生の大ヒント』講談社＋α新書 二〇一三
・花部英雄・松本孝三編『語りの講座　昔話入門』三弥井書店 二〇一四

0．古典文学との比較研究

・柳田国男『昔話と文学』（『柳田国男全集』第六巻、筑摩書房 一九九八所収）（初版一九五一）
・大島建彦『お伽草子と民間文芸』岩崎美術社 一九六七
・滑川道夫『桃太郎像の変容』東京書籍 一九八一
・美濃部重克『中世伝承文学の諸相』和泉書院 一九八八
・三浦佑之『浦島太郎の文学史』五柳書院 一九八九

1．歴史地理的アプローチ

・関敬吾『昔話の歴史』至文堂 一九六六
・稲田浩二『昔話の時代』筑摩書房 一九八五

・同『昔話の源流』三弥井書店 一九九七

2. 歴史的再構成法
・柳田国男『桃太郎の誕生』(『柳田国男全集』第六巻、筑摩書房 一九九八所収)(初版一九三三)
・石田英一郎『河童駒引考』岩波文庫 一九九四(初版一九四八)
・吉田敦彦『昔話の考古学』中公新書 一九九二
・吉野裕子『日本人の死生観 蛇 転生する祖先神』人文書院 一九九五
・大林太良『銀河の道 虹の架け橋』小学館 一九九九

3. 機能論的アプローチ
・大野智也、芝正夫『福子の伝承 民俗学と地域福祉の接点から』堺屋図書 一九八三
・小松和彦『異人論 民俗社会の心性』青土社 一九八五
・川島秀一『ザシキワラシの見えるとき 東北の神霊と語り』三弥井書店 一九九九

4. 構造論的アプローチ
・荒木正見『昔話と人格発達 コード分析試論』九州大学出版会 一九八五
・小松和彦『説話の宇宙』人文書院 一九八七
・小澤俊夫『昔話のコスモロジー ひとと動物の婚姻譚』講談社学術文庫 一九九四

5. 精神分析（深層心理）的アプローチ
・河合隼雄『昔話と日本人の心』岩波書店 一九八二
・小此木啓吾『日本人の阿闍世コンプレックス』中公新書 一九八二
・北山修・橋本雅之『日本人の原罪』講談社現代新書 二〇〇九

6. イデオロギー論的アプローチ
・佐竹昭広『民話の思想』平凡社 一九七三
・鳥越信『桃太郎の運命』日本放送出版協会一九八三
・水田宗子・北田幸恵編『山姥たちの物語』學藝書林 二〇〇二

7. 語り口（プロソディ）研究
・稲田浩二『昔話は生きている』ちくま学芸文庫 一九九六（初版一九七〇）
・川島保徳『かたり手・きき手』ふるさと企画 一九八七
・中川裕『語り合うことばの力　カムイたちと生きる世界』岩波書店 二〇一〇

8. 伝承者研究
・水沢謙一『昔話ノート』野島出版 一九六九
・野村純一『昔話の旅　語りの旅』アーツアンドクラフツ 二〇〇八
・野村敬子『語りの廻廊　聴き耳の五十年』瑞木書房 二〇〇八

9. 昔話の今日的伝承に関する研究
・桜井美紀『子どもに語りを』椋の木社 一九八六
・常光徹『学校の怪談 口承文芸の展開と諸相』ミネルヴァ書房 一九九三
・小澤俊夫『昔話が語る子どもの姿』古今社 一九九八

10. 昔話の活用に関する研究
・矢口裕康『民話と保育 「個育て」のために』清文堂出版 二〇〇三
・小長谷有紀編『次世代をはぐくむために 昔話研究を幼児教育に活かす』国立民族学博物館 二〇〇八
・小林紀子編『私と私たちの物語を生きる子ども』フレーベル館 二〇〇八

（＊実際には複数のジャンルにまたがっている著作もあるが便宜的に分類した。）

人名索引

ワ行

ヤ行

ラ行

ハ行

マ行

タ行

ナ行

カ行

事項索引

著者紹介
鵜野祐介（うの ゆうすけ）
立命館大学文学部教授。アジア民間説話学会日本支部代表。京都大学大学院教育学研究科博士後期課程単位取得退学。英国エディンバラ大学大学院人文社会科学研究科スコットランド学専攻博士課程修了。博士（エディンバラ大学）。
主著に『生き生きごんぼ　わらべうたの教育人類学』（久山社 2000年)、『東美濃の民話・唄・遊びと年中行事　岐阜県上矢作町の伝承』（大橋和華・石川稔子との共著、手帖舎 2004年)、『子守唄の原像』（久山社 2009年)、『伝承児童文学と子どものコスモロジー　〈あわい〉との出会いと別れ』（昭和堂 2009年)、『日中韓の昔話　共通話型三〇選』（みやび出版 2016年）など。監訳にノラ&ウィリアム・モンゴメリー編『スコットランド民話集　世界の果ての井戸』（朝日出版社 2013年)。

昔話の人間学
いのちとたましいの伝え方

2015年5月30日　初版第1刷発行　（定価はカヴァーに表示してあります）
2017年9月15日　初版第2刷発行

著　者　鵜野祐介
発行者　中西健夫
発行所　株式会社ナカニシヤ出版
〒606-8161　京都市左京区一乗寺木ノ本町15番地
Telephone　075-723-0111
Facsimile　075-723-0095
Website　http://www.nakanishiya.co.jp/
E-mail　iihon-ippai@nakanishiya.co.jp
郵便振替　01030-0-13128

印刷・製本＝ファインワークス

ISBN978-4-7795-0959-9
日本音楽著作権協会（出）　許諾第1504292-501号